人体运动功能评定及恢复改善训练丛书

肌力测试指导手册

解剖、功能与技术方案

［英］厄尔·阿伯拉罕森（Earle Abrahamson） 简·兰斯顿（Jane Langston） 著

黄鹏 林龙杰 朱忆蒙 译

人民邮电出版社

北京

图书在版编目（CIP）数据

肌力测试指导手册 : 解剖、功能与技术方案 / （英）厄尔·阿伯拉罕森（Earle Abrahamson），（英）简·兰斯顿（Jane Langston）著；黄鹏，林龙杰，朱忆蒙译 . — 北京 : 人民邮电出版社，2024.7
（人体运动功能评定及恢复改善训练丛书）
ISBN 978-7-115-63949-3

Ⅰ．①肌… Ⅱ．①厄… ②简… ③黄… ④林… ⑤朱… Ⅲ．①肌力－测试－手册 Ⅳ．①G804.63-62

中国国家版本馆CIP数据核字（2024）第057477号

免 责 声 明

本书内容旨在为大众提供有用的信息。所有材料（包括文本、图形和图像）仅供参考，不能替代医疗诊断、建议、治疗或来自专业人士的意见。所有读者在需要医疗或其他专业协助时，均应向专业的医疗保健机构或医生进行咨询。作者和出版商都已尽可能确保本书技术上的准确性以及合理性，并特别声明，不会承担由于使用本出版物中的材料而遭受的任何损伤所直接或间接产生的与个人或团体相关的一切责任、损失或风险。

内 容 提 要

本书首先介绍了肌力测试的原理、生物张拉整体和筋膜-结缔组织系统的基本知识等内容，接着系统讲解了人体13个部位、60多块肌肉的解剖学知识、触诊方法、徒手肌力测试方法及运动学肌力测试方法，最后从步态角度出发，提供了在动态运动系统下对6条人体运动链中的肌肉进行功能测试的原理和方法。本书适合物理治疗师、运动康复师、体能教练及体育院校师生等专业人士阅读，对健身爱好者也有一定的参考价值。

- ◆ 著 [英] 厄尔·阿伯拉罕森（Earle Abrahamson）
　　　　　[英] 简·兰斯顿（Jane Langston）
　　译　　黄　鹏　林龙杰　朱忆蒙
　　责任编辑　刘　蕊
　　责任印制　彭志环
- ◆ 人民邮电出版社出版发行　　北京市丰台区成寿寺路 11 号
　　邮编　100164　　电子邮件　315@ptpress.com.cn
　　网址　https://www.ptpress.com.cn
　　北京市艺辉印刷有限公司印刷
- ◆ 开本：700×1000　1/16
　　印张：17.75　　　　　　　　　　　　2024 年 7 月第 1 版
　　字数：309 千字　　　　　　　　　　2024 年 7 月北京第 1 次印刷
　　　　　著作权合同登记号　图字：01-2023-3610 号

定价：168.00 元

读者服务热线：(010)81055296　印装质量热线：(010)81055316
反盗版热线：(010)81055315
广告经营许可证：京东市监广登字 20170147 号

目录

第3章
步态测试　　259

致谢

写一本书需要耐心、支持以及向不同受众传递信息的愿景。这个过程是艰苦的，通常包含了重新思考想法、构建词语和概念，以及从不同角度重新阅读文章的困难时期。正是在这些复杂和困难的时期，与重要的人的亲密关系和他们的支持变得至关重要。

我的妻子埃玛（Emma）给了我思考和创造的空间，教会了我如何去解决问题与什么是坚韧不拔的精神，非常感谢她。我优秀的儿子本杰明和奥利弗（Benjamin and Oliver）会好奇地看着我写作并对书的内容和目的提出有趣的问题，我感谢他们的理解与启发，使我能够鼓励他们走上相似的人生道路。我的哥哥迈克尔（Michael）激励我要胸怀大志，活在当下，感谢他一直以来对我说的至理名言。

我的合著者简（Jane），谢谢她鼓励我继续写作并且在实践中利用我们的集体技能创作了这本书。同时我感谢她的远见、支持以及在社交媒体和研讨会推进我们工作的能力。

很多社区康复从业者教会了我如何利用自己的知识进行学习，我十分感谢他们的输入、建议和他们分享的实用小技巧。这本书教会了我用简洁的方式表达想法，并让我学会了捕捉重要信息。衷心感谢Handspring Publishing团队，是他们悉心指导我们完成整个创作过程，并对最终作品表现出十分的耐心和投入。

最后，我需要把这本书献给我已经去世的父母，是他们教会了我追求梦想，相信自己。

厄尔·阿伯拉罕森（Earle Abrahamson）

以科学而全面的方式正确评估客户的能力一直是我所追求的目标，这让我有幸与一些了不起且鼓舞人心的人一起工作。因此，我必须感谢我所有的老师、学生和客户，他们将我的好奇心推向了极限——已经超越了在诊所和Amatsu软组织治疗训练室中所产生的。

在团队工作、合作和搭档方面，我要感谢合著者厄尔·阿伯拉罕森，没有他我不可能写出这本书。同时我也要感谢模特马克·兰斯顿（Mark Langston）。这本书的完成离不开我们的摄影师休·马杰尔（Sue Mager）的才华，以及整个Handspring Publishing团队的创造力和信念，所以谢谢大家。

最后，也是最重要的，我的家人一直都极力满足我对学习的渴望，所以我要感谢我的丈夫马克（Mark）和我的儿子戴维（David），感谢他们的爱与不懈的支持。

简·兰斯顿（Jane Langston）

戴维·H.佩林的前言

20世纪70年代，作为一名体育训练专业的学生，我学习了一本由斯坦利·霍彭菲尔德（Stanley Hoppenfeld）创作的名叫《脊柱和四肢体格检查》（*Physical Examination of Spine and Extremities*）的书。这本书改变了我几十年以来学习、实践和教学的方式。同样，我相信厄尔·阿伯拉罕森和简·兰斯顿合著的这本书，也将对如今的医疗卫生行业的学生产生变革性的影响。

对功能解剖学的良好理解是肌力测试的基础，也是在康复科学中必须做到的。

第1章介绍了肌肉骨骼解剖学、肌力测试和触诊，包括对主动、被动和抗阻运动形式以及关节运动的凹凸法则的描述；随后回顾了肌肉收缩生理学机制，介绍了等长和等张徒手肌力测试的概念；接下来概述了触诊在软组织结构定位中的作用，以及如何提高触诊技能。第1章总结了如何有效地运用这本书，同时也鼓励学习者对3个基本学习要点——解剖、功能和个人与团体肌力测试进行探究，并列出了测试者在进行肌力测试时需要特别关注的问题。

第2章对头部和颈部，肩部和肘部，前臂和腕部，躯干，骨盆，大腿和膝，小腿，踝部和足的超过60块肌肉的肌力测试进行了讲解，介绍了各肌肉的解剖学概述、走行、运动、神经支配和血液供应。第2章对每一块肌肉，特别是临床评估和结构的对比，提供了具有实践意义的临床特征。这本书重点讲解浅层和深层肌肉的解剖学起止点，为定位和触诊每块肌肉提供指导。此外，这本书对徒手肌力测试进行了介绍，其中包括体位、施加阻力与固定方面的思考，提供了分级、徒手肌力测试以及运动学关联的信息。

第3章进一步讨论了肌力测试的功能，包括肩部与对侧髋部屈肌、伸肌、外展肌、内收肌，胸大肌与对侧腰大肌以及腹部肌肉与对侧臀中肌的步态测试。作者着重指出了步态和动作的复杂性，需要通过促进、抑制、等长收缩和离心收缩来达到。对侧步态的测试利用上下半身的主要肌肉启动行走动作，并通过合适的姿势、测试方法和受试者的固定加以说明。

这本书具有高质量的解剖学知识支持。这本书使用了高品质的解剖学插图与照片对文中介绍的技巧加以展示。这本书依照全面的教学原则进行组织，对课堂和实验教学工作都具有一定的指导意义，可以作为学生的基础教材，并为临床实践持续提供参考。我很荣幸能为这本书写下这篇前言，把这本书推荐给健康界的从业者、学生与临床医生。

戴维·H.佩林（David H. Perrin）
博士，FACSM，FNATA，FNAK
犹他大学健康学院院长、教授
美国犹他州盐湖城

伊恩·麦卡锡的前言

本科毕业后，我有幸在加利福尼亚州的斯坦福大学运动医学专业度过了两年美好的时光。在那个多学科的环境中，我从导师那里获得了许多临床经验。其中有一条建议无疑对我的职业生涯产生了最为深远的影响，所以我想将这条建议分享给你们。

随着持续性专业发展课程、教科书以及在线项目的不断丰富，我们很难知道如何最大限度地利用时间以及精力去成为真正伟大的临床医生。此外，从商业的角度来看，我们都需要一套完整的技能、一项服务或者一个知识库使我们能从众多从业者中脱颖而出。毕竟，这对任何成熟的企业来说都是十分关键的方面。为了能成功地成为我们领域中的优秀从业者，我们必须为了掌握以下3个至关重要的临床技能而努力。

首先，我们必须在患者面前成为有效的沟通者，不仅要提取重要的主观信息，也要在他们的治疗过程中对他们进行教育。其次，我们应该能够准确地评估和诊断患者的功能障碍以及后续的疼痛。最后，一名熟练的医生应该拥有一个多样化的"工具箱"，以便提供有针对性的以及适当的临床治疗，以应对多种多样的患者情况。在这些技能中有一项是最为重要的，那就是我们的评估技能。

试想，你虽然是一个高效的沟通者但却传递了错误的信息；你可能拥有一系列令人印象深刻的治疗技术与方法，但却治疗了错误的部位。毫无疑问评估就是我们工作中最关键的那部分，并且我们应该把它作为一个整体来对待，投入更多的时间和精力。我指的是自主的学习以及持续的专业发展。我知道厄尔和简也有这样的观点，因此他们精心编写了这本书——一本简明的手册，帮助我们将解剖学知识与徒手肌力测试的实践应用联系起来。

在我长达9年的职业生涯中，我对评估技能重要性的信念更加坚定了。我经常在我的诊所里遇见绝望的患者，他们换了一个又一个治疗师，但是却发现只能短期缓解症状。能够精确地识别患者潜在的根源功能障碍将会对患者的临床结果产生非常大的影响。辨别任何局部或整体躯体功能障碍的基础可以追溯到徒手肌力测试。

用肌力测试中的信息来教育自己——一本简明的手册是打磨必要评估技能、成为真正伟大的从业者的关键基础。这本书是培养专业人员以及健康保健学生的一个清晰的、简明的以及良好的插图资源。

伊恩·麦卡锡（Ian McCarthy）

硕士，GSR，CSCC

温哥华骨病中心

加拿大不列颠哥伦比亚省温哥华市

序

肌肉骨骼系统毫不费力地工作通常被认为是理所当然的。人体运动是身体组织相互作用的一种复杂集合，并且它的集体功能依赖于无数结构的精细运动控制。但往往只有当功能变成功能障碍时，人体运动机器真正的复杂性才会被认识到。

肌力测试通常是以多种方式教授和实践的一套治疗技术的一部分。以前出版的关于这一主题的文章提供了对肌肉功能的分析，并且通常只说明了一种单一的测试方法。作为教育工作者，了解从业者和学生如何使用信息，以及哪些信息在他们的实践和学习中有意义是非常重要的。这本书从尼基塔·A. 维兹尼亚克（Nikita A. Vizniak）的《肌肉手册》（*Muscle Manual*）中汲取灵感，将作为治疗师的"伴侣"，提供易于消化的文本，突出重点并提出多种肌力测试的方法。

我们已经分析了如何较好地让不同的读者获得信息，并且相应地编辑了这本书。为了适应各种不同的学习方式，这本书每一章都包含图片、照片。我们将会给读者展示肌肉解剖、触诊技术以及临床特征等内容。

我们的目标之一是在理解筋膜和生物张拉整体作用的背景下考虑肌力测试。因此，这本书列出了每一块肌肉的动作，包括离心收缩时的动作——大多数教科书都忽略了这一点，而在考虑肌肉骨骼功能和功能障碍时，了解肌肉的动作是非常必要的。我们对软组织治疗和肌肉骨骼管理的不同方法的理解和经验启发了这本书的创作，以促进提高实践手段，并真正地改变实践手段。

我们使用文本和插图来展示受试者肌肉的正确定位，这对在以实践为基础的环境中实现有效且准确的肌力测试至关重要。肌力测试通常被认为是一种在治疗前进行的评估，这些测试不但可以起到这个作用，而且应该在整个治疗过程中用于评估肌肉激活和治疗影响。本收内容的顺序按照身体功能区域来排列，强调了整合肌力测试用于评估功能和功能障碍的重要性。这本书最后一章通过步态测试中运动控制的动态模式，展示人类运动的复杂性。词汇表给读者提供了可能不熟悉的单词和短语的定义。

我们的目标是创建一个捕获肌力测试解剖结构的文本，以加强对结构和功能间关系的理解。我们十分感谢那些阅读了这本书初稿和随后的手稿并且提供了富有洞察力的意见来帮助我们改进内容的同事。

参考文献

Vizniak NA (2012). *Muscle manual*, Canada: Professional Health Systems Inc.

最后，我们对戴维·H. 佩林和伊恩·麦卡锡愿意提供前言感到荣幸。他们都是走在前沿的教育工作者和践行者，能够清楚地说明在实践中以及学术环境中使用肌力测试的重要性。

厄尔·阿伯拉罕森

简·兰斯顿

2019年1月

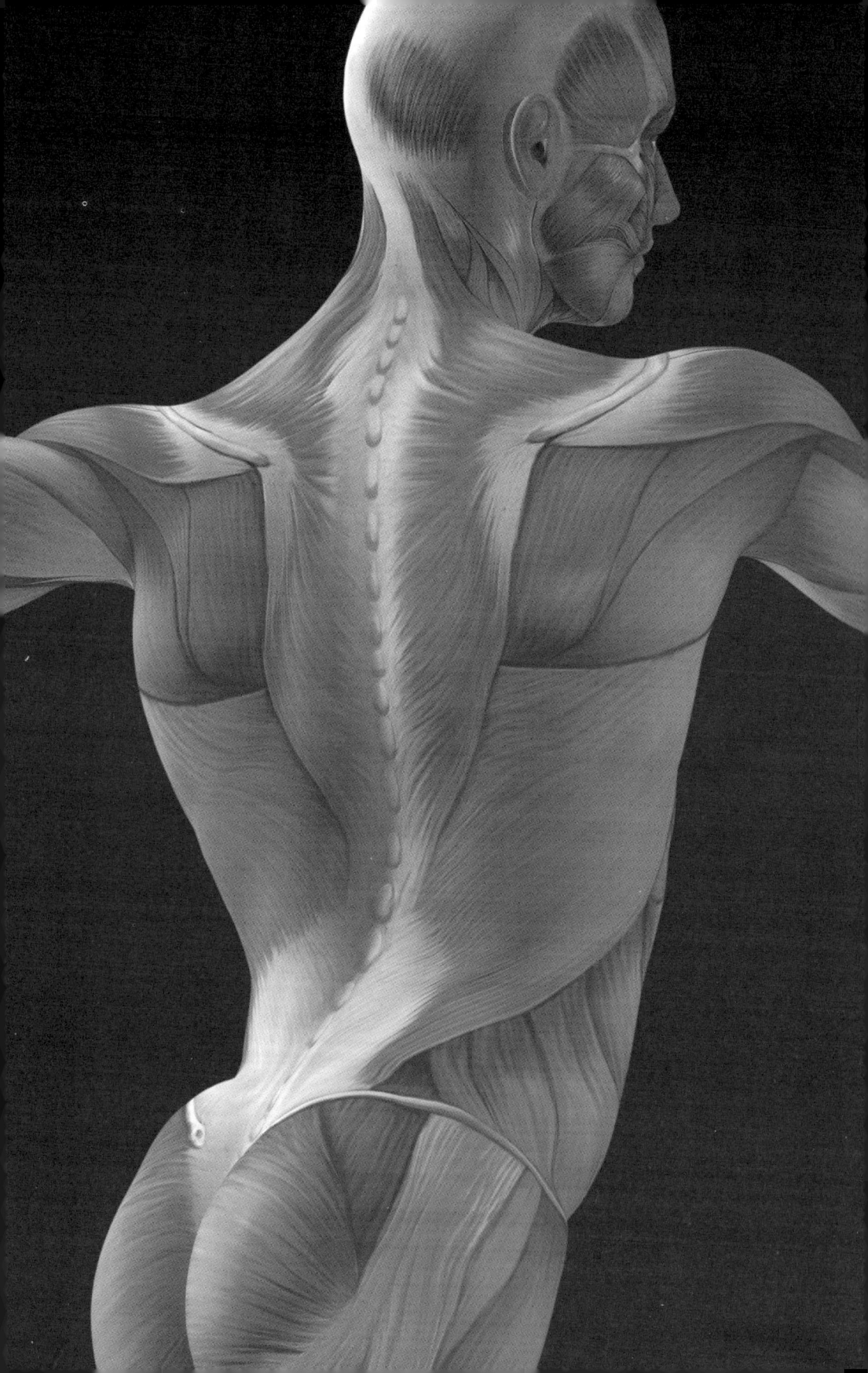

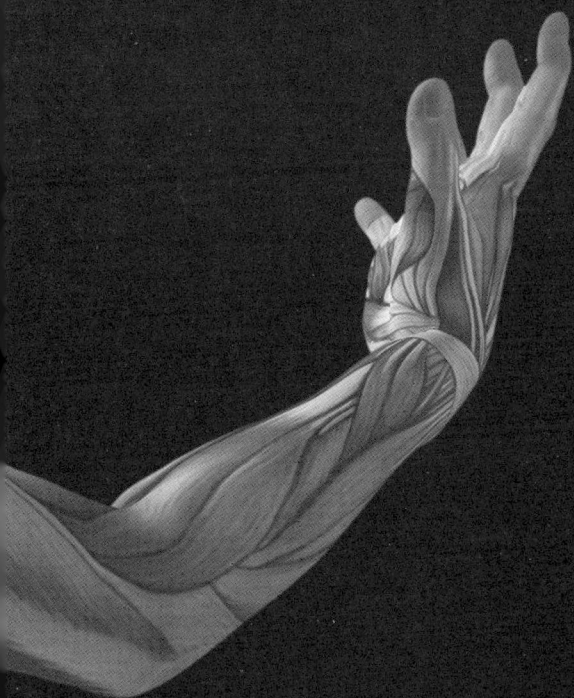

第1章

简介

肌力测试的简介与原理

肌肉骨骼的解剖、测试与触诊的概述

生物张拉整体和筋膜 – 结缔组织系统

怎样使用本书

肌力测试的简介与原理

从肌节到肌腹，对人类肌肉的研究是一次结构和功能方面的令人着迷的"旅程"。人体共拥有600多块肌肉，通过复杂的运动方式、执行复杂的任务以适应环境的改变。肌肉系统是人体功能结构的重要组成部分，使我们能够保持两足支撑站立的姿势。这种独特的站立能力把人类与其他生物区分开。通过进化，我们学习借由身体功能和工作的方式实现适应、发展、成长和移动。由于身体系统的相互联系，这些运动模式不仅反映机体的功能，还可以监测功能障碍。怎样才能知道功能损伤是何时发生的？有哪些特定的指标可以用来评估、治疗肌肉骨骼功能障碍？如何通过对肌肉结构解剖学的认知加深对功能障碍和病理的理解？

本书受到维兹尼亚克（Vizniak）的《肌肉手册》（*muscle manual*）（2012）的启发，他撰写了一篇为从业者传达、说明和教授肌肉结构和功能的文章。本书扩展了该文章的思想理念，目的不仅在于将解剖学与肌力测试相结合，更重要的是帮助学习者理解肌肉结构与功能之间的关系，并且通过体验功能以学习结构。通常，肌肉解剖学是一门枯燥的研究课程，所教授的每块肌肉都经过了详细的研究，需要学习者列举肌肉的起点、止点、运动、神经支配和血液供应。这种常用的方法未必有助于理解肌肉功能，也与肌肉定位无关。通过肌力测试，人们可以更好地了解肌肉是如何或独立或成群地工作的。对称运动、活动范围、收缩模式、阻力和重力的知识更加完整地描述了肌肉功能和功能障碍。

肌肉骨骼的解剖、测试与触诊的概述

活动范围

肌肉通过一定的运动幅度来控制关节在平面和轴线上运动。图1.1展示了运动面与运动轴。运动很复杂，很多肌肉都在不同的平面和轴线上活动，一些肌肉协同作用，调整运动的方向和幅度。

运动分为：

- 主动运动，受试者在无人协助的条件下进行移动；
- 被动运动，由测试者将受试者肢体移动到最终位置；
- 抗阻运动，测试者在受试者移动肢体时施加阻力。

不论采用何种方式，每一次运动都会为关节及软组织的功能提供信息。测试者可以根据结构上的缺陷做出合理的判断。

关节的运动提供了探究骨骼形态和活动范围的限制的视角。因此，对关节的运动方式进行深入的探讨，研究凹凸

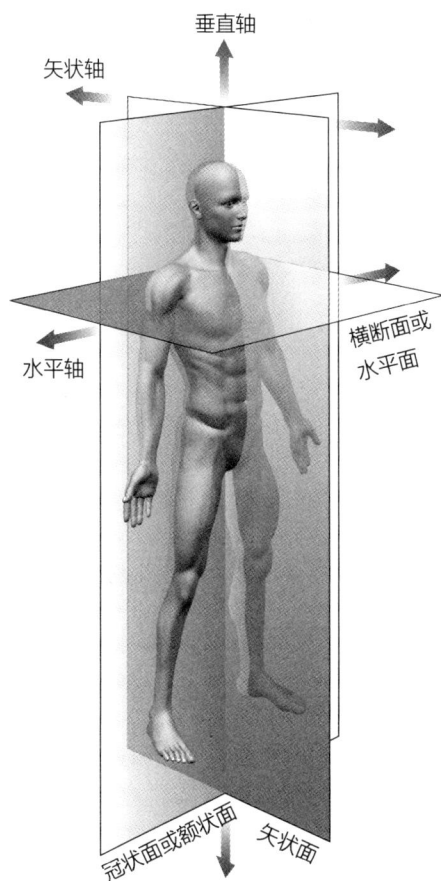

图 1.1 运动面与运动轴

法则是十分有益的。

关节运动的凹凸法则

简而言之，每个关节都有一个凹的表面和一个凸的表面。例如，肘关节复合体。通过对屈戌关节的研究，我们可以发现尺骨滑车切迹作为关节的一部分，与肱骨滑车形成关节。滑车槽为凹形，滑车为凸形。学习的关键是了解骨的哪个部位移动，从而引起运动。滑车槽沿滑车移动。当滑车槽向上移动时，前臂也会随之向上运动，从而实现了关节的弯曲。换言之，如果凹形部分运动，它的运动方向和肢体移动的方向是一样的。图1.2展示了肘关节复合体的凹面运动。

记住这点："人们在洞穴里会团结在一起。"

在肩关节中，有一个凸起的肱骨头穿过一个浅凹的关节盂窝。当肱骨头在肱骨窝内向下移动时，手臂向上运动。与凹凸法则相对应，如果关节的凸面移动，则其移动的方向与肢体移动的方向相反。图1.3展示了盂肱关节的凸面运动。

这对关节运动功能来说很重要，同时也是有效保持关节工作能力的关键。

在评估关节活动度时，应充分考虑全范围的关节活动和限制关节活动范围的因素。这有助于对关节进行功能分析，为进一步评估、治疗和康复提供指导。

图1.5展示了不同关节的活动，使用图1.5来考虑正常的活动范围，以及所有运动的活动范围的潜在限制因素（即主动运动、被动运动和抗阻运动）。

表1展示了运动面与运动轴上的动作。

肌肉的激活和力量的评估与测试

肌肉需要变得兴奋才能工作，这也许会让人觉得不可思议。骨骼肌的兴奋性就是它特有的对神经冲动做出反应的能力。肌肉具有复杂的结构，能通过伸缩以产生运动。在解剖上，总的功能收缩单位由肌肉、相关软组织（包括结缔

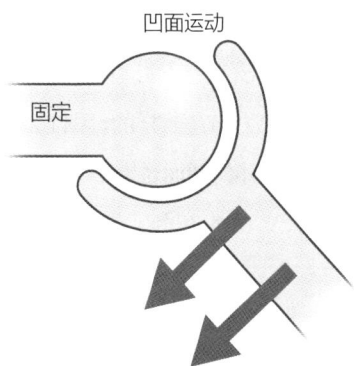

图1.2   肘关节复合体的凹面运动

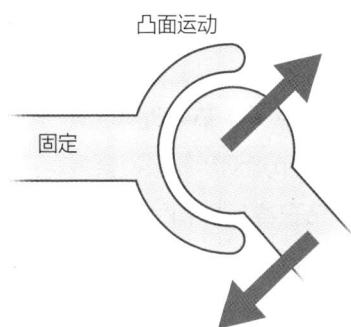

图1.3   盂肱关节的凸面运动

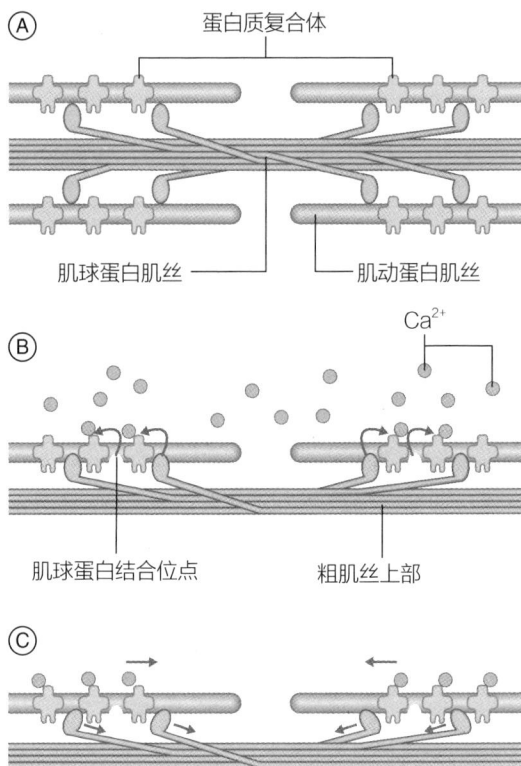

图1.4   肌丝滑行理论

组织、肌腱）和支配它们的神经组成。

肌丝滑行理论解释了这种生理反应，并将肌动蛋白和肌球蛋白的肌丝的结合和解离、横桥的形成、动力冲程和收缩本身的可持续性联系起来。图1.4展示了肌丝滑行理论。

骨骼肌的第二个同样重要的特性是在收缩后能恢复到原来的形状，这被称为骨骼肌的弹性。想象一根松紧带被拉伸，在拉伸阶段完成后，它会恢复到原来的形状。

了解肌肉激活和收缩的能力为检查肌肉和软组织是否有效提供了一个有用的平台。肌力测试使测试者能够通过静态（固定的关节位置）收缩或动态（通过关节活动范围）收缩来评估肌肉的激活模式和肌肉的力量。

肌力测试的方式可以从使用轻微的抓握来评估肌肉的触发和激活，到往肌肉动作的反方向施加阻力。本书将考虑不同的肌力测试形式来阐明其原则、应用、受试者的体位和测试的方向，以便学习者能够更好地了解如何使用肌力测试。本书一直交替使用术语"测试者"和"从业

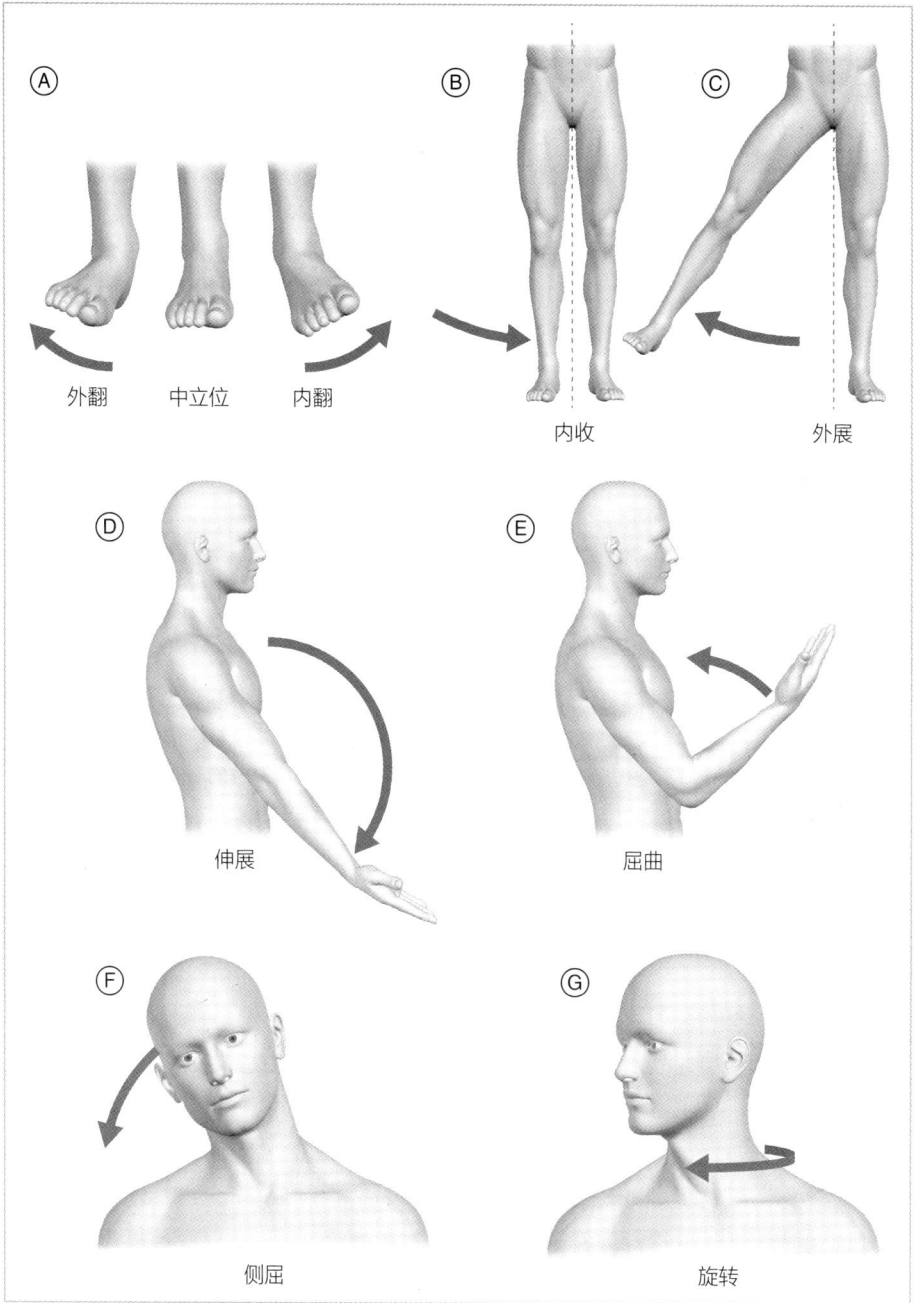

Ⓐ

外翻　　　中立位　　　内翻

Ⓑ　　　　　　　　　Ⓒ

内收　　　　　　　　　外展

Ⓓ

伸展

Ⓔ

屈曲

Ⓕ

侧屈

Ⓖ

旋转

图1.5　关节活动

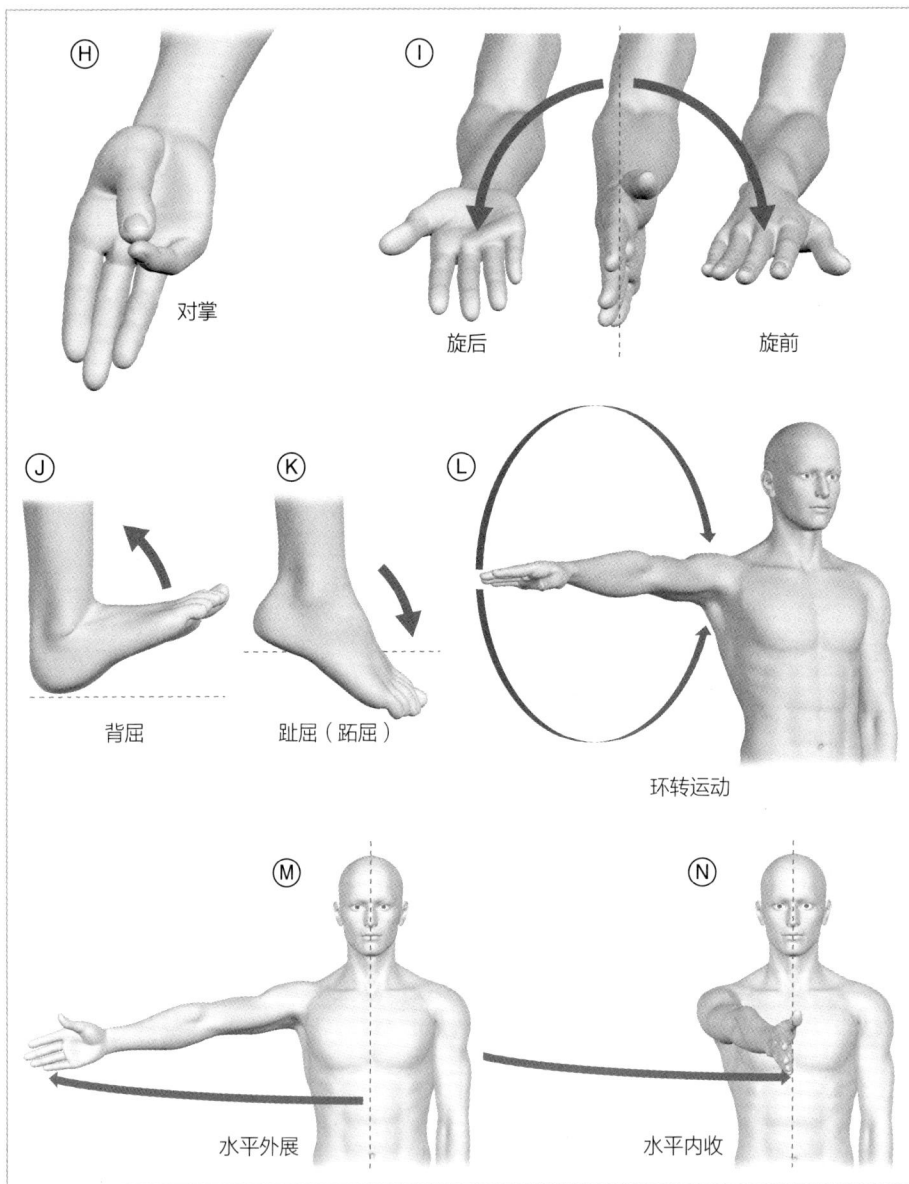

图1.5　关节活动（续）

表1 运动面与运动轴上的动作		
动作	运动面	运动轴
屈曲/伸展	矢状面	额状轴
外展/内收 侧屈 内翻/外翻	额状面	矢状轴
内旋和外旋 水平屈曲 旋后/旋前	横断面	垂直轴

者",以突出不同的用户群体。

徒手肌力测试

这组测试包括测试者施加阻力的任何强度的测试评估。由于测试者不需要使用任何设备,所以徒手肌力测试适用于现场和急性评估。基斯纳(Kisner)和科尔比(Colby)(2002)进一步提出,徒手肌力测试使得测试者能够控制和调整为回应受试者的努力而施加的阻力。阻力可以根据关节活动范围进一步改变,以允许受试者在整个测试过程中达到最大努力程度。但这些测试的一个潜在缺点是,所有的结果发现都依赖于主观信息和测试者辨别有效收缩和可能的功能障碍的能力。测试者自身的力量、姿势和形态都有可能对测试结果造成负面影响。

等长肌力测试

等长肌力测试(见表2)相对来说快速有效。通常在关节的中立位或中间位置进行这种测试。这种测试位置限制了施加在关节上的压力,并可以进一步减少来自非收缩关节结构的干扰。在这种测试当中,指导受试者保持正确的关节位置是很重要的,同时测试者需要支撑并稳定受试者的近端关节,试图通过对远端节段施加合适的阻力来移动关节或"打破"该体位。测试的阻力大小与受试者产生的力相同,但是方向相反。为了进一步确认力量测试的结果,往运动的

表2 等长肌力测试	
强壮且无疼痛感	表明正常反应
强壮但有疼痛感	表明肌腱连接处或肌肉可能有病变情况。在急性损伤中更为常见
薄弱但无疼痛感	表明神经相关损伤或肌腱断裂。重要的是需要注意收缩功能可能在不引起疼痛的情况下丧失。这取决于撕裂的类型和纤维损伤程度
薄弱且有疼痛感	表明有严重的损伤,可能是骨外伤,例如骨折或关节不稳

相反方向拉伸肌肉可能是有用的。如果受试者出现疼痛的阳性结果和腿部伸肌群无力，可能需要注意在拉伸腿部伸肌群时产生的疼痛。

在对肌力中断测试进行分级时，根据肌肉所能承受的最大阻力对其进行分级是很重要的。表3所示为可用于记录测试结果的肌力中断测试评分量表。

表3	肌力中断测试评分量表*
等级	描述
5	能在重力和最大阻力下保持测试体位
4	能在重力和中等阻力下保持测试体位
4-	能在重力和小于中等阻力的情况下保持测试体位
3+	能在重力和最小阻力下保持测试体位
3	能在无阻力的情况下保持测试体位

* 改编自克拉克森（Clarkson, 2000），舒尔茨等引用（Shultz et al., 2016）。

等张肌力测试

这些测试通过对抗重力的情况下的完整或部分的关节活动度来测试肌力大小。因为这些测试检查和监测的是在全关节活动范围下的肌肉功能，而不仅仅是在关节活动的中间范围下的肌肉功能，并且这些测试可以更好地评估单个肌肉在运动中的作用，所以它们能够提供比肌力中断测试更多的信息。测试者不仅可以单独测试一块肌肉，也可以测试一组肌群。肌群的整体测试并不总是孤立

地测出单个肌肉的作用。徒手肌力测试还可以提供关于肌肉无力和疼痛的位置以及可能原因的可靠信息。

进行测试的最佳操作方法是仔细摆放受试者的体位，使得待测肌肉容易在孤立的状态下发力。测试者使用一只手稳定受试者的近端部分，同时用另一只手对远端部分施加阻力。从解剖学的角度来说，这意味着将肌肉的起点固定，在肌肉止点处施加阻力。阻力方向应与被测肌纤维的方向一致。同时观察肌肉运动过程中的代偿或替代动作是十分重要的。出现代偿或替代动作可以通过仔细摆放受试者的体位来解决。

表4阐述了抗重力肌肉的肌力测试标准。

为了徒手肌力测试能够有效进行，重要的一点是分辨和触摸肌肉，并且将解剖学与肌肉功能和位置联系在一起。

本节中已经探讨了等长和等张肌力测试。在决定使用哪种技术时，我们需要对这两种技术进行简单的比较（见表5）。

运动学肌力测试

这种肌力测试方法是由乔治·古德哈特博士（George Goodheart DC）介绍的，并被脊柱按摩师和其他从业者所使用（Cuthbert and Goodheart, 2007）。受试者被动地摆放成能够使肌肉附着点（起点和止点）更紧密地结合在一起的姿势，并要求保持这个姿势，同时测试者使用

徒手肌力测试技术检查清单

- 向受试者提供清晰的沟通和指导，包括知情同意。
- 确定待测肌肉或肌群的起点、止点以及运动。
- 观察和监测可能出现的代偿动作和肌肉，包括屏气。
- 摆放受试者的体位以获得最大的支撑和稳定。
- 测试者寻找合适的体位以获得最佳的机械优势和适宜的阻力线。
- 固定测试部位的近端部分。
- 在肌肉功能直接拉动的远端部分施加阻力。
- 在监测任何代偿或替代动作的情况下完成测试动作。
- 如果受试者无法完成动作，重新摆放受试者的体位以减少或消除重力的影响来进行测试。
- 使用合适的评分量表记录测试结果。
- 在临床记录中记录测试结果。

表4　抗重力肌肉肌力测试标准

数值	文字描述	临床描述
5	正常	能对抗重力和最大阻力完成全关节活动范围的运动
4+		能对抗重力和几乎最大的阻力完成全关节活动范围的运动
4	良好	能对抗重力和中等阻力完成全关节活动范围的运动
4-		能对抗重力和最小阻力完成超过50%全关节活动范围的运动
3+		能对抗重力和最小阻力完成小于50%全关节活动范围的运动
3	尚可	能对抗重力但不能对抗手动阻力完成全关节活动范围的运动
3-		能对抗重力完成超过50%全关节活动范围的运动
2+		能在抗重力的情况下启动关节运动，或者在解除重力影响的情况下能对抗轻微阻力完成全关节活动范围的运动
2	差	能在解除重力影响的情况下完成全关节活动范围的运动
2-		不能在解除重力影响的情况下完成全关节活动范围的运动
1		可触及肌肉收缩但不产生关节运动
0	零	无法触及肌肉收缩，也不产生关节运动

改编自舒尔茨等（Shultz et al., 2016）。

表5 等长和等张肌力测试的比较		
肌力测试	等长	等张
优势	当关节活动存在困难或禁忌时有效	包括向心和离心力量测试两个部分
	基本上不需要设备	可以检查多个肌肉和关节
		允许在闭链和负重体位下进行测试
		为力量提供了一个可以量化的衡量标准
缺点	在特定的关节位置下测量肌肉力量，而不是通过全关节活动范围来测量功能	将最大力量测试限制在关节活动范围最薄弱的点
	缺乏客观力量评估标准	在多关节或多肌力测试时，容易出现强壮肌肉对较薄弱肌肉的代偿或替代情况

良好、自然的身体运动，使受试者的身体轻微晃动来对其肢体施加少量的压力。如果肌肉对轻压力产生了收缩的反应，那么就可以认为这块肌肉是"强壮的"。"肌肉较弱"的测试结果发生在受试者无法对这种轻微的移动和随后的压力做出反应时。

测试者良好的身体运动是能够完成可靠的肌力测试的关键。测试者应具有出色的徒手操作技术，能够快速而流畅地摆放受试者的肢体。如果动作过慢、笨拙，则会引起受试者的肌肉代偿。

应用运动学家指出了某些肌肉之间的关联。他们将肌肉与针灸的经络和器官联系起来。这在运动学的一个分支"触康健（Touch for Health）"中很常见。一些应用运动学家已经认识到，某些感受状态会削弱一块肌肉或一个肌群的力量或功能。为了便于理解，本书中列出了这些关联。

触诊

本书中探索了触诊技术。这些触诊技术对软组织结构的定位和确保这些软组织结构的测试有效是重要的。触诊是一项很难掌握的技术，需要测试者进行高质量的练习。理想情况下，为了触诊能够有效地进行，测试者需要更多地使用手掌和指尖去判断，而不是眼睛。触诊是通过感觉来观察、识别不同组织以及组织结构和张力的变化的。比尔和多恩（Biel and Dorn, 2014）在他们所作的名叫《人体追踪指南》（*Trail Guide to the Human Body*）的书中，提出了3个关键要素来解释触诊的含义：位置、意识和评估。前两个要素需要测试者对功能解剖学有深刻的理解。触诊需要测试者通过重复性的动作来掌握双手的技能，并要求测试者具有倾听的能力、能够平静地呼吸，并能够专注于所探索的结构。以下是一些可以帮助你提高触诊技巧的有用的提示。

1. 当你接触到需触诊结构时，你的手指需要对所探索结构产生反应且变得敏感。通过使用双手的方法，即一只手放在另一只手上，你可能能够对触诊手的反应性和敏感性进行微调。记得要有创造性，利用手指来定位和触诊较小的结构。

2. 闭上眼睛，使你能够更好地感知到所触诊的结构。闭眼可以消除视觉干扰，帮助你更加专注地定位不同或特殊的结构。

3. 先在自己身上进行练习。这对体会在受试者身上所使用的触诊技术和力量是很重要的。使用自己的身体作为练习指导，你会察觉到触诊压力、舒适度、不适感以及结构上的变化。征得他人同意后，可以在其他同事身上进行练习，并听取他们的反馈。

4. 在触诊之前，先对你想要触诊的结构进行研究，这样做是明智的。在触诊时你可以查阅本书。这将会使你更有效地理解这一领域。想象一下公路旅行。如果你事先研究了路线、确定了旅游景点、了解了潜在的障碍，你就做好了更充分的准备，可以更好地享受这段旅程。

5. 对受试者的需求保持足够的敏感。当你开始进行触诊时，你也许希望探索更深的结构，但不要只探索这些结构的表面。一个好的方法是在一开始就慢慢地操作，将受试者的软组织控制在你的手中。小心把握软组织的边界和界限，同时与受试者进行交流，评估压力和可能存在的疼痛。

6. 熟悉不同的触诊技术，例如滑动、拨动、滚动和直接按压。触诊时沿着原有的结构并思考它们是如何与其他结构连接或联系的。

7. 通过移动受试者肢体来帮助识别和定位结构。有些结构在静态位置下很难定位。通过移动肢体，你可以更好地接触到更深层的结构。施加阻力在找到目标结构和比较双侧差异、形状方面是有用的。

8. 练习在纸上感受一粒米。然后用一粒沙子重复这项练习。将玉米淀粉和水的混合物制作成浓稠的糊状液体。当你的手在玉米淀粉混合物中移动时，你会注意到平滑、持续、流动的动作很容易产生，然而急剧、快速和猛戳的动作会受到阻碍。接着在玉米淀粉混合物中放入一些小物品，并尝试着通过触摸来定位和识别它们。

9. 使用人体彩绘将关键解剖结构可视化。使用骨架或解剖模型来帮助理解解剖标志。你可以将这些标志作为参考点进行触诊（图1.6A、图1.6B）。

10. 通过将鹅卵石搭成小塔的平衡鹅卵石练习来提高触诊技术水平。平衡鹅卵石的练习所需要的灵巧性对触诊很有帮助（图1.6C）。

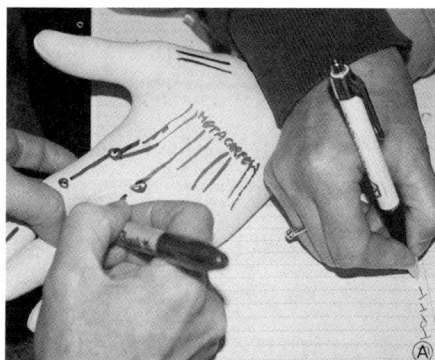

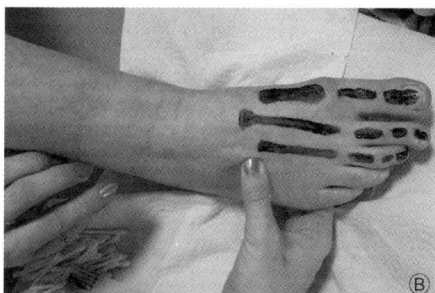

图1.6　提高触诊技术水平

总结：首先观察，其次触诊，然后用运动配合触诊来定位深层的肌肉。

生物张拉整体和筋膜－结缔组织系统

当我们开始剖析身体并质疑传统解剖学学习模式的价值时，我们很快就意识到，一个更加复杂且牵涉到结缔组织的系统构成了支持运动和实现复杂运动模式的框架。

从胚胎发育开始，我们就形成了一个"元膜"，这种膜最终将我们包裹起来。这种"元膜"，或者说筋膜网，塑造了我们肌肉和器官的形状和形态，并将实现运动和功能的结构联系在了一起。

底层的支撑来自筋膜和吊索结构，它们在身体内编织着错综复杂的网和网络，通常连接着局部、区域和系统组件。许多解剖学教师都指出，骨骼为身体提供了支撑的力量。如果我们将肌肉移除，骨架只不过是一堆骨头。

生物张拉整体几何模型解释了当对机体施加应力时，应力是分散的而不是集中的。这就解释了局部损伤为什么很快就会变成全身性的应变模式。汤姆·迈尔斯（Tom Myers）的工作重点是识别和定义体内的筋膜链，以显示这种应变模式是如何通过生物张拉整体分布在结缔组织系统内部和整个系统中的（Myers, 2014）。

图1.7是骨盆和腿部的生物张拉整体示意图。

图1.7 骨盆和腿部的生物张拉整体示意图

筋膜作为体内的张力网络和框架提示我们在进行肌力测试时必须将软组织考虑在内；肌肉只有在周围和内部筋膜处于正常张力的情况下才能进行工作。

怎样使用本书

学习重点

本书旨在使学生和从业者能够通过更新的肌肉骨骼解剖学和实践应用所说明的技术来快速获取信息。书中详细地介绍了超过60块肌肉的起点、止点、肌纤维排列、神经支配、血液供应以及肌肉运动。这对考虑不同的肌力测试来说是很重要的。每块肌肉都通过照片和注释来进行描述。值得注意的是——本书只包括了选定的肌肉。我们的想法是将更多流行和常见的肌力测试与肌肉功能联系起来。

当使用本书时，你需要考虑以下的学习要点来帮助你巩固知识和实践技能。

1. 解剖——首先使用骨架或解剖模型来实现结构位置、附着物、一致性和结构深度的可视化和识别。这可能会使你对肌肉骨骼结构的触诊和评估有一个了解。如果仅仅知道肌肉的位置，而没有考虑神经血管通路和其他相关结构，可能不足以对该结构进行触诊和测试。

2. 功能——仔细地考虑被评估和测试的肌肉的全部功能是很重要的。在学习或复习神经肌肉系统的过程当中，要考虑所研究的肌肉所共有的所有运动和附属运动模式。这将使你对受试者的体位摆放和执行测试有更好的认识。考虑协同肌、主动肌、拮抗肌，以及肌肉在离心负荷下的作用。

3. 肌肉的孤立测试和整体测试——肌力测试有时候可能会显得很复杂，可能需要考虑多种关于测试位置和可靠性的方法。其中一种方法可能涉及测试一组肌肉（例如前臂的屈肌）还是孤立的个别肌肉更加有效。为了辨别哪种测试方法更好，你需要去了解肌力测试的价值和目的。肌力测试常常在肌肉骨骼评估中被使用，但是它在治疗策略中同样有用，因为有力量或缺乏力量成为关键的临床标志。在决定如何使用肌力测试和使用哪种测试方法时，请考虑下列问题。

指南

本书的编写是为了使读者能够轻松识别相关的信息和事实，并且学习和复习关键的肌力测试。本书的结构设计旨在通过提供每个部分的标题、信息和插图来巩固学习。不同部分用一条线分隔开。

这部分提供了肌肉的解剖学概述和走向，以及定位、相关的运动、神经支配和血液供应。我们可以通过这部分来更新、复习或学习肌肉解剖学知识。

临床特征这个部分提供了关于肌肉的有用的特征和信息。这部分着重于临床评估和结构平面图。

114　　肌力测试指导手册：解剖、功能与技术方案

躯干
胸大肌
起点

上部纤维：锁骨的中间部分。

中部纤维：胸骨的前外侧部分。

下部纤维：第一至第六肋骨软骨。

止点

肱骨二头沟外侧唇（大结节嵴）。

运动

全部纤维

盂肱关节的内收和内旋。

在用力吸气时辅助抬高胸部（当手臂固定时）。

上部纤维（锁骨部分）

辅助肩关节水平内收。

肩部在盂肱关节处的屈曲。

辅助控制盂肱关节伸展的离心收缩过程。

中部纤维和下部纤维（胸骨和肋骨部分）

肩部在盂肱关节处的伸展。

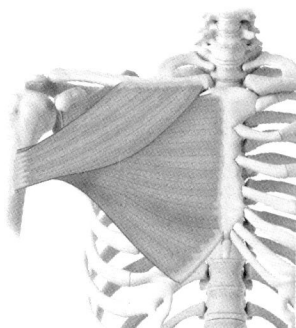

辅助控制盂肱关节屈曲的离心收缩过程。

神经支配

胸内侧神经和胸外侧神经C5~C8、T1。

血液供应

来自胸腹部。

临床特征

胸大肌与背阔肌、肩胛下肌和大圆肌协同工作，使肩关节内收和内旋，同时与三角肌前部纤维和喙肱肌协同工作，使肩关节屈曲。胸大肌在肋骨和胸骨上有多个附着点，因此它也是自身的拮抗肌。

触诊

1. 受试者呈仰卧位、侧卧位或坐位，同时肩关节（盂肱关节）前屈至90°。

2. 测试者将触诊的手指放在肌纤维上，仔细感受想要测试的区域。谨记需要按照肌纤维的走行方向来触诊。

3. 为了充分触诊到肌纤维的收缩情况，要求受试者将手臂移过锁骨中线（水平内收），同时测试者施加反方向的阻力。

4. 注意肌肉组织的收缩情况。

5. 一种更敏感的触诊技术是测试者捏住或紧紧抓住受试者腋窝前壁，而受试者的手臂处于前屈状态。

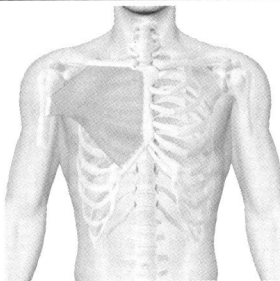

成功执行肌力测试的关键在于对肌肉的触诊的定位。这部分旨在通过仔细了解表面和深层肌肉的解剖学走向，为定位肌肉及其相关附着结构提供指导并指明方向。

测试方法

胸骨头

测试者朝肩关节外展和轻微屈曲方向施加轻微的阻力。

锁骨头

测试者朝肩关节外展和轻微伸展方向施加轻微的阻力。

对于这两种测试方法，测试者使用合适的评分量表记录检查结果。注意在全关节活动范围内进行检查。

中间范围的测试可用于评估肌肉等长收缩的力量，测试中要求受试者在测试者没有施加阻力的情况下保持体位。

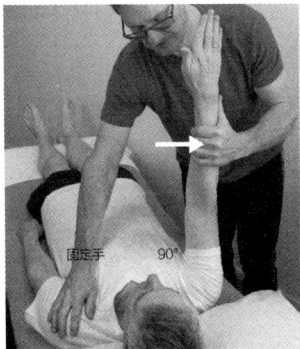

固定手　90°

胸大肌

这部分经过精心的设计，目的是让测试者了解一系列注意事项，如受试者的体位、施力方向和固定，以确保肌力测试能够有效和准确地进行。肌力测试进一步分为徒手肌力测试和运动学肌力测试。

问自己的问题

1. 肌力测试揭示了什么？

2. 肌力测试未能揭示什么？

3. 肌力测试是否被正确地执行？

4. 对受试者的指令是否清晰、明确？

5. 受试者的体位是否摆放正确？

6. 如果受试者报告测试产生疼痛，我是否应该继续使用肌力测试？

7. 在肌肉骨骼评估过程中，何时是使用或实施肌力测试的最佳时机？

8. 肌力测试在使我能够证明我的想法/发现和建议的治疗策略方面有多大的说服力？

9. 我是否将我对解剖学的理解与肌力测试结果联系起来了？

10. 我是否考虑过解剖学上的神经肌肉组织的变化？

11. 肌力测试结果揭示了与神经血管走向有关的什么？

12. 是否有其他测试可以用来确认或否定我目前的发现？

13. 是否考虑了不协调性和/或特异性因素？

14. 在受试者那里学到了哪些关于肌力测试的经验？

15. 我是否利用从受试者那里和肌力测试中得到的信息对医疗保健和受试者管理做出了明智的选择？

参考文献

Barral J (2008). *Understanding the messages of your body, Berkeley*, CA: North Atlantic Books.

Biel A and Dorn R (2014). *Trail guide to the human body*, Boulder, CO: Books of Discovery.

Clarkson HM (2000). *Musculoskeletal assessment, joint range of motion and manual muscle strength*. 2nd ed. London: Lippincott Williams and Wilkins. Cuthbert SC and Goodheart GJ (2007). On the reliability and validity of manual muscle testing: A literature review. *Chiropractic and Manual Therapies*, 15: 4.

Kisner C and Colby LA (2002). *Therapeutic exercise: Foundations and techniques*. 5th ed. Philadelphia: FA Davis Co.

Myers T (2014). Anatomy trains: Myofascial meridians for manual and movement therapists. New York: Churchill Livingstone, Elsevier. Shultz SJ, Houglum PA and Perrin DH (2016). *Examination of musculoskeletal injuries*. 4th ed. Champaign, IL: Human Kinetics.

Thie J (1973). *Touch for Health*. Camarillo, CA: De Vorss & Co.

Vizniak NA (2012). *Muscle manual*. Canada: Profe-ssional Health Systems Inc.

Walther D (2000). *Applied kinesiology (synopsis)*. 2nd ed. USA: Systems DC.

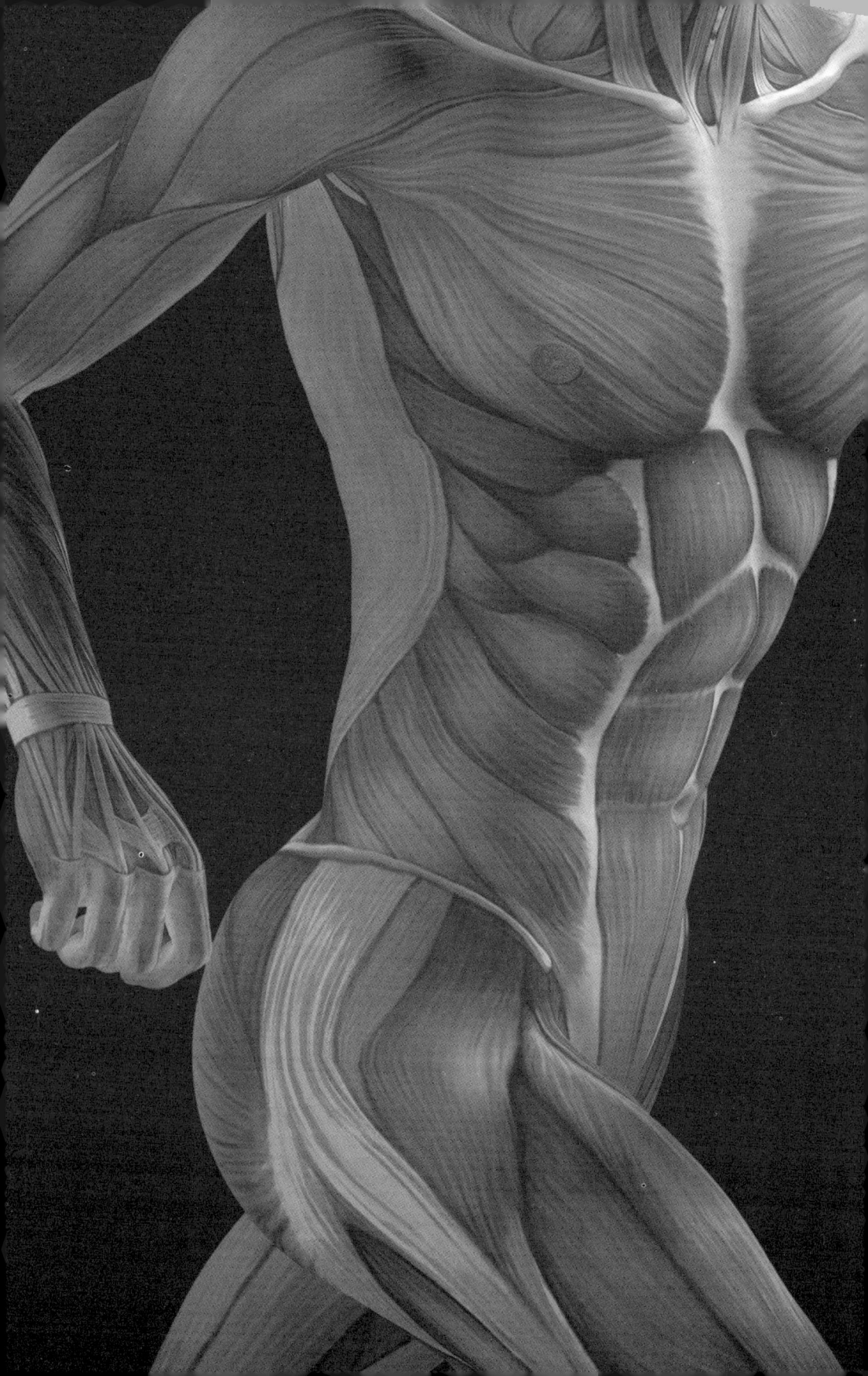

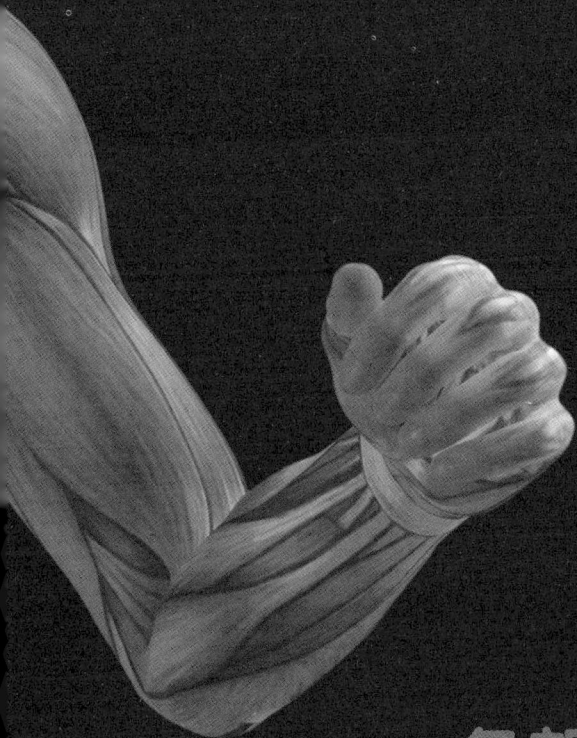

第2章

各部位的肌力测试

头部和颈部

胸锁乳突肌

这块肌肉的名称提供了其附着点的信息：胸指胸骨；锁指锁骨；乳突指颞骨乳突。

起点

胸骨头：胸骨柄。

锁骨头：锁骨内侧。

止点

颞骨乳突。

运动

头部和颈部向对侧旋转。

头部和颈部向同侧侧屈。

单侧肌肉收缩：使头颈部向对侧旋转；使头颈部向同侧侧屈。

双侧肌肉同时收缩：使颈部前屈，并在吸气时协助抬高肋骨。

离心收缩胸锁乳突肌有助于控制颈部伸展。

神经支配

副神经脊髓根（CN XI），C2~C3。

血液供应

枕动脉、甲状腺上动脉。

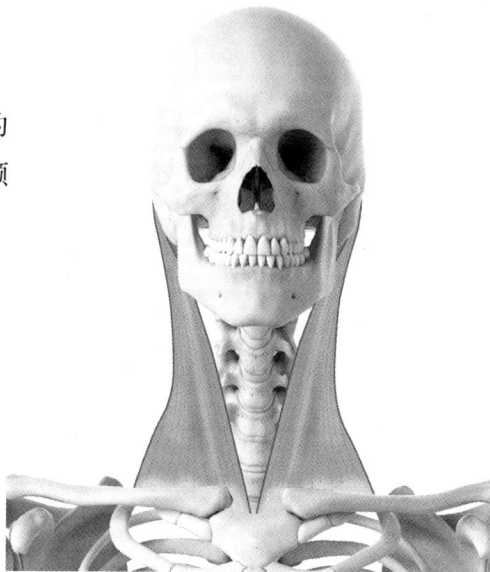

临床特征

胸锁乳突肌的上部纤维可与斜方肌的后外侧缘融合。

基于胸骨和锁骨上的附着点，一些解剖学家认为胸锁乳突肌可以抬高肋骨的前部，所以也会描述其为辅助呼吸肌。胸锁乳突肌的位置，特别是内侧边界，使其容易受到血管创伤的影响。胸锁乳突肌的内侧靠近颈动脉和颈动脉窦。对胸锁乳突肌的触诊需要谨慎考虑，因为颈动脉和颈动脉窦的压力增加可能会导致血压下降、引起昏迷。

颈部的过度伸展和/或过度屈曲，如挥鞭样损伤创伤，可能导致胸锁乳突肌的撕裂。

触诊

1. 受试者呈坐位或仰卧位，头向一侧旋转。这种体位下，视诊可观察到肌肉的边界。

2. 测试者将手指放在肌纤维上，引导受试者将头向一侧屈曲或旋转。触诊时应谨慎操作，注意压力增加可能引起的血管功能障碍。

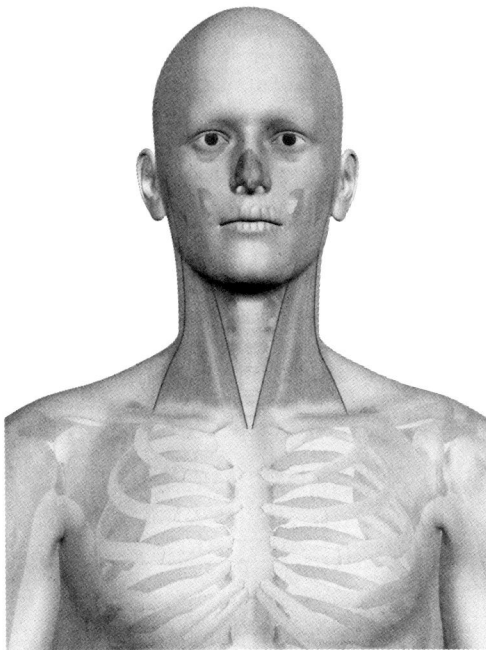

3. 注意肌肉组织的收缩情况。

胸锁乳突肌

徒手肌力测试

体位

受试者呈仰卧位，颈部屈曲并向测试侧略微旋转。

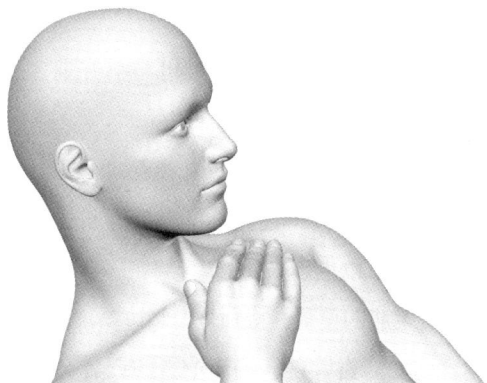

测试方法

测试者将手放在受试者的额骨侧面，施加一个向侧后方的阻力。触诊过程中要注意遵循触诊胸锁乳突肌时确定的解剖标志。

测试者使用合适的评分量表记录检查结果。注意在全关节活动范围内进行检查。

中间范围的测试可用于评估肌肉等长收缩的力量，测试中要求受试者在测试者没有施加阻力的情况下保持体位。

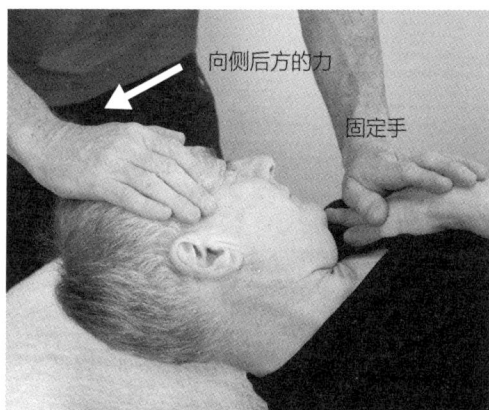

向侧后方的力

固定手

固定

固定受试者的胸骨。较好的做法是让受试者将一只手放于自己的胸骨处，测试者把手放在受试者的手上进行固定。

运动学肌力测试

体位

受试者呈仰卧位，头部抬起，略微弯曲并向对侧旋转，就像使耳朵靠近肩部一样，从而使胸锁乳突肌的两端附着点更接近。

测试方法

引导受试者保持该体位。测试者略微摇晃自己的身体，在受试者的对侧额骨上施加一个轻微向下的力，就像要把受试者的头放回床面。

固定

测试者固定受试者的对侧额骨以稳定其头部的运动，防止受试者由于胸锁乳突肌太弱而无法维持该体位时出现损伤。

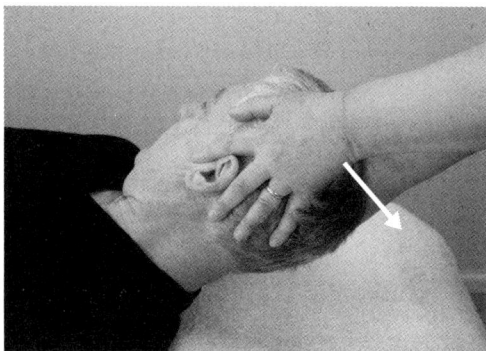

运动学关联

器官：胃、鼻和淋巴器官。

针灸经络：胃经。

感受：忧虑和压力。

胸锁乳突肌

斜角肌（前斜角肌、中斜角肌、后斜角肌）

起点

前斜角肌

> 第3~6颈椎的横突。

中斜角肌

> 第2~7颈椎的横突。

后斜角肌

> 第5~7颈椎的横突。

止点

前斜角肌

> 第一肋骨上的斜角肌结节。

中斜角肌

> 第一肋骨。

后斜角肌

> 第二肋骨。

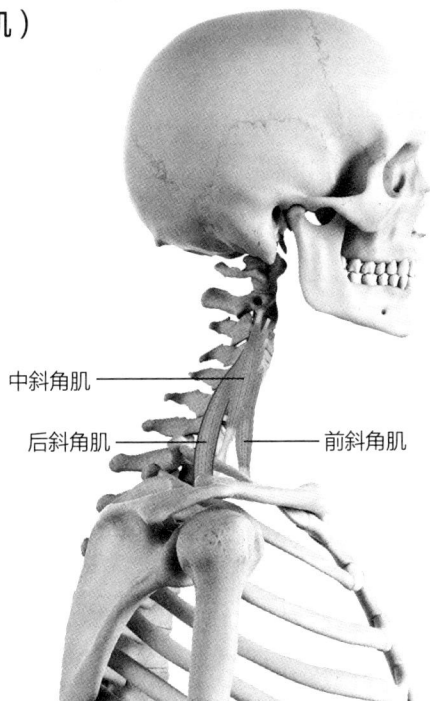

中斜角肌
后斜角肌
前斜角肌

运动

前斜角肌

> 单侧肌肉收缩使颈部屈曲和向同侧侧屈。
>
> 抬高第一肋骨。在维持颈部稳定中作为让颈部向对侧微微旋转的原动肌。
>
> 辅助控制颈部伸展的离心收缩过程。

中斜角肌

> 单侧肌肉收缩使颈部屈曲和向同侧侧屈。
>
> 辅助控制颈部伸展的离心收缩过程。在颈部稳定的情况下抬高第二肋骨。

后斜角肌

　　单侧肌肉收缩使颈部屈曲和向同侧侧屈。

　　辅助控制颈部伸展的离心收缩过程。

　　在颈部稳定的情况下抬高第二肋骨。

神经支配

前斜角肌

脊神经C3、C4、C5、C6。

中斜角肌

脊神经C6、C7、C8。

后斜角肌

脊神经C6、C7、C8。

血液供应

甲状腺下动脉。

临床特征

　　前、中、后斜角肌相互协同工作。

　　斜角肌群作为主动肌或辅助肌参与呼吸。

　　斜角肌在深吸一口气到胸腔上部时和将电话夹在肩和耳朵之间时会用到。

　　相比肌力不足（较弱），斜角肌更容易出现张力过高（紧张）的问题。臂丛和锁骨下动脉的大分支从前斜角肌与中斜角肌之间的一个小间隙穿过，如果斜角肌张力过高，而压迫了血管和神经，将会导致疼痛、麻木或针刺感。

　　一些解剖学家发现，后斜角肌有时会附着在第三肋骨的外侧边缘。

触诊

　　注意事项：由于斜角肌的解剖位置附近有着丰富的血管和神经，因此触诊时应极其小心，以避免对潜在的血管和神经造成损伤。

前、中斜角肌

1. 受试者呈坐位或仰卧位。

2. 测试者小心地将受试者的头部旋转至对侧，注意将胸锁乳突肌推开。

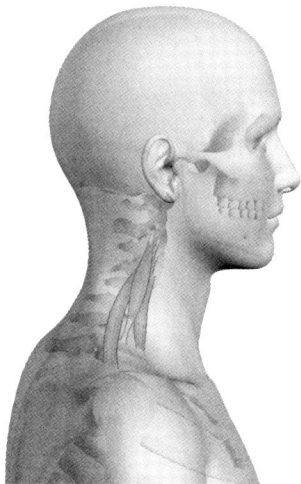

斜角肌（前斜角肌、中斜角肌、后斜角肌）

3. 测试者将手指放于受试者锁骨上方的胸锁乳突肌外侧。

4. 为了充分暴露和触诊斜角肌的肌腹，应引导受试者深吸气。

5. 触诊锁骨是关键，沿着锁骨内侧，向后、向下触诊可以触摸到前斜角肌和中斜角肌。

6. 记住斜角肌是作为一个整体发挥作用的，所以中斜角肌的内侧就是前斜角肌。

后斜角肌

1. 受试者通常呈坐位或仰卧位。

2. 测试者触诊中斜角肌和肩胛提肌后，将手指放在这两块肌肉之间。

3. 为了充分暴露并触诊后斜角肌的肌腹，测试者引导受试者深吸气。

4. 为了定位和触诊后斜角肌，测试者引导受试者抬高和下沉肩胛骨。

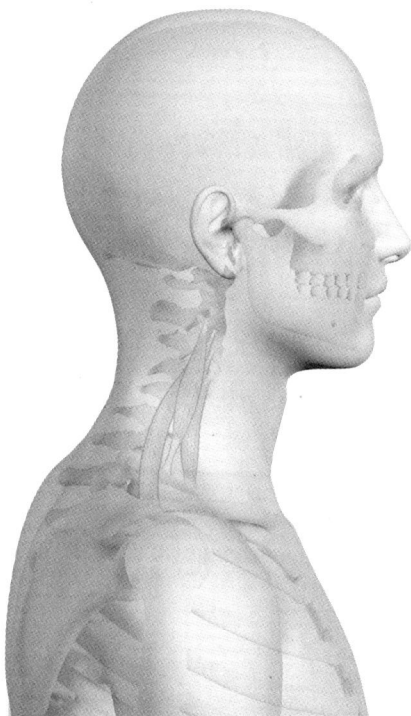

徒手肌力测试

体位

受试者呈仰卧位，抬高头部并向测试侧的对侧略微旋转，双手交叉枕于头后。

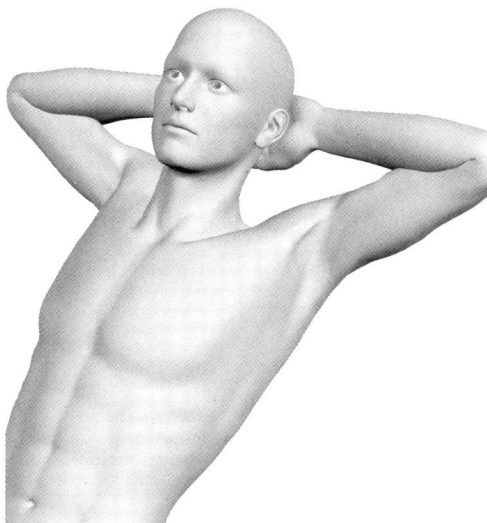

测试方法

受试者深吸一口气，尽量把头靠近胸前，测试者施加轻度阻力（25%）。

固定

测试者位于床头，用手指固定受试者的前额。

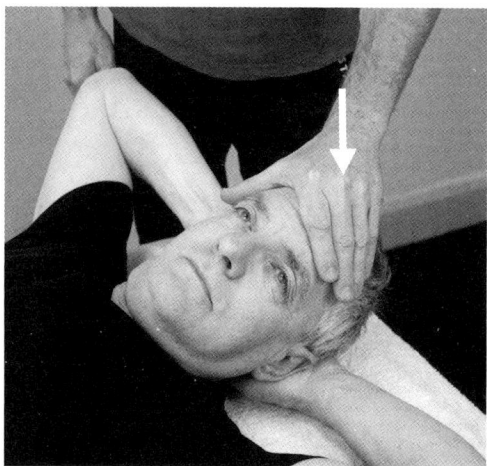

斜角肌（前斜角肌、中斜角肌、后斜角肌）

运动学肌力测试

体位

受试者呈仰卧位，肘关节弯曲，使双手与耳朵平齐。

受试者略微前屈头部，并向测试侧的反方向旋转10°。

测试方法

要求受试者保持该体位。

测试者将手侧面放在受试者的前额上，注意不是用整只手。测试者轻轻摇晃自己的身体，在受试者额头中心轻微地施加一个压力。压力垂直指向床面（与受试者头部的旋转方向不一致）。

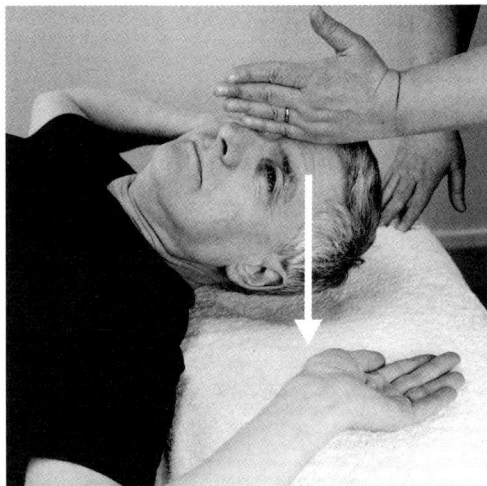

固定

受试者将手抬起，从而尽可能地鼓起斜角肌。观察肌肉的募集情况：如果斜角肌很弱，受试者可以尝试增加旋转角度，向侧方倾斜头部，以募集其他的肌肉来帮助鼓起斜角肌，包括屏住呼吸。

运动学关联

器官：胃、鼻。

针灸经络：胃经。

感受：忧虑。

头夹肌

起点

C3~T3椎体棘突和项韧带下部。

止点

颞骨乳突和上项线。

运动
单侧

使头部与颈部向同侧旋转和侧屈。
双侧

使头部和颈部伸展。

辅助控制颈部屈曲的离心收缩过程。

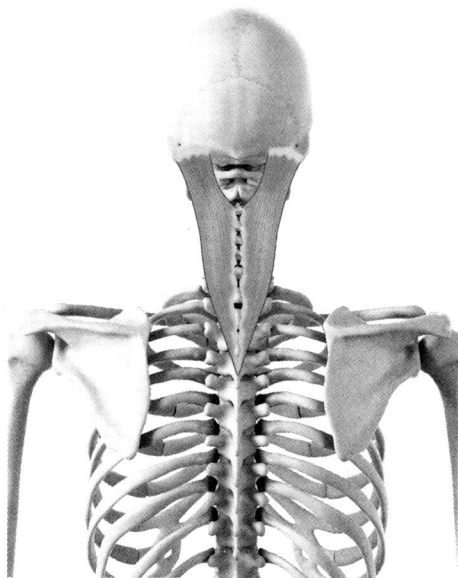

神经支配

脊神经C2~C6。

血液供应

枕动脉。

临床特征

头夹肌与斜方肌、半棘肌、斜角肌和头长肌协同作用，在颈部的后方形成一个V形。

头夹肌可能只在T3胸椎及以上形成附着点。

头夹肌和颈夹肌的疼痛可能会引起类似偏头痛的症状，引起严重的头部和颈部疼痛，尤其是眼周的疼痛。

长时间向上看可能会引起头夹肌的疼痛，如在给天花板刷漆时。长时间保持头部倾斜也会诱发这种症状，如接听电话、办公姿势不良，或在事故中造成挥鞭样损伤。

头夹肌

触诊

1. 头夹肌在斜方肌的深部，因此应使用指腹小心地进行触诊。

2. 受试者呈俯卧位，测试者沿着头夹肌走行的方向进行触诊。

3. 应指导受试者伸直头颈部。

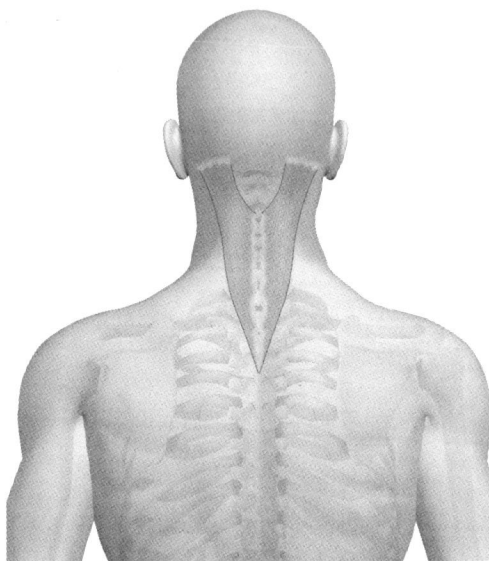

徒手肌力测试

体位

受试者呈俯卧位，头向测试侧侧屈，颈部旋转并略微伸展。

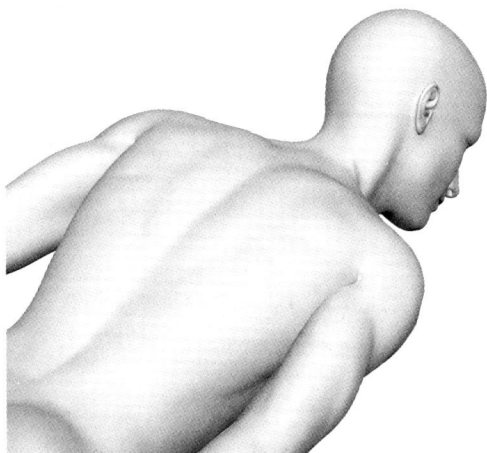

测试方法

　　测试者向颈部屈曲方向施加较大的阻力（约75%），向颈部侧屈方向施加约25%的阻力。阻力始终被施加在肌纤维的方向上。

固定

　　测试者将一只手牢牢地固定在受试者的胸椎上部。

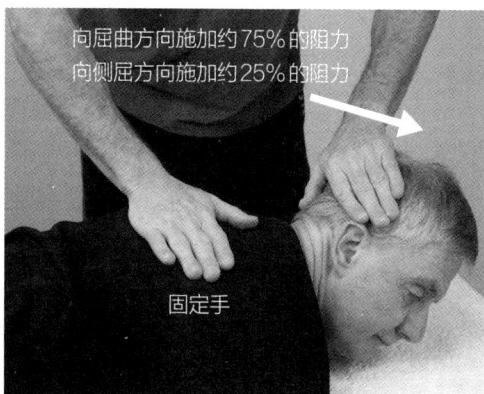

向屈曲方向施加约75%的阻力
向侧屈方向施加约25%的阻力

固定手

运动学肌力测试

体位

单侧

　　受试者呈俯卧位，抬起头使颈部处于伸展位，头部稍向一侧旋转。

双侧

　　受试者呈俯卧位，抬起头使颈部处于伸展位。

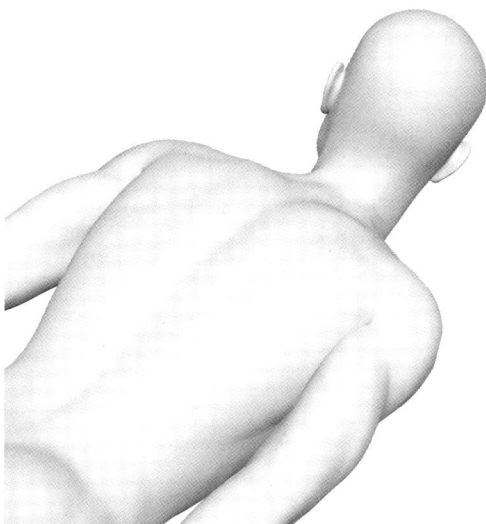

头夹肌

测试方法

单侧与双侧

要求受试者保持该体位。测试者将一只手放在受试者的头部后方，轻轻摇晃自己的身体，在受试者头部施加轻微的压力，就像要把头部压向床面。

固定

测试时要小心地支撑受试者的头部，防止由于肌力不足而使受试者的头部撞到床面。

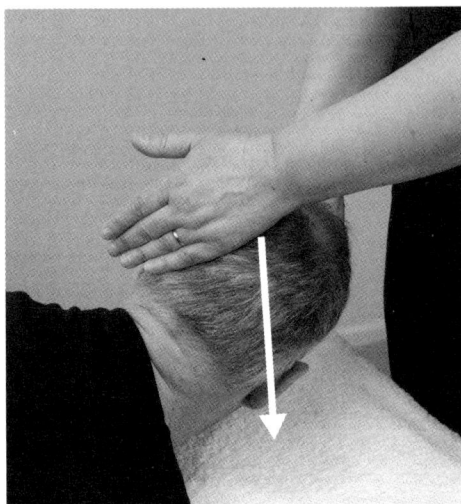

运动学关联

器官：胃、鼻。

针灸经络：胃经。

感受：忧虑。

肩胛提肌

起点

C1~C4椎骨的横突。

止点

肩胛骨内侧上缘。

运动

肩胛骨的上提、颈部的伸展和侧屈。

有助于控制对侧的颈部伸展和在离心收缩后期的肩胛骨外展。

神经支配

肩胛背神经C3、C4、C5。

血液供应

肩胛背动脉。

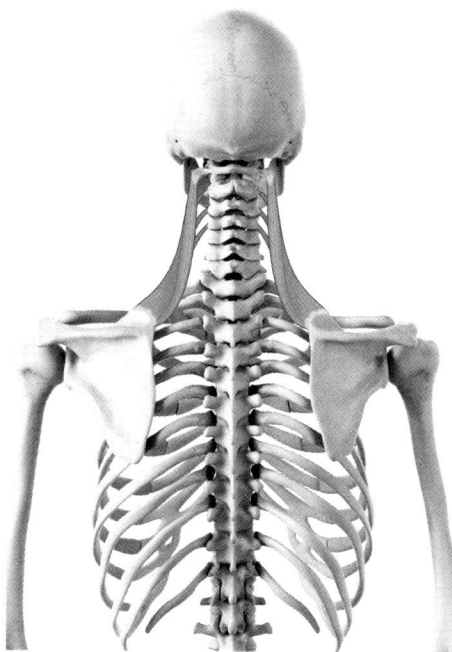

临床特征

肩胛提肌与斜方肌的上部纤维协同工作。

肩胛提肌在颈椎的附着点不同（如C1~C3）是比较常见的现象。

有些肩胛提肌纤维可能附着在枕骨、颞骨乳突或第一肋骨至第二肋骨上。

肩胛提肌的肌纤维会与斜方肌、前锯肌和斜角肌的肌纤维融合在一起。

由于解剖学上的位置导致了肩胛提肌的螺旋走行，肩胛提肌的紧张多发于肌肉的中间区域。临床医生可能会把这种紧张误判为肌筋膜扳机点。

肩胛提肌的损伤可能导致感觉障碍，如麻木和感觉异常。

触诊

1. 受试者呈坐位或俯卧位，前臂自然
   放于下背部，掌心朝上。在这种体
   位下，斜方肌处于放松状态，测试
   者更容易触及受试者肩胛提肌的肌
   纤维。

2. 测试者将手放于受试者肩胛骨上角
   上方。

3. 为了更好地定位肩胛提肌的肌腹，
   可以引导受试者交替上提、下沉触
   诊侧的肩胛骨。

4. 肩胛提肌外侧延伸到颈部外侧，测
   试者沿着肌纤维走行进行触诊。

5. 肩胛骨在斜方肌的深处，测试者可
   以闭着眼睛通过感受肌肉组织的
   练习来触诊。

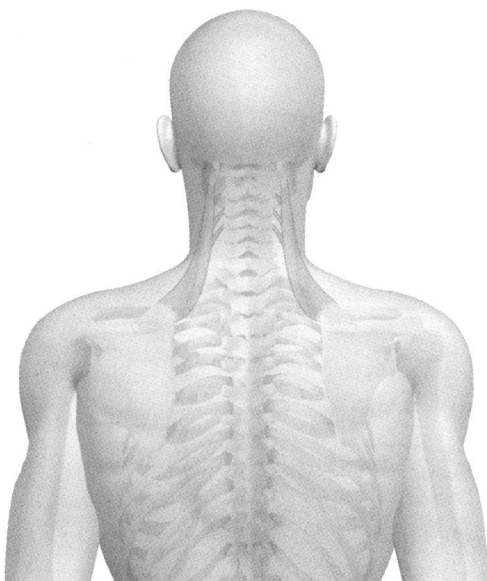

徒手肌力测试

体位

受试者呈坐位，头部向同侧侧屈、旋转并保持颈
部轻微的后伸。

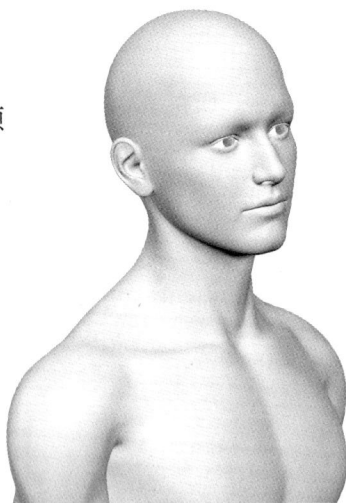

测试方法

　　测试者对受试者颈部的侧屈施加较大的阻力（约75%），对肩胛骨施加大约25%的向下的阻力。发力应当始终沿着肌纤维的方向。

固定

　　测试者用一只手牢牢固定受试者测试侧的肩部。

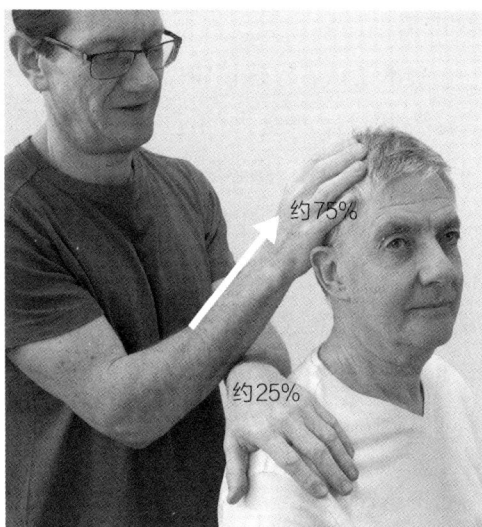

约75%

约25%

运动学肌力测试

体位

　　受试者呈坐位或仰卧位。受试者肘关节屈曲，测试者对其肩关节施加沿臀部方向的牵引力，使肩胛骨最大限度地下沉，直到观察到颈部和头部的移动。受试者的肱骨内收并略微伸展，尽量减少腰部的侧弯。

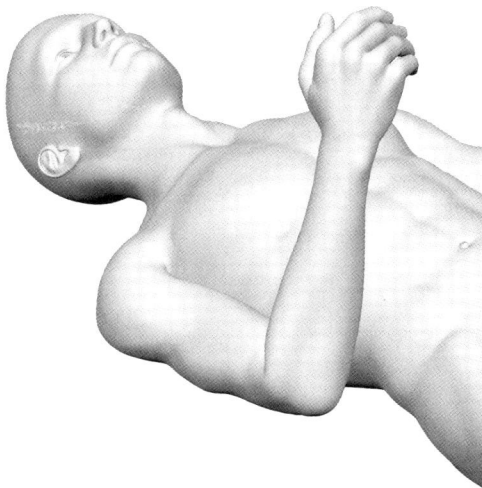

肩胛提肌

测试方法

　　提醒受试者保持该体位。测试者轻微摇晃自己的身体，在受试者的肘关节内部施加一个轻微向外展的拉力。在测试的过程中注意需要使受试者肩胛骨上角产生下回旋，而不是肩胛骨被锁定。测试者在进行这个测试时比较容易过度发力。

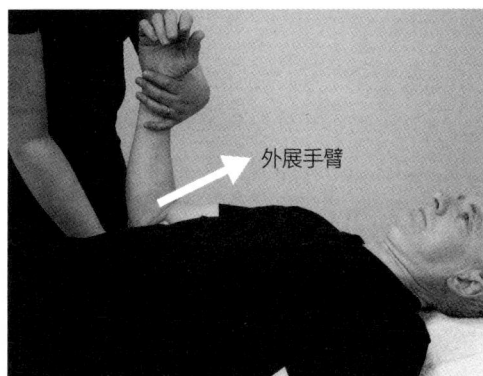

外展手臂

固定

　　测试者通过支撑受试者测试侧肩部来固定其体位，使得受试者的肩关节可以更好地被向下拉。

运动学关联

　　器官：肺和甲状旁腺。

　　针灸经络：肺经。

　　感受：悲痛和压力。

斜方肌（上部纤维）

起点

斜方肌有多个起点，包括枕外隆凸内上项线、项韧带以及脊柱C7~T12节段的棘突。

斜方肌上部纤维起自枕外隆凸内上项线和项韧带。

止点

斜方肌有多个止点，包括锁骨外侧的三分之一处、肩峰以及肩胛冈。

斜方肌上部纤维的止点可以从锁骨外侧的三分之一处延伸至锁骨中部，位于三角肌起点的上方。它也可能与胸锁乳突肌后缘和外侧缘融合在一起。

运动

肩胛骨的抬高和回缩，最终导致肩胛骨的内收。

肩胛骨的上回旋是由斜方肌的上、下部纤维共同收缩引起的。

斜方肌上部纤维使盂肱关节的屈曲和外展的最后60°活动范围得以实现。

单侧斜方肌上部纤维作用时可以使头部侧屈，双侧斜方肌上部纤维共同作用时，可以帮助头部伸展。

斜方肌上部纤维可以在手臂运动时进一步稳定肩胛骨。

神经支配

副神经脊髓根（CN XI），C2~C4。

血液供应

颈横动脉和肩胛背动脉。

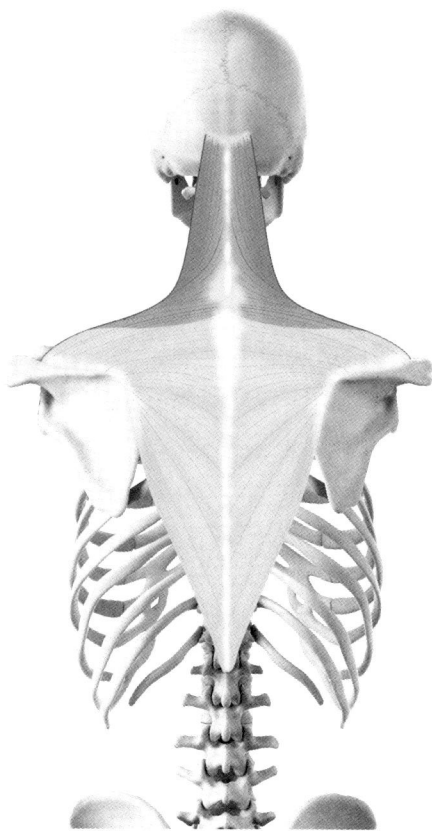

斜方肌（上部纤维）

临床特征

斜方肌通常分为3个功能部分：上部纤维、中部纤维、下部纤维。它通过这些不同部分肌纤维的复合收缩起作用，以影响、稳定和增强肩胛骨、胸椎和肩部的运动。

在胚胎学上，斜方肌上部纤维与胸锁乳突肌起源于中胚层的同一分支。斜方肌上部纤维和胸锁乳突肌都由副神经脊髓根（CN XI）支配。

枕大神经穿过斜方肌的上部纤维。紧张和/或身体创伤、慢性压力或焦虑都可导致枕大神经受压，导致头痛、头晕等症状。

斜方肌上部纤维的损伤会导致同侧肩部下垂，进而导致盂肱关节外展活动范围的最后60°的无力。

触诊

1. 受试者呈俯卧位。
2. 测试者仔细寻找受试者斜方肌上部纤维的起点与止点，将触诊手置于斜方肌上部纤维之上。
3. 指导受试者将手臂/肩部抬起以抵抗一些阻力。测试者可以使用非触诊手来施加阻力。
4. 为了更加彻底地触诊斜方肌上部纤维，应该使受试者轻微伸展头部。

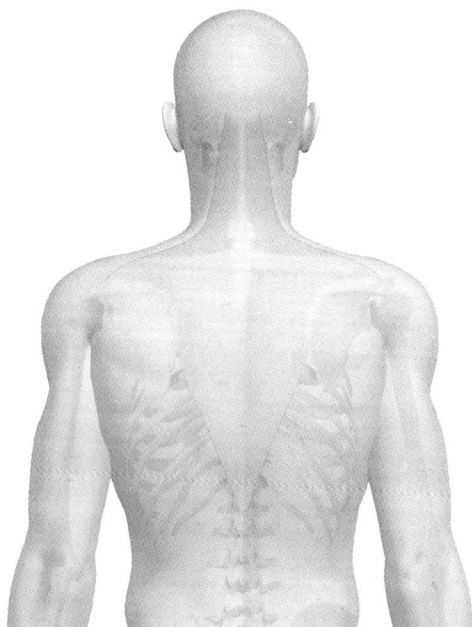

徒手肌力测试

体位

　　受试者呈坐位或俯卧位。如果在坐位下进行测试，重要的是需要确保受试者头部向同侧侧屈、略微旋转并伸展。

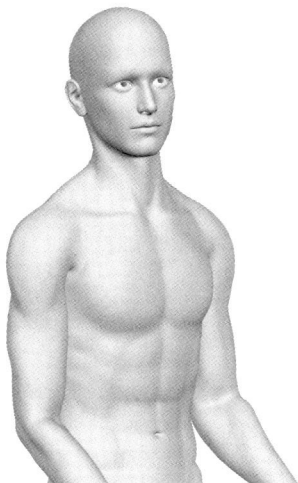

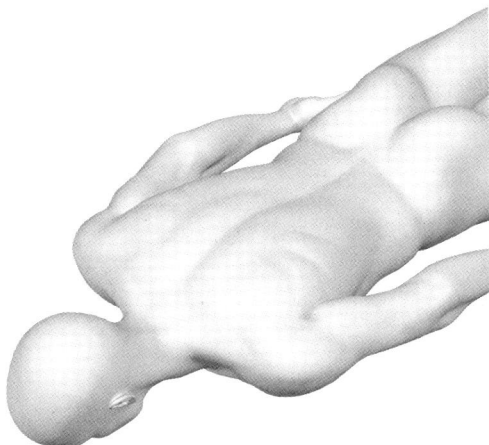

测试方法

　　测试者将一只手放在受试者头部的外侧，另一只手放在其肩部。

　　测试者双手交叉，防止用力过猛。测试者在受试者头部向被测试侧的相反方向侧屈时施加大约75%的阻力。另外约25%的阻力被向下施加在盂肱关节上。

　　谨记：也可以通过抬高肩部来抗阻，对双侧斜方肌上部纤维进行肌力测试（类似于肩胛提肌测试）。

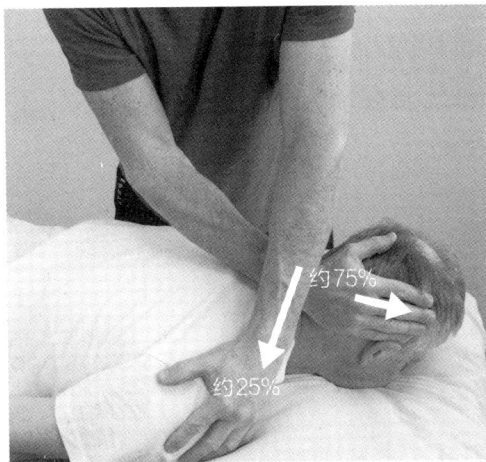

约75%
约25%

斜方肌（上部纤维）

测试者使用合适的评分量表记录检查结果。注意在全关节活动范围内进行检查。

中间范围的测试可用于评估肌肉等长收缩的力量，测试中要求受试者在测试者没有施加阻力的情况下保持体位。

固定

测试者使用双臂交叉的姿势来固定受试者的测试侧肩部。

运动学肌力测试

体位

俯卧位

受试者的肩关节在手臂伸直状态下外展45°，并向后伸展30°，使肩胛骨处于内收状态，并且使斜方肌上部纤维的附着点更靠近。同时，受试者略微向外旋转肱骨。

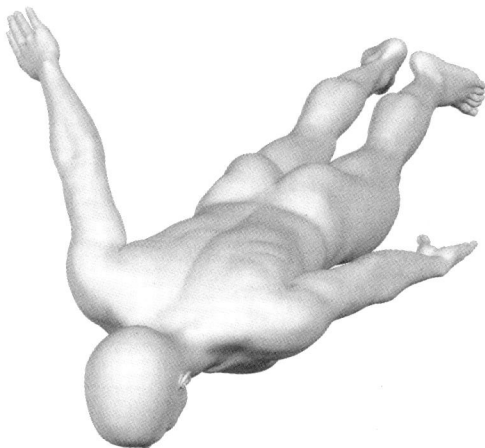

坐位

受试者的头部向测试侧肩部侧屈，同时抬高肩部，使得肩部尽量与头部相碰。

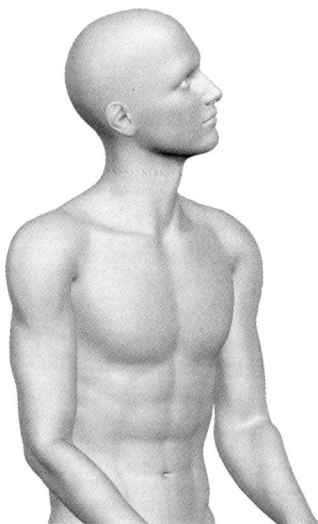

测试方法

俯卧位

　　测试者指导受试者保持手臂的位置，同时摇晃自己的身体，在受试者的前臂远端施加轻微向下的阻力，就像要将手臂推向地面。

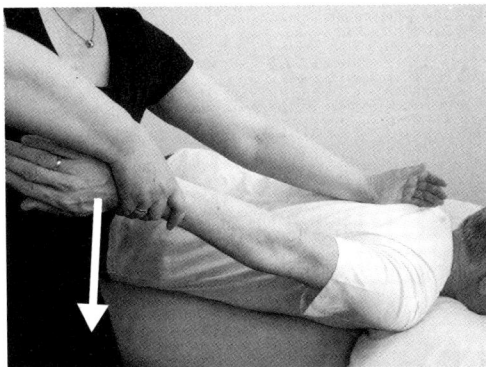

坐位

　　指导受试者保持体位。测试者双侧前臂交叉轻压受试者的肩部和头部侧面，就像要将头部和肩部分开。

　　注意：此方法可引起斜方肌上部纤维的疼痛痉挛，如果怀疑受试者的斜方肌上部纤维张力过高，应该避免使用这种测试方法。

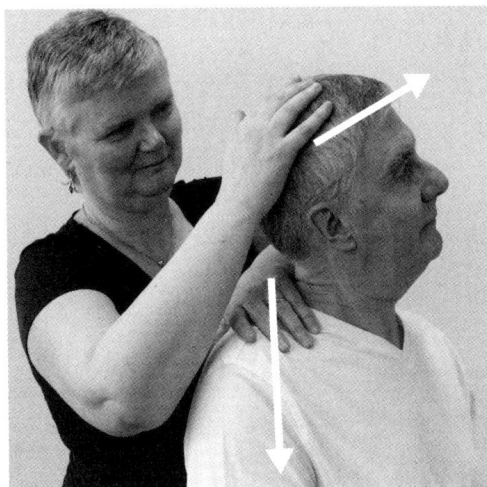

固定

俯卧位

　　测试者将固定手的侧面轻轻放在受试者的肩胛骨上来进行固定。

坐位

　　测试者使用双侧前臂交叉的姿势固定受试者的同侧肩部。

运动学关联

　　器官：肾脏、耳、眼。

　　针灸经络：肾经。

　　感受：惊恐和压力。

斜方肌（上部纤维）

肩部和肘部

斜方肌（中部纤维）

起点

斜方肌有多个起点，包括枕外隆凸内上项线、项韧带以及脊柱C7~T12节段的棘突。

斜方肌中部纤维起自C7到上胸椎（大约是T3节段）。

止点

斜方肌有多个止点，包括锁骨外侧的三分之一处、肩峰以及肩胛冈。

斜方肌中部纤维的止点可以延伸至肩峰内侧缘和肩胛冈后侧缘。

运动

肩胛骨的抬高和回缩——肩胛骨内收达到终末端。

在手臂运动期间对肩胛骨起稳定作用。

在离心负荷时帮助控制肩胛骨外展。

神经支配

副神经脊髓根（CN X1），（C2~C4）。

血液供应

颈横动脉和肩胛背动脉。

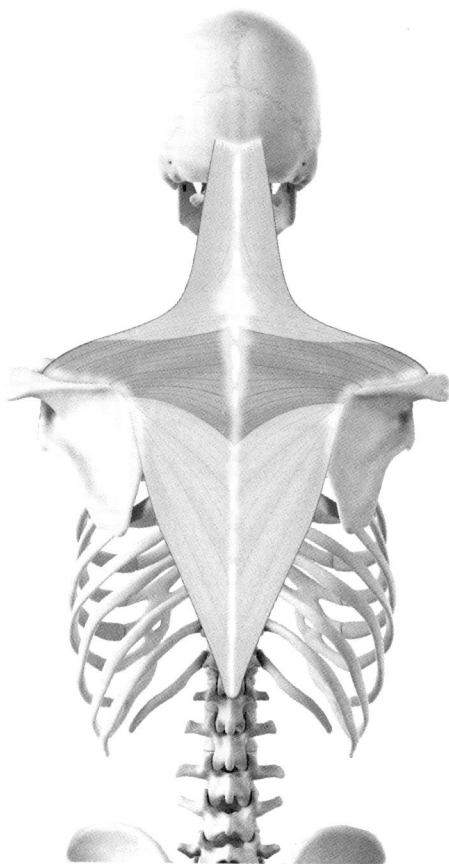

临床特征

　　临床上将斜方肌分为3个部分（上部、中部和下部），斜方肌在肩关节屈曲和外展动作的终末50°~60°范围表现最为活跃。

　　斜方肌与肩胛提肌协同作用使肩胛骨抬高；与菱形肌协同作用使肩胛骨回缩；与背阔肌协同作用使肩部下压。

　　姿势失调，例如头前倾和圆肩可能会导致斜方肌的疲劳，继而导致姿势疲劳综合征。

　　如果斜方肌瘫痪，同侧的肩部将下垂，并且患者在肩关节外展60°之后将很难继续外展。

触诊

1. 受试者呈俯卧位。

2. 测试者将手指放于受试者的斜方肌中部纤维之上。

3. 测试者指导受试者肩关节外展至90°，对其外展的手臂施加轻微的压力。

4. 注意斜方肌中部纤维肌肉组织的收缩情况。谨记，在肩关节外展过程中，通常伴随着肩胛骨自然的上回旋，而肩胛骨的上回旋需要斜方肌上部纤维和下部纤维的共同收缩。

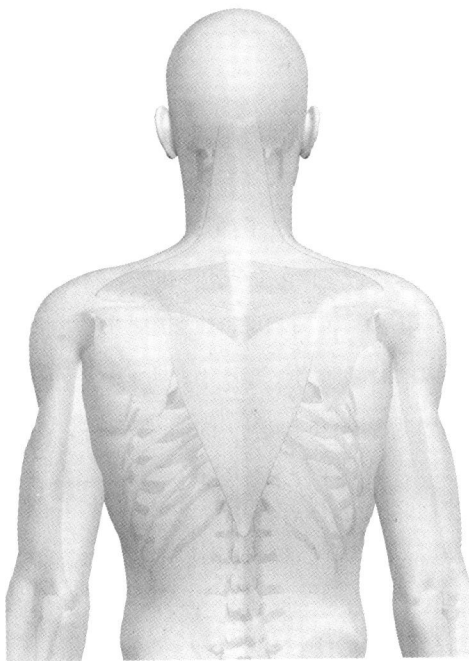

斜方肌（中部纤维）

徒手肌力测试

体位

受试者呈俯卧位，肩关节外展至90° 且肱骨外旋。

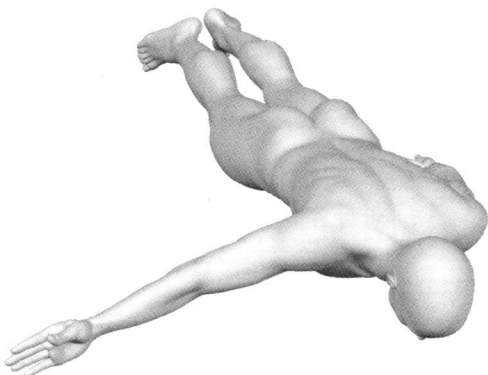

测试方法

测试者在受试者肩关节水平内收的姿势下对其施加向下的阻力。

测试者使用合适的评分量表记录检查结果。注意在全范围内进行检查。

中间范围的测试可以用于评估等长收缩时的肌力，测试中要求受试者在测试者没有施加阻力的情况下保持体位。

固定

测试者将手放在受试者非测试侧肩胛骨上使其固定。

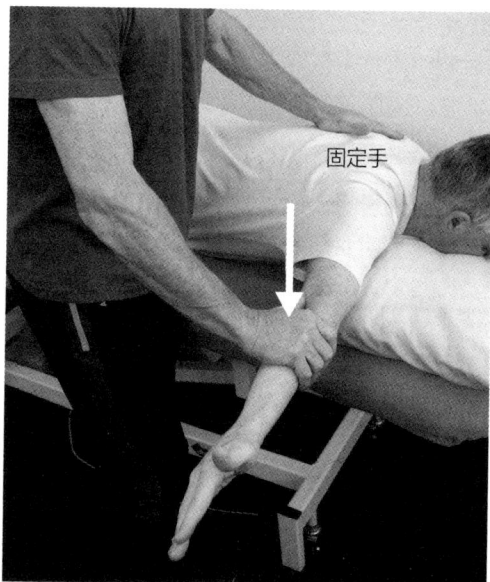

固定手

运动学肌力测试

体位

受试者呈俯卧位，测试者将其手臂外展90°，尽可能地外旋至受试者舒适的位置。

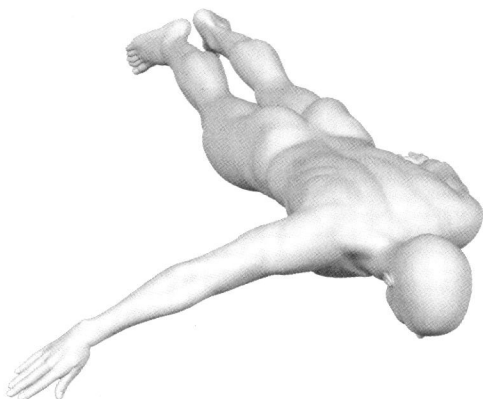

测试方法

测试者向受试者的前臂远端施加一个轻微向下的力，好像要将受试者手臂推向地板，同时轻微晃动自己的身体，并要求受试者保持手臂的位置。

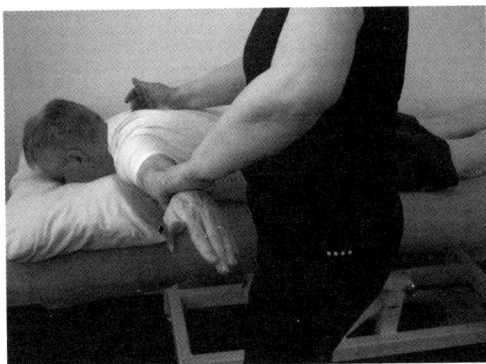

测试者观察受试者斜方肌中部纤维的收缩情况：如果肩胛骨发生朝向脊柱的内收，则肌肉是有力的；如果肩胛骨没有产生内收，则肌肉是薄弱无力的。不要只关注受试者保持手臂位置的能力。

测试者应注意受试者其他肌肉的募集情况，包括屏气。

固定

测试者可以将手的侧面放在受试者非测试侧的肩胛骨上来进行固定。

运动学关联

器官：脾。

针灸经络：脾经。

感受：忧虑、疲劳。

斜方肌（中部纤维）

斜方肌（下部纤维）

起点

斜方肌有多个起点，包括枕外隆凸内上项线、项韧带以及脊柱C7~T12节段的棘突。

斜方肌下部纤维起自中下胸椎（大约是T4~T12节段）的棘突。

止点

斜方肌有多个止点，包括锁骨外侧的三分之一处、肩峰以及肩胛冈。

斜方肌下部纤维的止点延伸至肩胛骨内侧缘的腱膜。

运动

肩胛骨的抬高和回缩——肩胛骨的内收和上回旋达到终末端。

手臂运动时，肩胛骨稳定性较差。

神经支配

副神经脊髓根（CN X1），C2~C4。

血液供应

颈横动脉和肩胛背动脉。

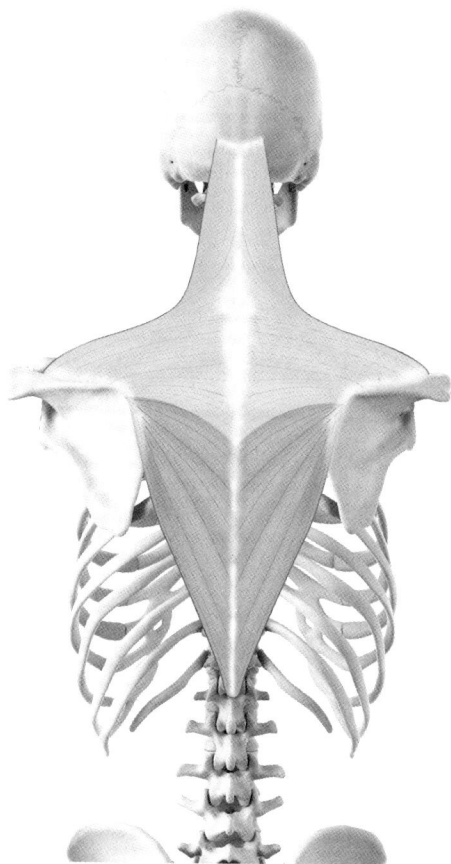

临床特征

临床上将斜方肌分为3个部分（上部、中部和下部），斜方肌在肩关节屈曲和外展动作的终末50°~60°范围表现最为活跃。

斜方肌与肩胛提肌协同作用使肩胛骨抬高；与菱形肌协同作用使肩胛骨回缩；与背阔肌协同作用使肩部下压。

姿势失调，例如头前倾和圆肩可能会导致斜方肌的疲劳，继而导致姿势疲劳综合征。

如果斜方肌瘫痪，同侧的肩部将下垂，并且患者在肩关节外展60°之后将很难继续外展。

触诊

1. 受试者呈俯卧位。
2. 测试者将手指放于受试者的斜方肌下部纤维之上。
3. 指导受试者外展肩关节至120°，对其外展的手臂施加轻微的压力。
4. 注意受试者斜方肌下部纤维肌肉组织的收缩情况。谨记，在肩关节外展过程中，通常伴随着肩胛骨自然的上回旋，而肩胛骨的上回旋需要斜方肌上部纤维和下部纤维的共同收缩。

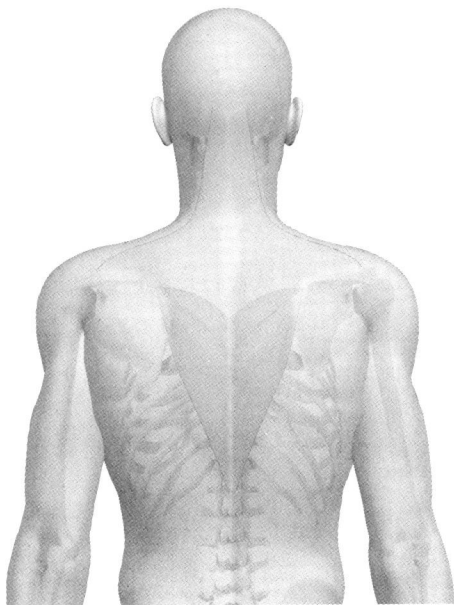

斜方肌（下部纤维）

徒手肌力测试

体位

受试者呈俯卧位，肩关节外展至120°，并伴随着肱骨的外旋。

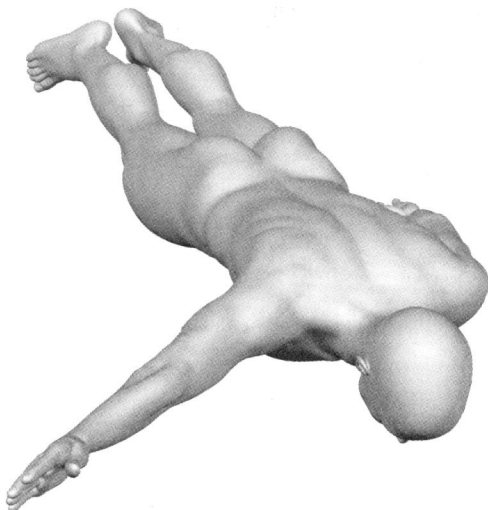

测试方法

测试者在受试者肩关节水平内收的姿势下对其施加向下的阻力。

测试者使用一个合适的评分量表记录检查结果。注意在全关节活动范围内进行检查。

中间范围的测试可以用于评估等长收缩时的肌力，测试中要求受试者在测试者没有施加阻力的情况下保持体位。

固定

测试者将手置于受试者肩胛骨上以达到固定的目的。

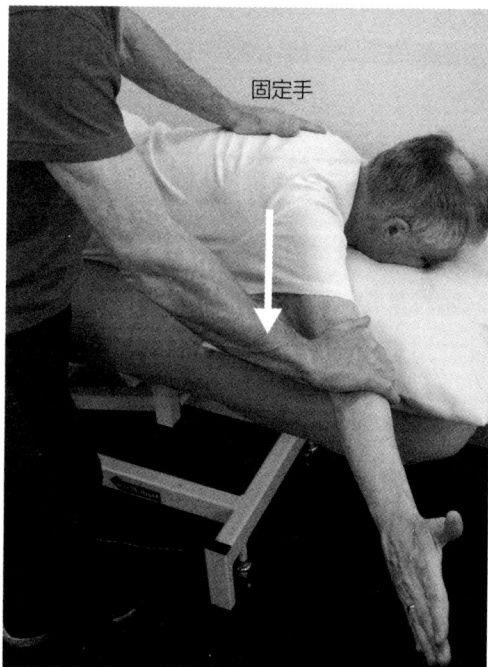

固定手

运动学肌力测试

体位

受试者呈俯卧位，测试者将其手臂外展至120°~150°，使手臂与斜方肌下部纤维在一条直线上，同时外旋手臂至受试者舒适的范围，最好能够使拇指指向天花板。

测试方法

指导受试者保持手臂的位置。测试者轻微晃动自己的身体，并在受试者前臂远端施加轻微的阻力使其向下，好像要将手臂推向地面。

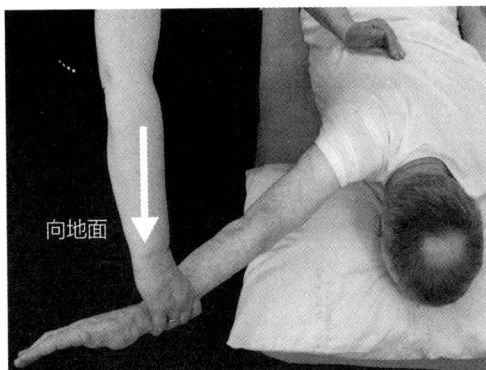

向地面

若观察到斜方肌下部纤维收缩引起的肩胛骨向脊柱内收，则测试结果说明斜方肌下部纤维是强有力的。若肩胛骨未产生内收运动，则斜方肌下部纤维是薄弱无力的。不要只关注受试者保持手臂位置的能力。

测试者注意受试者其他肌肉的募集情况，包括屏气和肘部弯曲。

固定

测试者可以通过将手的侧面放在受试者的肋骨下部来进行固定。

运动学关联

器官：脾。

针灸经络：脾经。

感受：忧虑、疲劳。

斜方肌（下部纤维）

冈上肌

　　肩袖肌群包括4块肌肉，即冈上肌、冈下肌、小圆肌和肩胛下肌。肩袖肌群是盂肱关节能够运动和稳定的重要肌群。盂肱关节是一个十分不稳定的关节，它为了具有足够的灵活性而牺牲了稳定性，所以需要关节周围的肌肉发挥作用来使其稳定。想象一颗高尔夫球放在球座上，球的大小几乎是球座的大小的两倍。这个比喻描述了较大的肱骨头（高尔夫球）和较小且较浅的盂肱关节窝（高尔夫球座）之间的关系。

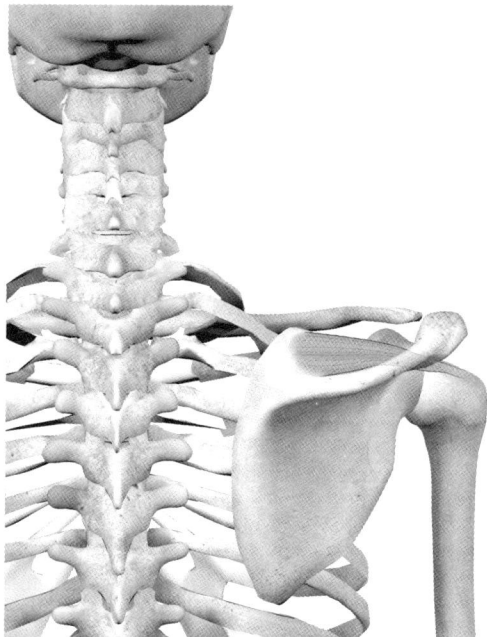

起点

　　肩胛骨冈上窝。

止点

　　肱骨大结节上侧面。

运动

　　使肩关节（盂肱关节）外展并伴随轻微的屈曲。

　　使上肢远离躯干。

　　辅助控制肩关节内收并伴随轻微伸展动作的离心收缩过程。

神经支配

　　肩胛上神经C5、C6。

血液供应

　　肩胛上动脉。

临床特征

　　与三角肌中部纤维协同作用。

　　唯一不引起肩关节旋转的肩袖肌肉。

　　肩胛上神经受到压迫会对肌肉运动产生负面影响。

　　过度的紧张和创伤会随着时间的推移而引起肌腱炎或与钙化性肌腱炎相关的肌腱病。

　　冈上肌从肩峰下间隙通过并受到肩峰下囊的保护。对肩峰下囊的刺激可导致其产生滑囊炎。

　　冈上肌肌腱断裂与撕裂在40岁以上人群中更为常见。

触诊

1. 受试者呈俯卧位或坐位。
2. 测试者需要找到受试者的肩峰，并沿着它的内侧和后侧进行触诊。这样可以触诊到肩胛冈。
3. 在肩胛冈上方按照冈上肌肌纤维的走行方向进行触诊。
4. 触诊时通过更表浅的斜方肌可以找到冈上肌的肌腹。
5. 测试者指导受试者外展肩关节并做抗阻运动。
6. 注意肌肉组织的收缩情况。

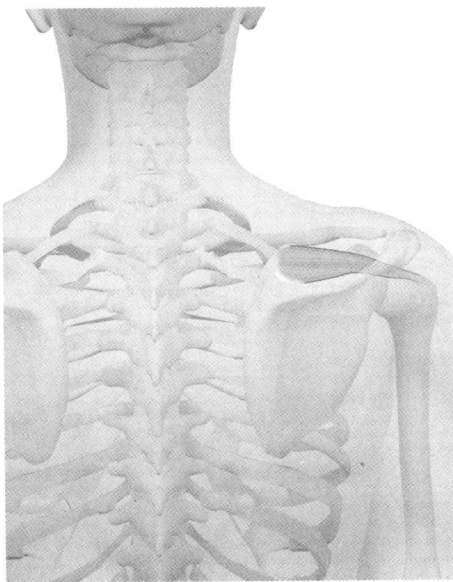

冈上肌

徒手肌力测试

体位

　　受试者呈仰卧位。测试者需要确保受试者的手臂处于内旋状态，肩关节外展并前屈10°。

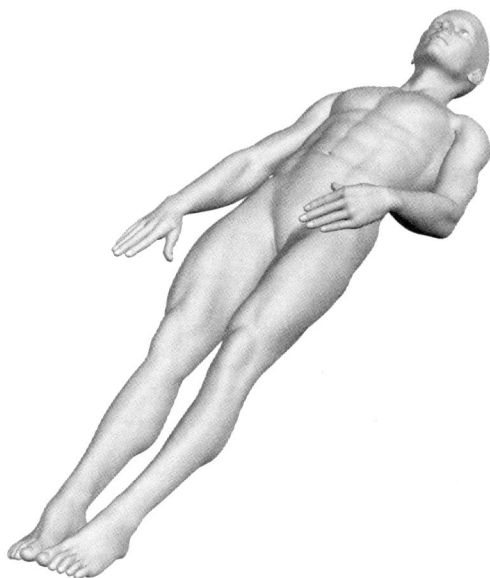

测试方法

　　测试者在受试者肩关节内收和轻微伸展的姿势下对其施加对角线方向上的阻力。

　　测试者使用合适的评分量表记录检查结果。注意在全关节活动范围内进行检查。

　　另一种方法是在受试者呈坐位时进行测试。测试者固定受试者的肩胛骨上侧，在肱骨远端施加阻力。对受试者的指令是手掌向下，手臂向外侧（侧面）抬起。

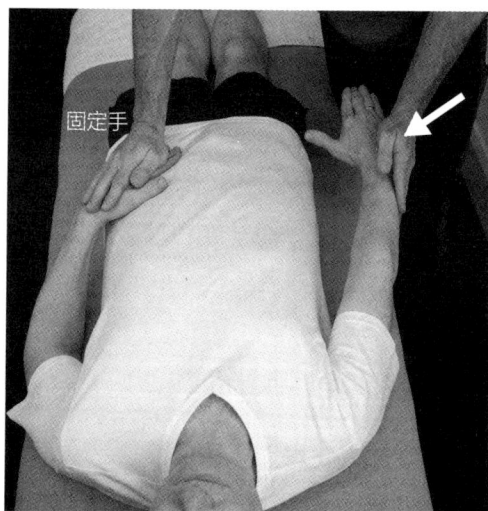

固定手

　　这种方法将通过激活冈上肌和三角肌中束来测试受试者肩关节的外展情况。

固定

　　指导受试者将非测试侧手置于同侧髂前上棘上。然后测试者将自己的手放在受试者的手上来进行固定。

运动学肌力测试

体位

受试者呈仰卧位或坐位。其手臂外展大约15°，肩关节屈曲15°，手掌朝向身体。

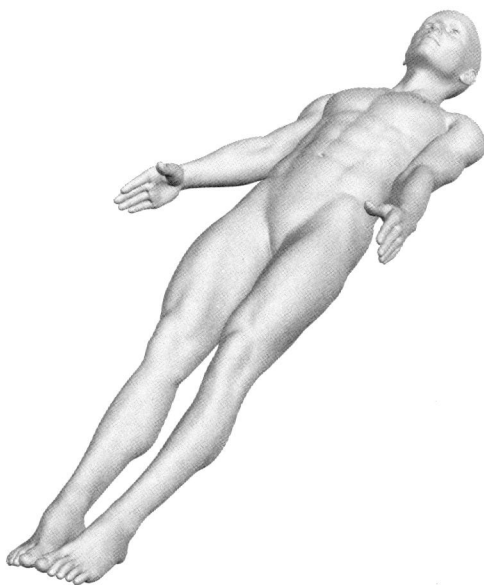

测试方法

测试者指导受试者保持手臂的位置，同时轻微摇晃自己的身体，在受试者前臂远端向内收方向施加轻微的阻力，好像要将受试者手臂置于其身体正前方的位置。

固定

可以同时放置两只手臂，测试是一只手臂接着另一只手臂进行的。

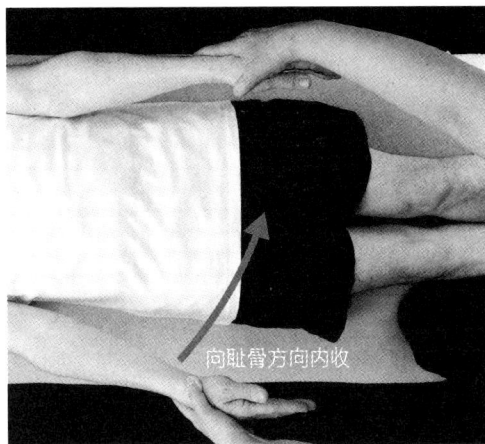

向耻骨方向内收

运动学关联

器官：大脑。

针灸经络：任脉。

感受：过度思考。

冈上肌

冈下肌

起点

肩胛下窝和肩胛冈下端。

止点

肱骨大结节中间面。

运动

肩关节（盂肱关节）的外旋。

肩关节（盂肱关节）的内收。

肩关节（盂肱关节）的稳定。

辅助控制肩关节内旋的离心收缩过程。

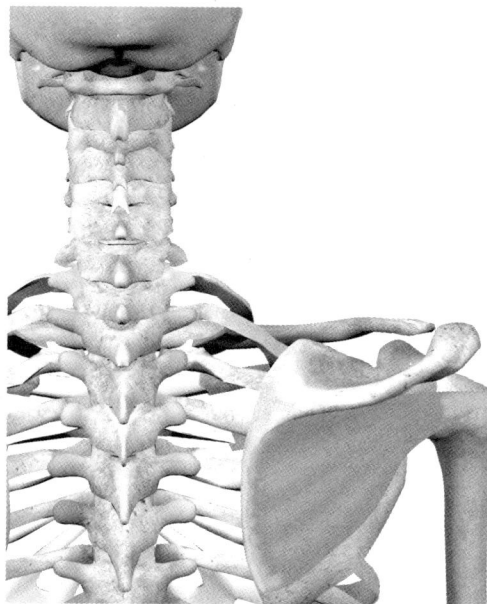

神经支配

肩胛上神经C5、C6。

血液供应

肩胛上动脉、旋肩胛动脉。

临床特征

冈下肌与小圆肌和三角肌后部纤维协同工作。

冈下肌的肌纤维常常与小圆肌的肌纤维融合在一起。

冈下肌肌腱融入肩关节囊。

如果躯干上部损伤导致臂丛神经损伤，则冈下肌会变弱，甚至瘫痪。

触诊

1. 受试者呈俯卧位、站立位或坐位。

2. 测试者定位到肩峰，向内侧和后侧触诊，这样可以触诊到肩胛冈。

3. 根据肌纤维的走向，在肩胛冈下方进行触诊。

4. 触诊时通过更表浅的斜方肌可以找到冈下肌的肌腹。

5. 指导受试者向外旋转肩部，并用非触诊手轻微抵抗其外旋动作。

6. 注意冈下肌肌肉组织的收缩情况。

7. 从冈下肌的起点开始触诊，到止点结束。

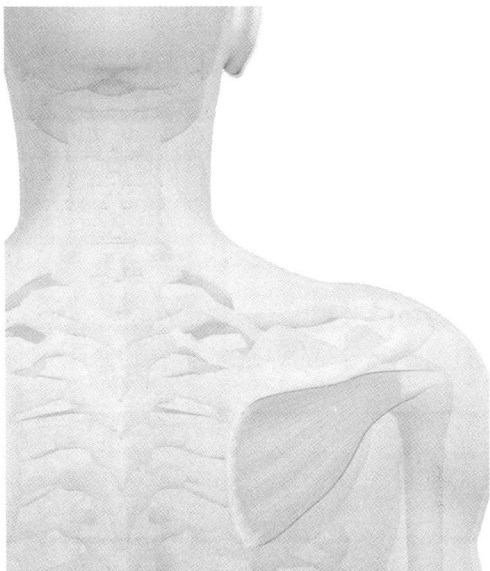

徒手肌力测试

体位

受试者呈仰卧位，肩关节轻微外旋，肘关节屈曲至90°。

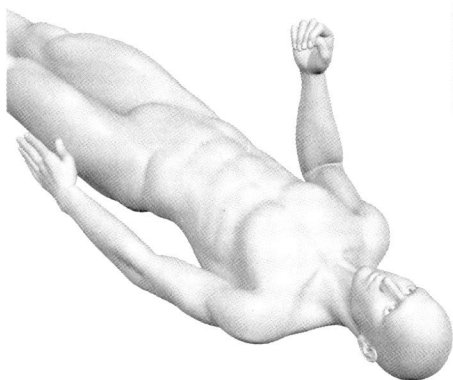

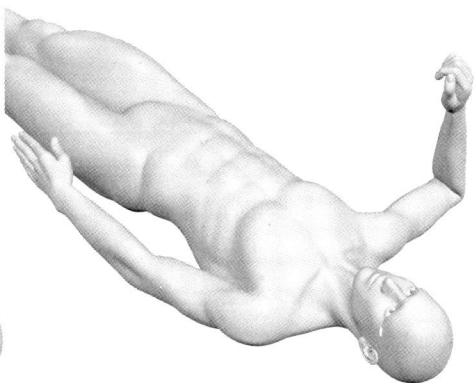

冈下肌

测试方法

该测试可在两个体位下进行：

肩关节处于0°位；

肩关节外展90°位。

对于每一种测试体位，测试者都要在受试者手臂上施加一个内旋的阻力。

测试者使用合适的评分量表记录检查结果。注意在全关节活动范围内进行检查。

固定

测试者在受试者的肘关节上进行固定，即将固定手置于受试者的肘关节后方。

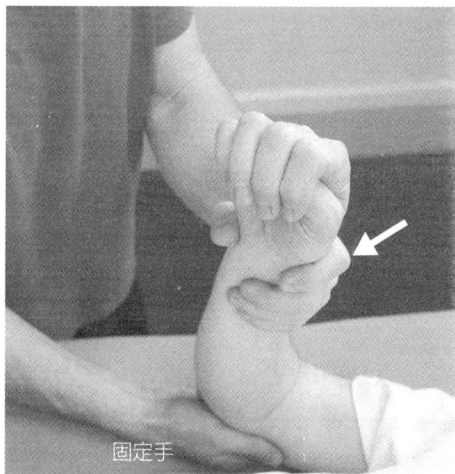

固定手

冈下肌处于0°位

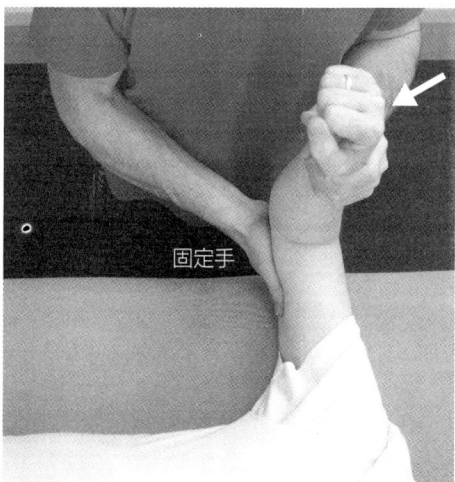

固定手

冈下肌处于90°位

运动学肌力测试

体位

受试者呈仰卧位。其肱骨被动外展至90°，肘关节屈曲90°，且肱骨外旋。

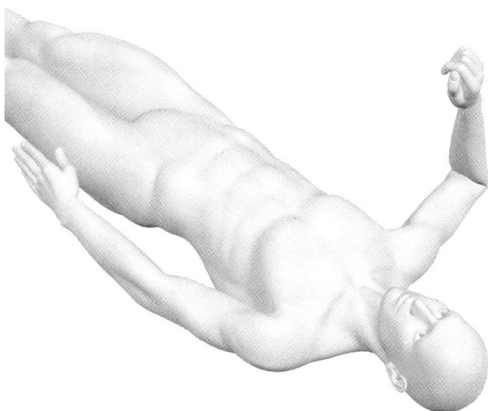

测试方法

指导受试者保持肱骨位置。测试者轻微摇晃自己的身体，在受试者前臂远端施加轻微的阻力使其肱骨内旋。

固定

给受试者的肘关节提供支撑，使其能够保持肱骨位置。

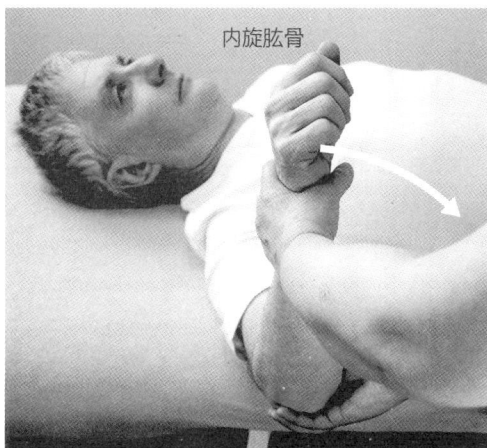

内旋肱骨

运动学关联

器官：胸腺。

针灸经络：三焦经。

感受：压力、焦虑、缺乏自尊。

冈下肌

小圆肌

起点

肩胛骨上外侧缘。

止点

肱骨大结节下侧面。

运动

肩关节（盂肱关节）的外旋。

肩关节（盂肱关节）轻微的内收。

肩关节（盂肱关节）的稳定。

神经支配

腋神经C5、C6。

血液供应

旋肩胛动脉和旋肱后动脉。

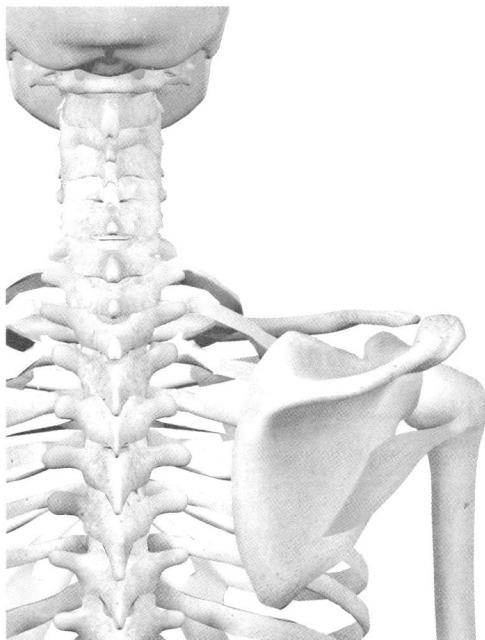

临床特征

小圆肌与冈下肌和三角肌后部纤维协同工作。

小圆肌与大圆肌拮抗，且其肌纤维通常与冈下肌肌纤维融合形成一块肌肉。

小圆肌是肩袖肌群之一，而大圆肌不是。

由小圆肌、大圆肌、肱三头肌和肱骨形成的空间被称为四边孔。腋神经和旋肱后动脉从这个空间穿过，并且可能会被挤压继而导致四边孔综合征。

触诊

1. 受试者呈俯卧位、站立位或坐位。
2. 测试者的手指沿着肩胛骨外侧缘与肱骨大结节之间的肌纤维进行触诊。
3. 测试者指导受试者外旋肩关节并且用非触诊手做轻微的抵抗动作。
4. 注意小圆肌肌肉组织的收缩情况。
5. 从小圆肌的起点开始触诊到止点结束。
6. 为了能够区分小圆肌和大圆肌，通常要求受试者内旋他们的肩关节。当大圆肌收缩时，小圆肌会处于放松状态。

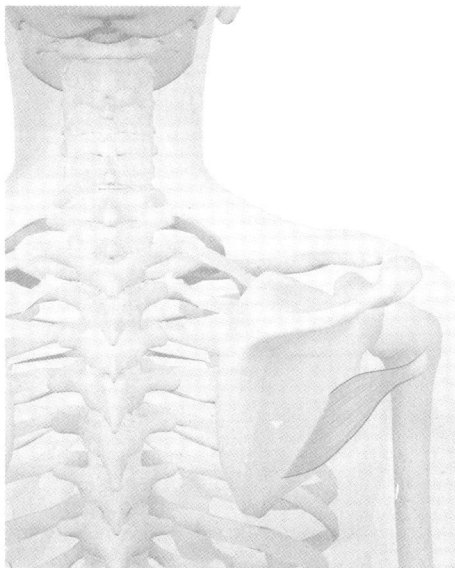

徒手肌力测试

体位

　　该测试与冈下肌的测试一样，都可以在两个体位进行：

肩关节0°位；

肩关节外展90°位。

受试者呈仰卧位，肩关节轻度外旋，并且肘关节屈曲90°。

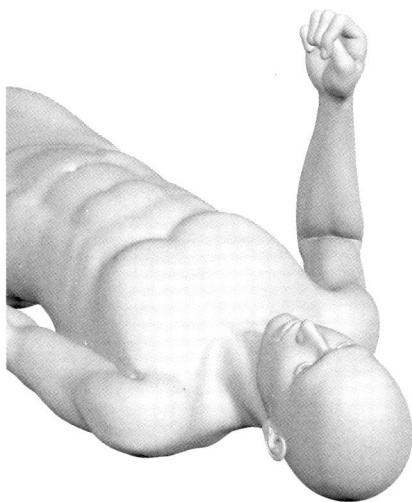

小圆肌处于0°位

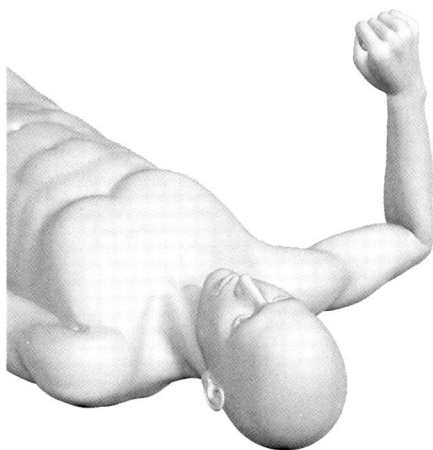

小圆肌处于90°位

小圆肌

测试方法

　　测试者在受试者的前臂上施加一个朝着肱骨内旋方向的阻力。

　　注意：在进行内旋测试之前，测试肩胛下肌和胸大肌的外旋是十分重要的。这与盂肱关节的关节囊受限模式一致。所有的内旋和外旋的肌力测试都应该在上述两个体位进行。

　　测试者使用合适的评分量表记录检查结果。注意在全关节活动范围内进行检查。

　　这项测试将会通过激活冈下肌和小圆肌来检查肩关节的外旋情况。

固定

　　测试者将固定手放在受试者肘关节后方进行固定。

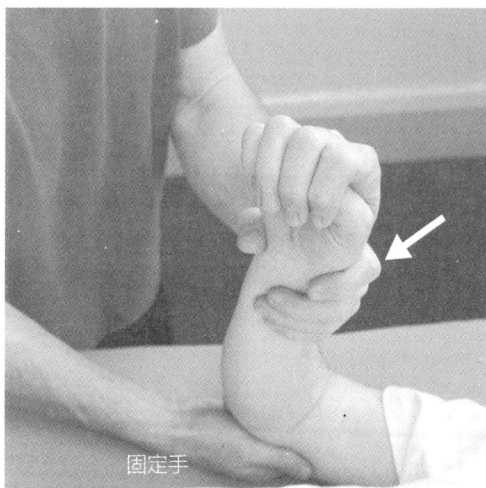

固定手

小圆肌处于0°位

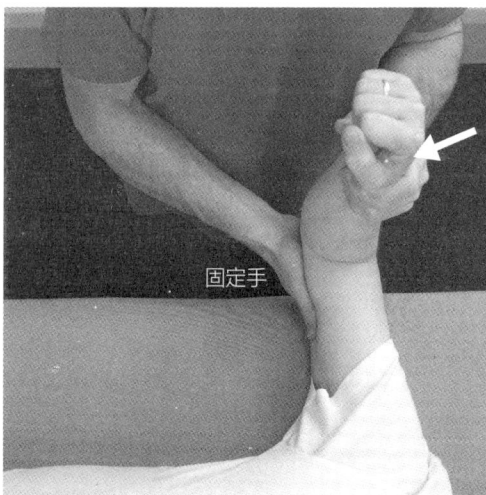

固定手

小圆肌处于90°位

运动学肌力测试

体位

　　受试者呈仰卧位，其肘关节屈曲90°，其肱骨轻微外旋和内收。

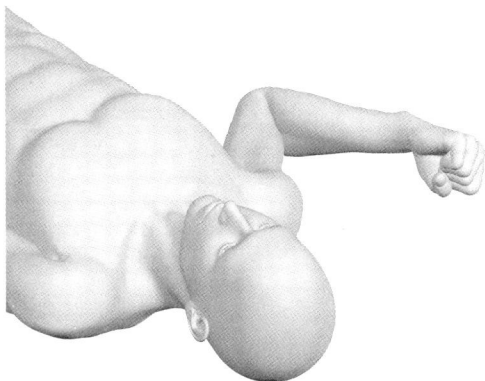

测试方法

　　测试者指导受试者保持自身手臂的位置。测试者对受试者前臂远端施加一个轻微的阻力，就像要将肱骨内旋，同时测试者轻轻摇晃自己的身体。

固定

　　支撑受试者屈曲的肘关节，并且在内收时紧靠躯干。

　　测试者使受试者前臂内收，使肱骨内旋。

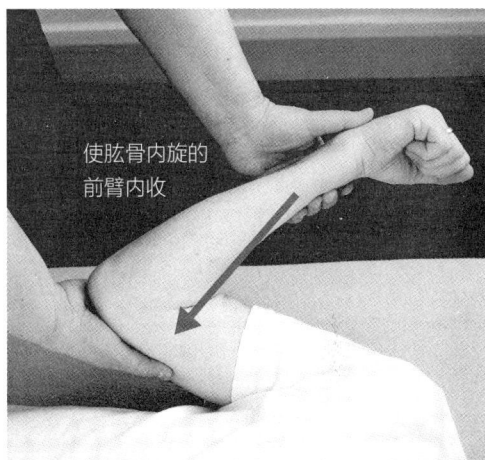

使肱骨内旋的前臂内收

运动学关联

　　器官：甲状腺。

　　针灸经络：三焦经。

　　感受：压力和焦虑。

小圆肌

肩胛下肌

起点

位于肩胛骨前表面的肩胛下窝。

止点

肱骨小结节。

运动

肩关节（盂肱关节）的内旋。

稳定盂唇内的肱骨头。

在肩关节（盂肱关节）外旋的离心收缩过程中起到控制作用。

组成肩袖肌群的四块肌肉之一。

神经支配

肩胛下神经上、下支C5、C6。

血液供应

旋肩胛动脉、肩胛背动脉。

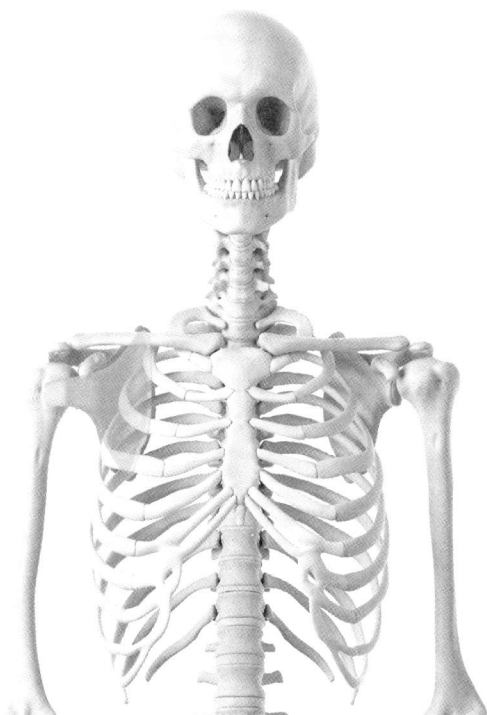

临床特征

　　肩胛下肌与大圆肌、胸大肌和背阔肌协同工作。

　　肩胛下肌是最大的肩袖肌肉，是主要的手臂的主要内旋肌。它被深深地夹在肩胛下窝和前锯肌之间。

　　肩胛下肌的肌腱附着于盂肱关节囊上，通过触诊几乎无法触及其肌腹。

　　肩胛下肌、大圆肌和背阔肌共同组成了腋窝后壁。

　　臂丛神经上干的损伤和创伤可能会使肩胛下肌由于肌肉、血管或神经的损伤而变得薄弱或瘫痪。

　　肩胛下肌肌腱与盂肱关节囊被肩胛下肌肌腱下囊给分隔开。肩胛下肌肌腱下囊通常与滑膜相连。如果滑囊产生了慢性炎症，这种滑囊炎可能会导致冻结肩（肩周炎）。

触诊

1. 受试者呈坐位或仰卧位，同时肩关节被动外展并被拉向前方。

2. 测试者将受试者的手臂置于自己的肩部。

3. 测试者将触诊手指沿腋窝后壁轻轻放置，并向内探入肩胛下窝。

4. 要求受试者内旋手臂，用非触诊手做轻微的抵抗动作。

5. 注意肩胛下肌肌肉组织的收缩情况。

　　注意，使受试者呈侧卧位，并将其手背在腰椎后方，然后要求受试者放松，这样可以触诊到肩胛下肌的内侧肌纤维。测试者在肩胛骨内侧缘轻微地弯曲手指，并且穿过斜方肌中部纤维和菱形肌对肩胛下肌进行触诊。

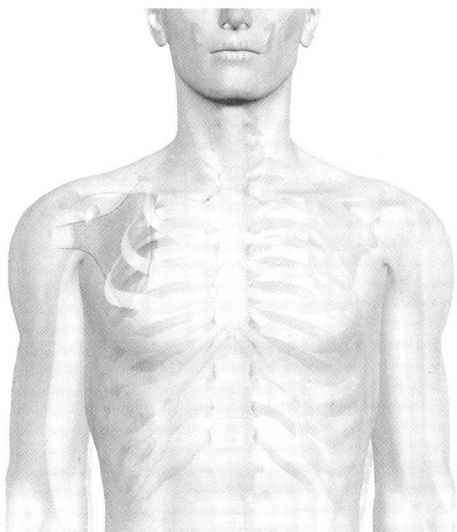

肩胛下肌

徒手肌力测试

体位

受试者呈俯卧位。受试者内旋肱骨并屈曲肘关节使手臂向后折叠，手部置于下腰椎节段部位。

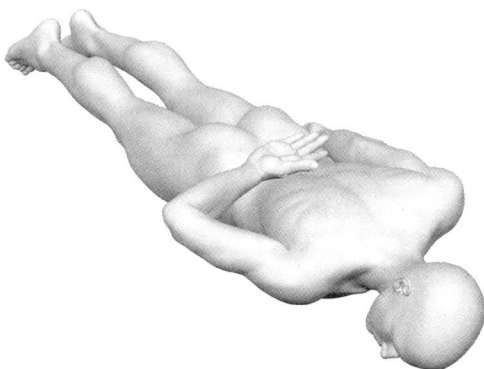

测试方法

测试者施加一个由身体后部向前的阻力，以确保能够测试到受试者将手臂抬离背部的能力。这并不是肘关节伸展的检查（注意代偿动作）。

肩胛下肌也可以在肩关节内旋的0°位和90°位下与胸大肌一起被测试。

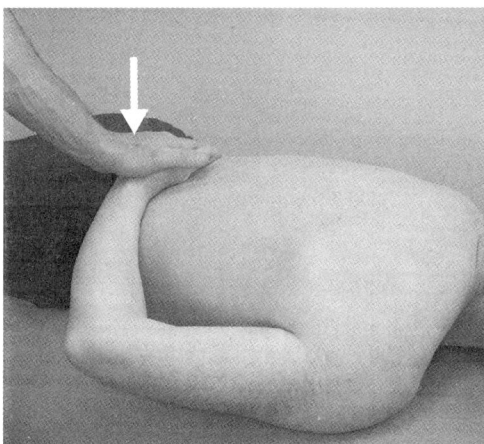

固定

无要求。

运动学肌力测试

体位

受试者呈仰卧位。受试者的肩关节外展至90°，同时肘关节屈曲至90°，并且肱骨完全处于内旋状态，保证前臂与地面平行。

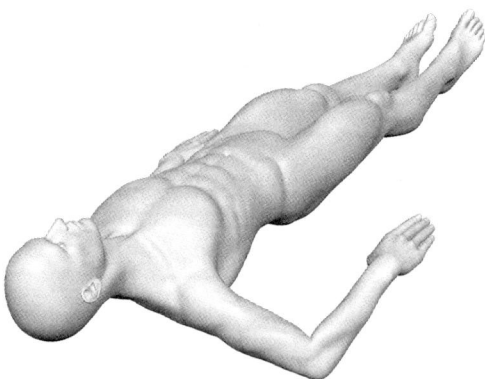

测试方法

指导受试者保持自身手臂的位置。测试者摇晃自己的身体，并将受试者的前臂远端作为杠杆，施加一个轻微的力，外旋受试者的肱骨。

另一种测试方法是在受试者俯卧位下进行的，受试者的肩关节外展至90°。测试者支撑着受试者的肘关节，并使其肱骨轻微内旋。测试时将受试者的前臂远端作为杠杆，使其肱骨向外旋转。与此同时测试者需要观察受试者的肩胛骨是否无法保持稳定，而不是关注手臂的运动。

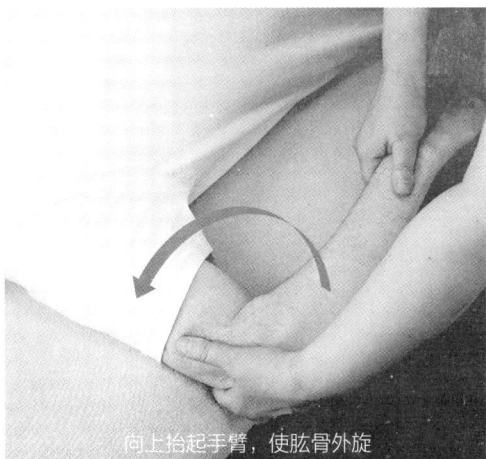
向上抬起手臂，使肱骨外旋

固定

在整个测试过程中保持肘关节的稳定。这项测试主要针对的是肱骨内旋的能力，而并不是肩关节的任何屈曲/伸展/外展/内收。

运动学关联

器官：心脏。

针灸经络：心经。

感受：爱、恨、骄傲。

肩胛下肌

大圆肌

起点

肩胛骨下侧缘和肩胛骨下角。

止点

肱骨结节间沟。

运动

肩关节（盂肱关节）的伸展。

肩关节（盂肱关节）的内收。

肩关节（盂肱关节）的水平外展。

肱骨在盂肱关节处内旋。

神经支配

肩胛下神经和/或胸背神经C5、C6、C7、C8。

血液供应

旋肩胛动脉和旋肱后动脉。

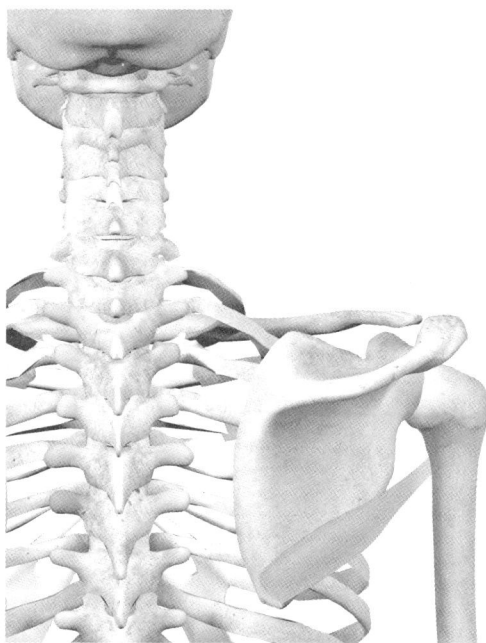

临床特征

小圆肌和大圆肌互相拮抗，小圆肌肌纤维常与冈下肌肌纤维融合形成一块肌肉。

由小圆肌、大圆肌、肱三头肌和肱骨形成的空间被称为四边孔。腋神经和旋肱后动脉从这个空间穿过，并且可能会被挤压继而导致四边孔综合征。

大圆肌不是肩袖肌肉之一。

大圆肌是背阔肌的协同肌，有时被称为"背阔肌的小帮手"。大圆肌与菱形肌群形成了肌肉力偶。

触诊

1. 受试者呈俯卧位、站立位或坐位。
2. 测试者将触诊手指沿纤维走向置于肩胛骨外侧缘与肱骨大结节之间。
3. 指导受试者内旋肩关节，用非触诊手轻度抵抗其内旋。
4. 注意大圆肌肌肉组织的收缩情况。
5. 从大圆肌的起点开始触诊到止点结束。
6. 为了能区分大圆肌和小圆肌，指导受试者内旋肩关节，此时小圆肌处于放松状态，大圆肌处于收缩状态。

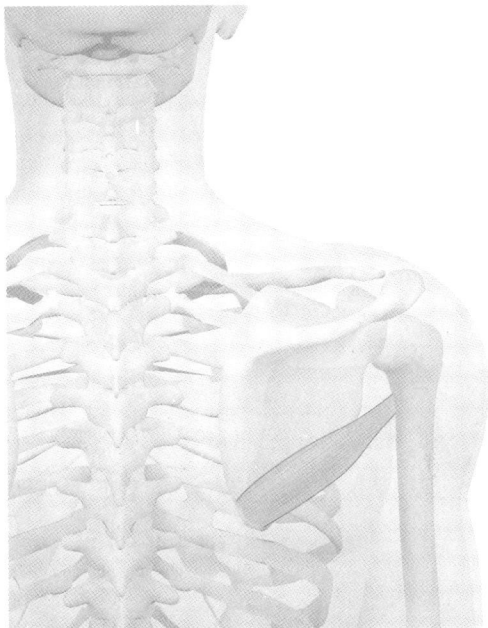

徒手肌力测试

体位

受试者呈俯卧位，手臂外旋且屈曲，将手背置于自身腰椎处。

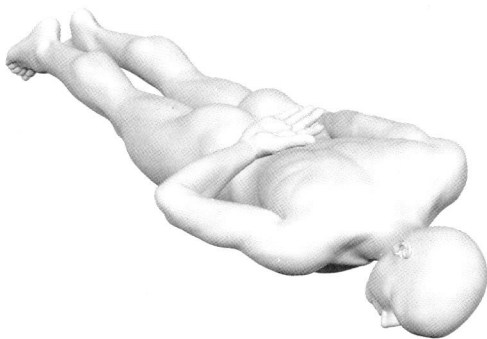

测试方法

测试者对受试者肩关节的外展施加阻力。

固定

在受试者的对侧肩胛骨进行固定。

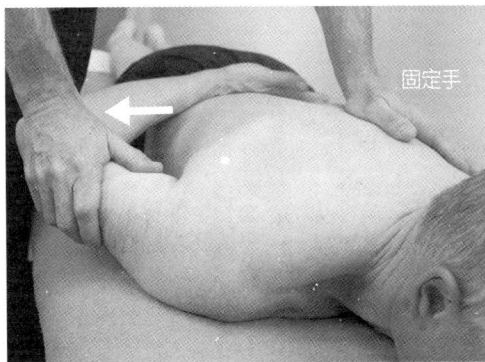

固定手

大圆肌

运动学肌力测试

体位

受试者呈俯卧位。如果受试者的关节灵活度允许，向内旋转手臂，将双手置于骶骨上，肘关节屈曲。两侧的肱骨向后伸展。

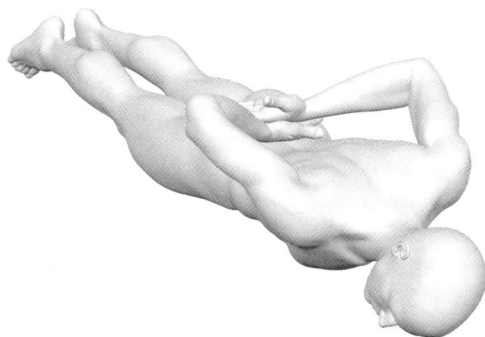

测试方法

指导受试者保持此体位。测试者轻轻握住受试者的肘关节，同时轻微摇晃自己的身体，就像要使其双臂向前方伸展。

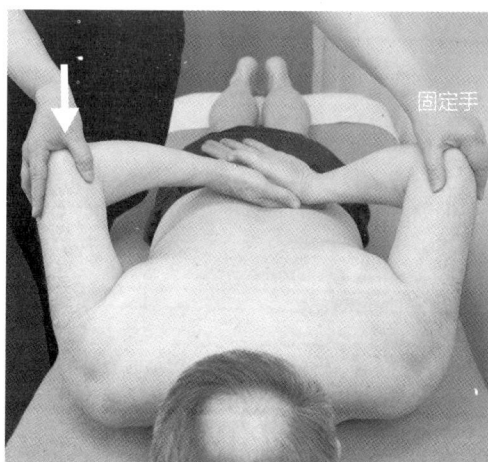

固定

受试者将手背放在骶骨上来达到固定的目的。如果需要，测试者可以将肘关节轻轻放在受试者的手上，以固定受试者的手。

固定手

运动学关联

器官：脊柱。

针灸经络：督脉。

感受：压力。

三角肌（前部纤维）

三角肌肌群包括一块具有3种不同纤维走向的肌肉：前部纤维、中部纤维和后部纤维。

起点

锁骨外侧三分之一。

止点

肱骨上的三角肌粗隆。

运动

全部纤维

外展盂肱关节。

控制盂肱关节内收的离心收缩过程。

前部纤维

使盂肱关节屈曲。

使盂肱关节内旋。

水平内收盂肱关节。

神经支配

腋神经C5、C6。

血液供应

旋肱后动脉和旋肱前动脉。

胸肩峰动脉三角肌支。

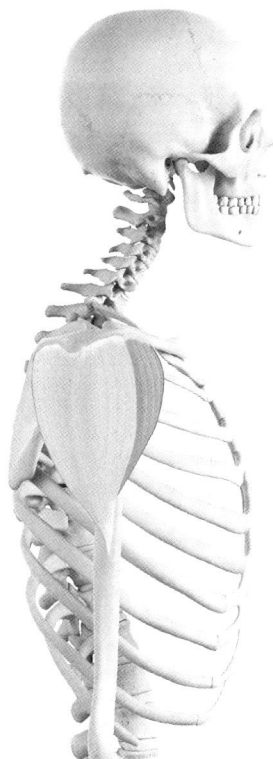

临床特征

三角肌前部纤维与冈上肌协同进行肩关节的外展，与喙肱肌、胸大肌和肱二头肌协同进行肩关节的屈曲。

三角肌前部纤维是一条强有力的屈肌，被认为是盂肱关节屈曲的主要驱动肌。三角肌前部纤维和后部纤维在盂肱关节外展时起到稳定三角肌中部纤维的作用。

三角肌和冈上肌参与了肩关节的全方位运动。

三角肌会因为肩关节（盂肱关节）脱位和/或肱骨外科颈骨折而被削弱，且有可能损伤腋神经。

触诊

1. 受试者呈坐位或站立位，同时将手轻轻地置于腰椎上方。
2. 测试者将触诊的手指置于受试者的三角肌前部纤维上。
3. 指导受试者在盂肱关节处屈曲肱骨，从而激活三角肌前部纤维。
4. 注意肌肉组织的收缩情况。谨记从肌肉的起点开始触诊，到止点结束。

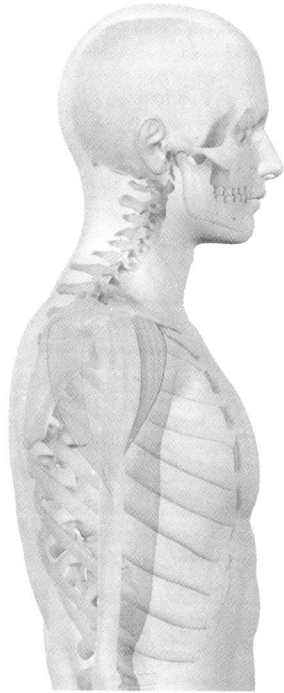

徒手肌力测试

体位

　　受试者呈仰卧位，同时肩关节外展至90°，肘关节屈曲至约90°。

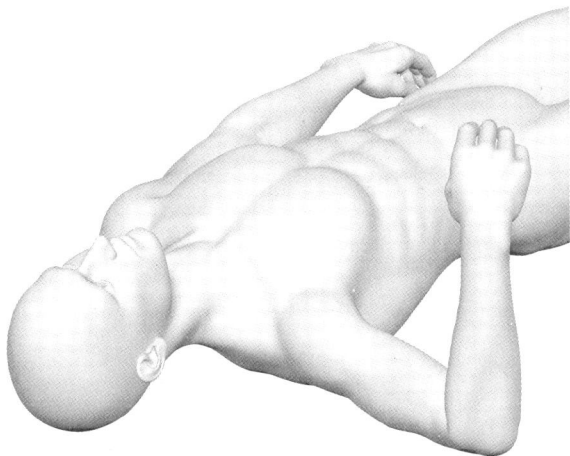

测试方法

　　测试者施加一个向下的阻力。

　　测试者使用合适的评分量表记录检查结果。注意在全关节活动范围内进行检查。

　　中间范围的测试可以用于评估等长收缩时的肌力，测试中要求受试者在测试者没有施加阻力的情况下保持体位。

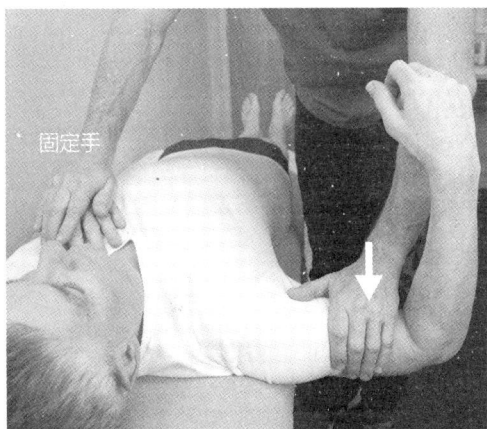

固定

　　测试者可将固定手放在受试者对侧的肩关节以固定。

三角肌（前部纤维）

运动学肌力测试

体位

受试者呈仰卧位或坐位。

受试者的盂肱关节屈曲30°~45°，手臂保持伸直状态。

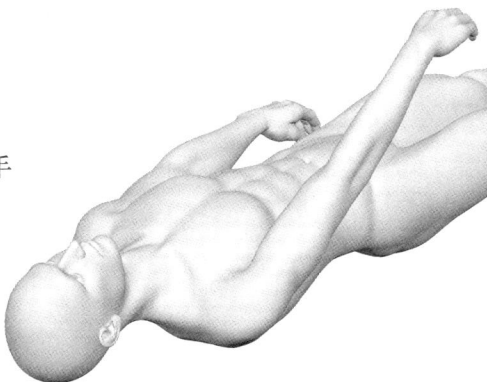

测试方法

测试者指导受试者保持该体位，同时轻轻摇晃自己的身体，并在受试者前臂远端施加一个轻微的力，像要将其手臂向外伸展。单独将三角肌前部纤维分离出来测试是十分困难的，因为它的所有协同肌肉都有可能参与动作。

固定

无要求。

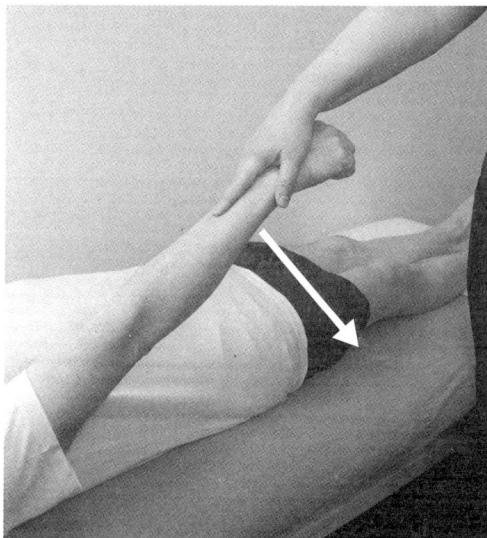

运动学关联

器官：胆囊。

针灸经络：胆经。

感受：愤怒、压力。

三角肌（中部纤维）

三角肌肌群包括一块具有3种不同纤维走向的肌肉：前部纤维、中部纤维和后部纤维。

起点

肩峰。

止点

肱骨上的三角肌粗隆。

运动

全部纤维

外展盂肱关节。

控制盂肱关节内收的离心收缩过程。

中部纤维

使盂肱关节屈曲。

使盂肱关节内旋。

水平内收盂肱关节。

神经支配

腋神经C5、C6。

血液供应

旋肱后动脉和旋肱前动脉。

胸肩峰动脉三角肌支。

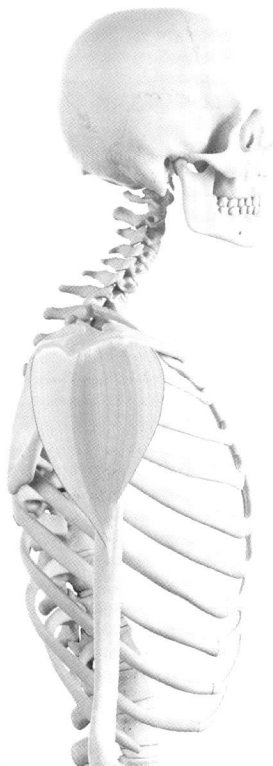

临床特征

　　三角肌中部纤维是强大的盂肱关节外展肌。三角肌前部纤维和后部纤维在盂肱关节外展时起到稳定三角肌中部纤维的作用。

　　三角肌会因为肩关节（盂肱关节）脱位和/或肱骨外科颈骨折而被削弱，且有可能损伤腋神经。

触诊

1. 受试者呈坐位或站立位，并将手部轻轻置于腰椎上方。
2. 测试者将触诊的手指放在受试者三角肌中部纤维上。
3. 指导受试者向外移动肘关节，同时外展其盂肱关节。
4. 注意肌肉组织的收缩情况。谨记从肌肉的起点开始触诊，到止点结束。

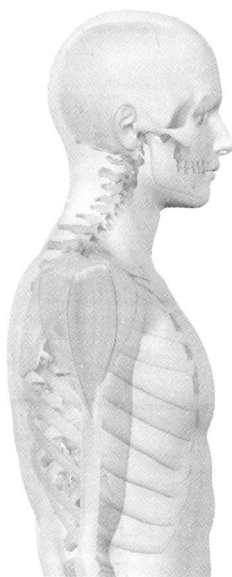

徒手肌力测试

体位

　　受试者呈仰卧位，盂肱关节/肩关节复合体外展至90°，肘关节屈曲至90°。

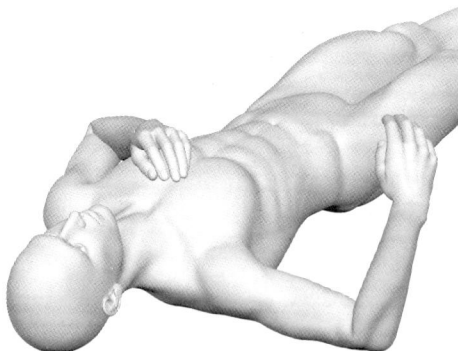

测试方法

测试者在受试者的手臂上施加一个朝向内收方向的阻力。

测试者使用合适的评分量表记录检查结果。注意在全关节活动范围内进行检查。

中间范围的测试可用于评估肌肉等长收缩的力量，测试中要求受试者在测试者没有施加阻力的情况下保持体位。

固定

测试者在测试三角肌中部纤维时，可将固定手放在受试者对侧肩关节上以固定。

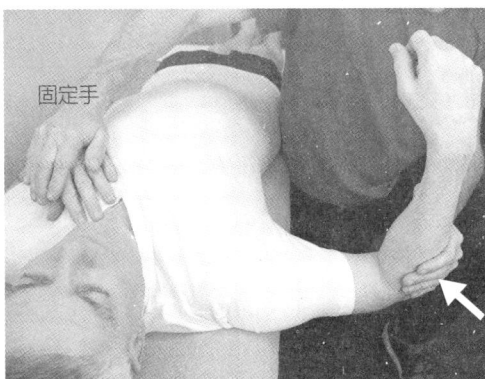

固定手

运动学肌力测试

体位

受试者呈坐位、仰卧位或俯卧位。

受试者盂肱关节外展至90°，同时肘关节屈曲90°。如果测试需要较长的阻力臂或需要在俯卧位下进行，受试者需要保持手臂处于伸直状态。

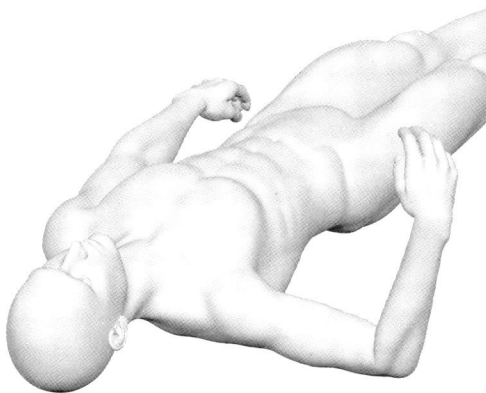

三角肌（中部纤维）

测试方法

测试者指导受试者保持该体位，同时轻轻摇晃自己的身体，在受试者肘关节处施加轻微的阻力（俯卧位下可在前臂远端施加阻力），就像要将其手臂内收。单独将三角肌中部纤维分离出来测试是十分困难的，因为它的所有协同肌肉都有可能参与动作。

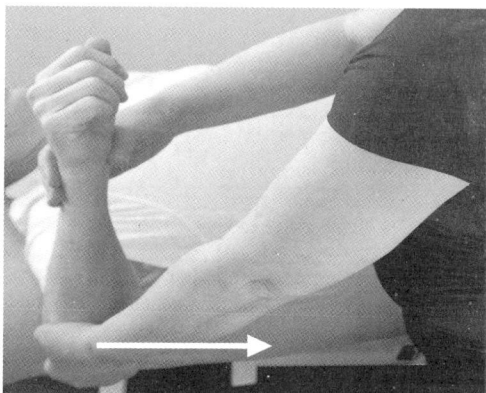

固定

如果受试者的肘关节发生屈曲，则支撑其前臂远端来进行固定。

运动学关联

器官：肺。

针灸经络：肺经。

感受：悲痛。

三角肌（后部纤维）

三角肌肌群包括一块具有3种不同纤维走向的肌肉：前部纤维、中部纤维和后部纤维。

起点

肩胛冈。

止点

肱骨上的三角肌粗隆。

运动

全部纤维

外展盂肱关节。

控制盂肱关节内收的离心收缩过程。

后部纤维

肩关节的伸展（运动最活跃的是超伸阶段，即将手臂伸展到臀部后面时）。

肩关节的水平外展（当肩关节处于内旋状态时运动最活跃）。

肩关节的外旋。

神经支配

腋神经C5、C6。

血液供应

旋肱后动脉和旋肱前动脉。

胸肩峰动脉三角肌支。

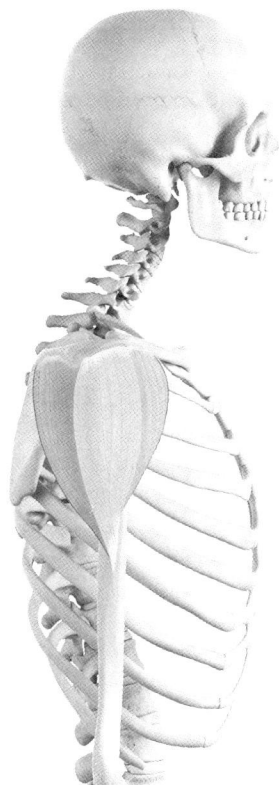

三角肌（后部纤维）

临床特征

　　三角肌后部纤维在盂肱关节伸展的过程中起到重要作用。

　　三角肌会因为肩关节（盂肱关节）脱位和/或肱骨外科颈骨折而被削弱，且有可能损伤腋神经。

触诊

1. 受试者呈坐位或站立位，并将手部轻轻置于腰椎上方。
2. 测试者将触诊的手指放在肌纤维上需要评估的区域（前部、中部、后部）。
3. 指导受试者外展其盂肱关节，同时手臂向后。
4. 注意肌肉组织的收缩情况。谨记从肌肉的起点开始触诊，到止点结束。

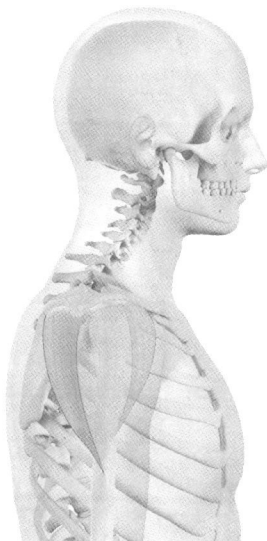

徒手肌力测试

体位

　　受试者呈仰卧位。

　　其盂肱关节/肩关节复合体外展至90°，肘关节屈曲至90°。

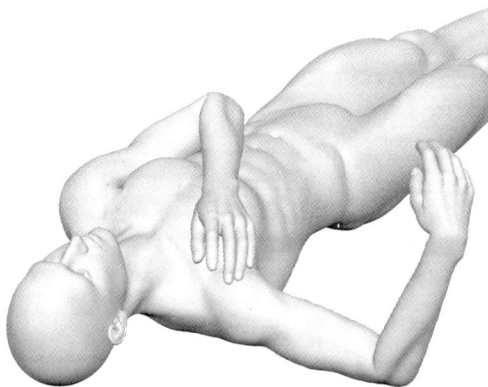

测试方法

测试者在受试者的手臂上施加一个朝向天花板方向的阻力，鼓励受试者水平内收其肩关节。

测试者使用合适的评分量表记录检查结果。注意在全关节活动范围内进行检查。

中间范围的测试可用于评估肌肉等长收缩的力量，测试中要求受试者在测试者没有施加阻力的情况下保持体位。

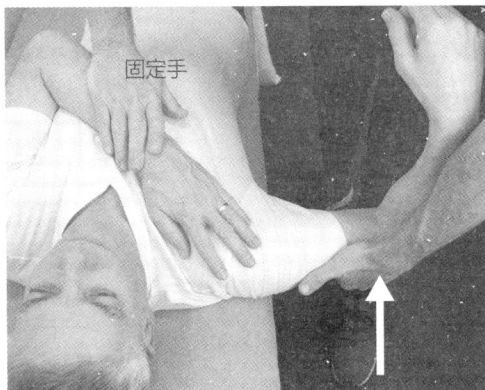

固定手

固定

测试者的固定手可以放在受试者非测试侧的前臂上。

运动学肌力测试

体位

受试者呈坐位或仰卧位。其肘关节屈曲至90°，同时肱骨略微内（向内侧）旋。

肘关节运动到盂肱关节轻度过伸状态下，这样会使三角肌后部纤维的起点和止点靠得更近。

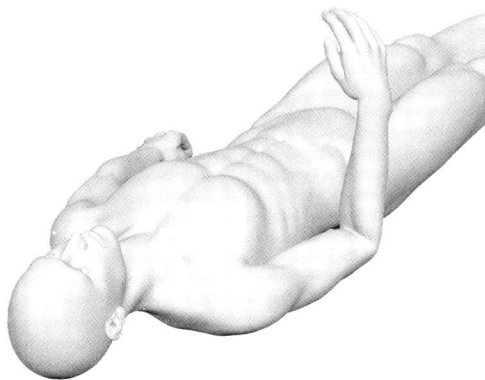

三角肌（后部纤维）

测试方法

测试者指导受试者保持该体位，同时轻微摇晃自己的身体，在受试者的肘关节和肱骨远端施加轻微的阻力，就像要轻微地屈曲并内收其手臂。单独将三角肌后部纤维分离出来测试是十分困难的，因为它的所有协同肌肉都有可能参与动作。

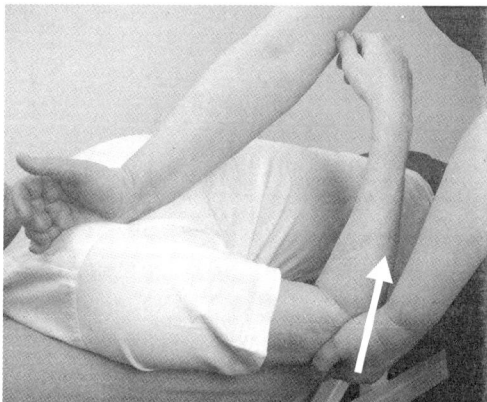

固定

测试者可使用手的侧面来固定受试者同侧的肩关节或腕关节。

运动学关联

器官：肺。

针灸经络：肺经。

感受：悲痛。

喙肱肌

起点

肩胛骨的喙突。

止点

肱骨体中间三分之一处。

运动

屈曲和内收肩关节（盂肱关节），并伴有肩关节的水平内收。

辅助控制肩关节伸展和外展的离心收缩过程。

神经支配

臂丛神经、肌皮神经。

C5、C6、C7。

血液供应

肱动脉和旋肱前动脉的肌肉分支。

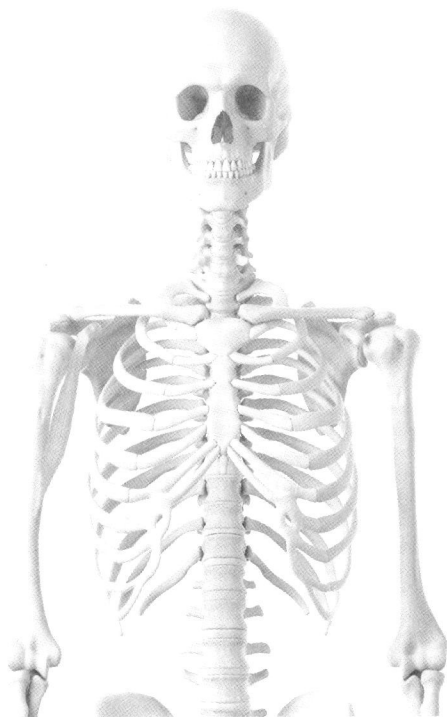

临床特征

喙肱肌与胸大肌、肱二头肌和三角肌前部纤维协同工作。

喙肱肌是强有力的肩关节水平内收肌。尽管具有强有力的水平内收功能，但是喙肱肌仍是最小的上臂肌肉。它是仅有的3块附着在喙突上的肌肉之一。另外两块肌肉是肱二头肌短头和胸小肌。

喙肱肌的支配神经——肌皮神经，通常沿着一条穿过喙肱肌肌腹的通道走行。

肌皮神经损伤会导致前臂旋后、肘关节屈曲、肩关节屈曲等动作无力，并且还会导致前臂外侧麻木。喙肱肌肥大通常会导致肌皮神经阻滞。

喙肱肌

触诊

1. 受试者呈坐位或仰卧位，肩关节（盂肱关节）外旋并外展至约45°。

2. 测试者将触诊的手指放在受试者手臂中部内侧的肌纤维上，向腋窝处移动。

3. 测试者指导受试者水平内收其盂肱关节以抵抗阻力。

4. 注意肌肉组织的收缩情况。谨记从肌肉的起点开始触诊，到止点结束。

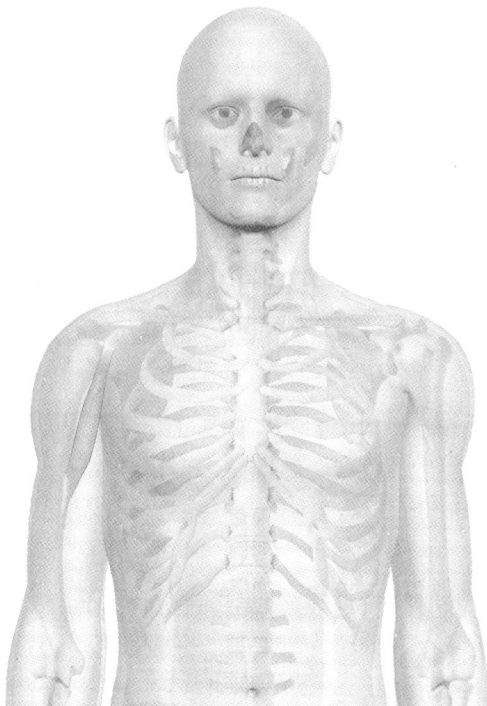

徒手肌力测试

体位

　　受试者呈仰卧位。其肩关节复合体（盂肱关节）屈曲至45°并且外展至30°，同时肘关节屈曲至150°。

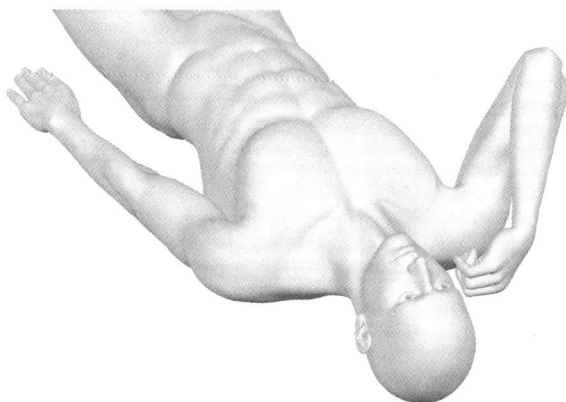

测试方法

　　测试者施加对角线方向的阻力，使受试者的盂肱关节伸展且轻微地外展。

　　测试者使用合适的评分量表记录检查结果。注意在全关节活动范围内进行检查。

　　中间范围的测试可用于评估肌肉等长收缩的力量，测试中要求受试者在测试者没有施加阻力的情况下保持体位。

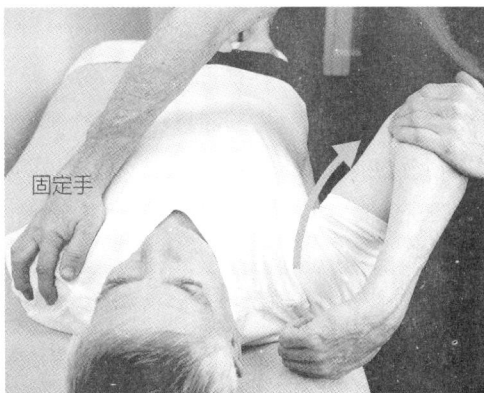

固定

　　测试者可将固定手放在受试者对侧的肩关节上，以在触诊过程中起到固定作用。

运动学肌力测试

体位

　　受试者呈坐位或仰卧位。

　　其肩关节复合体（盂肱关节）被动屈曲至45°，被动外展至30°同时伴有轻微的外旋。肘关节被动屈曲至150°以减少肱二头肌的参与。

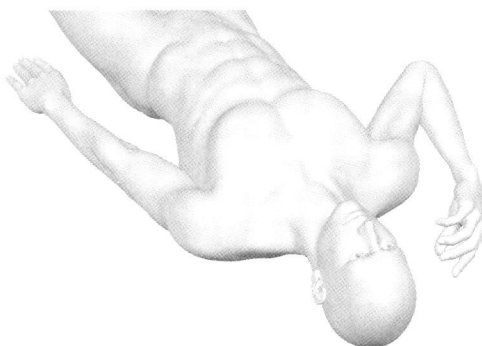

喙肱肌

测试方法

指导受试者保持该体位。测试者轻微摇晃自己的身体，同时对受试者肱骨远端施加轻微的压力，使其盂肱关节伸展和轻微地外展。

固定

受试者呈仰卧位时，测试者的一只手通常放在其肱骨上。如果受试者在坐位下需要固定，测试者可在其同侧肩关节或腕关节上使用固定手的侧面进行固定。

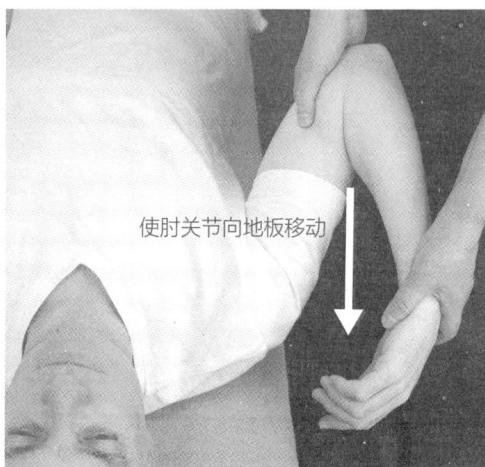

使肘关节向地板移动

运动学关联

器官：肺。

针灸经络：肺经。

感受：悲痛。

肱二头肌

起点

长头

肩胛骨盂上结节。

短头

肩胛骨喙突。

止点

桡骨粗隆和肱二头肌腱膜。

运动

肘关节的屈曲。

肩关节（盂肱关节）的屈曲。

肩关节前部的稳定（主要是长头发挥作用），而短头参与盂肱关节的内收。

辅助控制肘关节伸展的离心收缩过程。

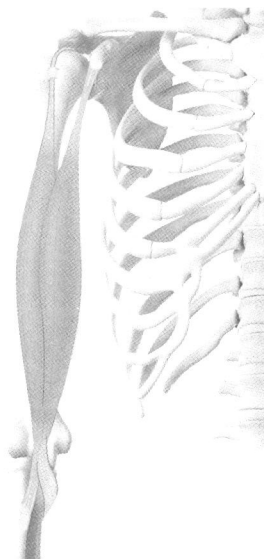

神经支配

臂丛－肌皮神经C5、C6。

血液供应

肱动脉的肌肉分支。

临床特征

肱二头肌与肱肌和肱桡肌协同控制肘关节屈曲，与旋后肌协同控制前臂旋后，与三角肌前部纤维、胸大肌和喙肱肌协同控制盂肱关节的前屈。

肌电图研究表明，10%的人可以看到肱二头肌的第三个头，它起自肱骨，与肱二头肌的肌腹相连。肱二头肌的第四个头同样也被发现了，尽管第四个头是非常罕见的。

在大多数情况下，肱二头肌长头附着在盂唇后方，而一小部分附着在盂唇前方。

当肘关节屈曲时，肱二头肌是强有力的前臂旋后肌。

肘关节的最佳屈曲角度在80°~90°，此时肱二头肌工作效率最高且前臂处于旋后状态。

C5脊神经反射直接与肱二头肌深层肌腱有关。

肱二头肌

触诊

1. 受试者呈坐位或仰卧位，同时伴随着前臂旋后。
2. 测试者将触诊的手指放在受试者手臂前部的肌纤维上。
3. 指导受试者抵抗阻力做肘关节屈曲运动。
4. 注意肌肉组织的收缩情况。
5. 可以在不施加阻力的情况下触诊肌肉。

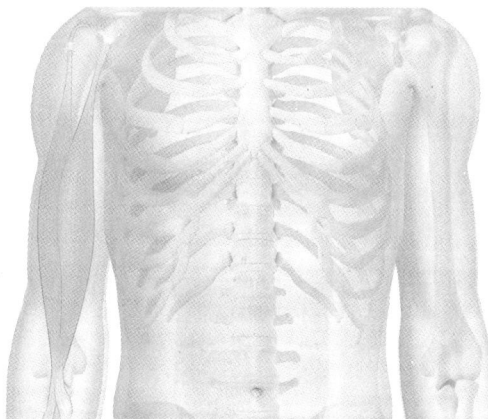

徒手肌力测试

体位

受试者呈仰卧位。肘关节被动屈曲至90°，同时前臂旋后。

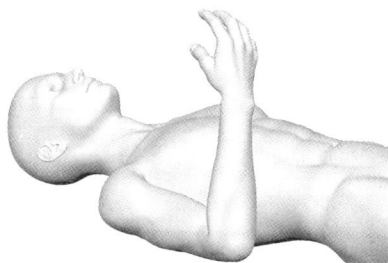

测试方法

测试者施加一个在肘关节伸展和前臂轻微内旋方向上的阻力。

测试者使用合适的评分量表记录检查结果。注意在全关节活动范围内进行检查。

中间范围的测试可用于评估肌肉等长收缩的力量，测试中要求受试者在测试者没有施加阻力的情况下保持体位。

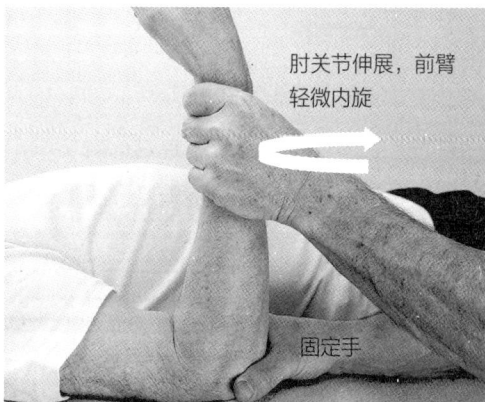

肘关节伸展，前臂轻微内旋

固定手

固定

测试者可将固定手放置在受试者同侧的肘关节处以进行固定。

运动学肌力测试

体位

　　受试者呈坐位或仰卧位。肘关节屈曲约75°，同时前臂处于旋后状态。

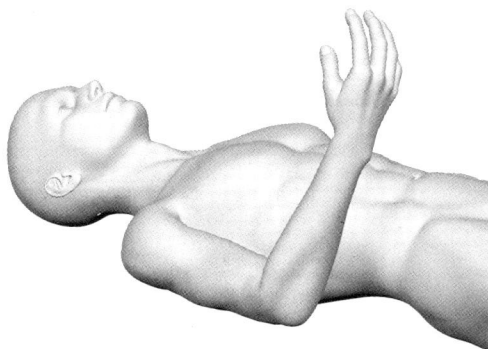

测试方法

　　测试者指导受试者保持该体位，同时轻微摇晃自己的身体，对其前臂远端施加轻微的压力，就像要将其肘关节伸展。

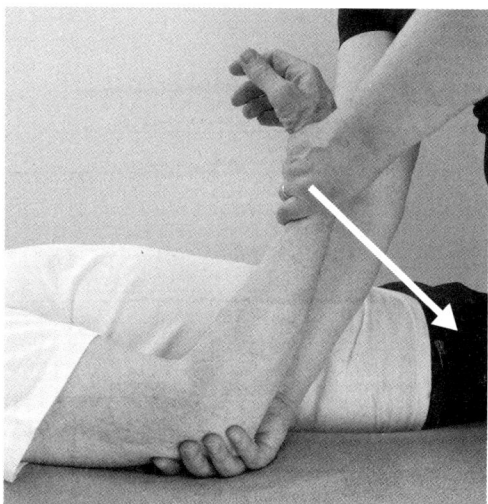

固定

　　支撑被测试手臂的肘关节。

运动学关联

　　器官：胃。

　　针灸经络：胃经。

　　感受：忧虑。

肱二头肌

肱三头肌

肱三头肌是由3个肌肉头组成的，通常描述为长头、外侧头和内侧头。

起点
长头

肩胛骨盂下结节。

外侧头

肱骨体后面桡神经沟上三分之一。

内侧头

肱骨体后面桡神经沟下方。

止点

尺骨鹰嘴。

运动
全部头

肘关节的伸展。

辅助控制肘关节伸展的离心收缩过程。

长头

肩关节（盂肱关节）的伸展。

肩关节（盂肱关节）的内收。

神经支配

桡神经。肱三头肌长头由腋神经C6、C7、C8、T1进一步支配。

血液供应

肱动脉、尺侧上副动脉和肱深动脉的肌肉分支。

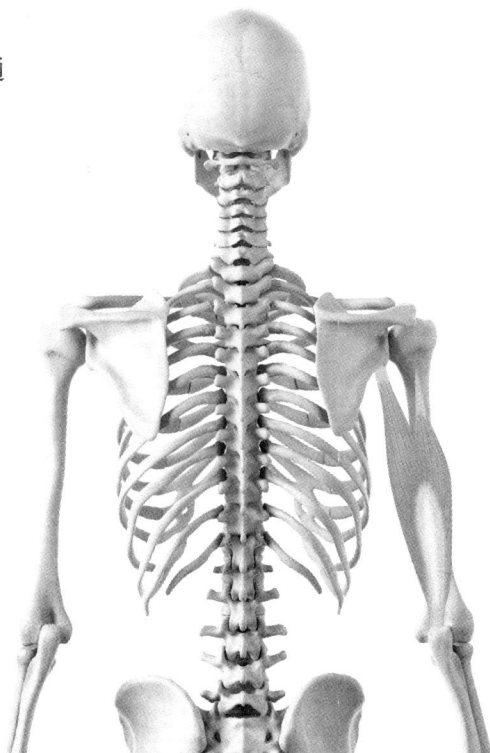

临床特征

肱三头肌与肘肌协同工作。

肱三头肌内侧头是深层头。肌电图研究显示，有一条肌腱与肱三头肌长头和外侧头的总肌腱不同，并且深入肱三头肌中。

这条深层肌腱断裂会导致肘关节屈曲超过90°时肘关节伸展无力。因此，当进行肱三头肌的肌力测试时，若怀疑头部受伤，肘关节完全屈曲是很重要的。

肱三头肌约占上臂重量的60%，是主要的伸肘肌。当肘关节屈曲15°~30°时，肱三头肌的工作效率最高。

桡神经穿过肱三头肌的外侧头和内侧头，特别是当肱骨外科颈骨折时桡神经可能会受到压迫或损伤，这会导致肱三头肌的无力和麻木。

C7脊神经测试可以测试到肱三头肌深层肌腱。

触诊

1. 受试者呈俯卧位，同时肩关节外展至90°，前臂悬吊于治疗床上——前臂应该被动屈曲至90°。
2. 测试者将触诊的手指置于受试者手臂后方鹰嘴近端的肌纤维上。
3. 测试者指导受试者伸展手臂，同时尝试轻微抵抗阻力。
4. 注意肌肉组织的收缩情况并尝试触诊肱三头肌全部头。谨记从肌肉的起点开始触诊，到止点结束。

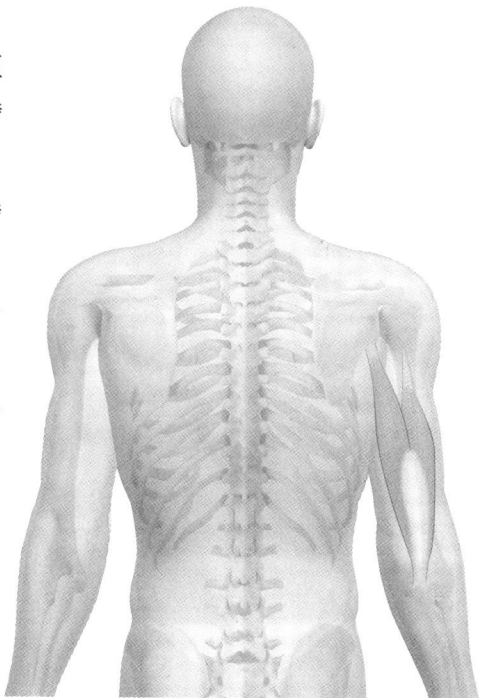

肱三头肌

徒手肌力测试

体位

受试者呈仰卧位。肩关节复合体（盂肱关节）被动屈曲至90°，同时肘关节轻微屈曲。

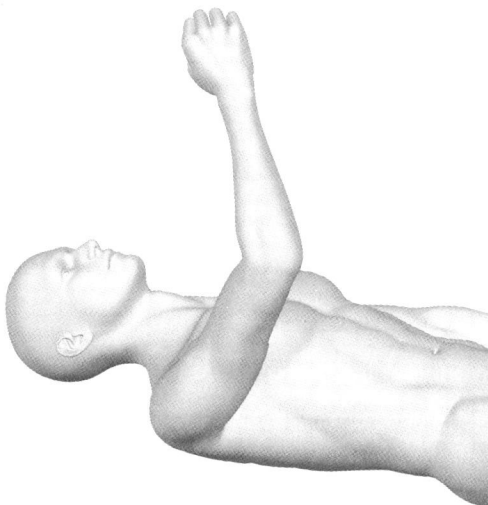

测试方法

测试者对受试者的肘关节施加屈曲方向的阻力。注意不要让受试者肩关节屈曲。

测试者使用合适的评分量表记录检查结果。注意在全关节活动范围内进行检查。

中间范围的测试可用于评估肌肉等长收缩的力量，测试中要求受试者在测试者没有施加阻力的情况下保持体位。

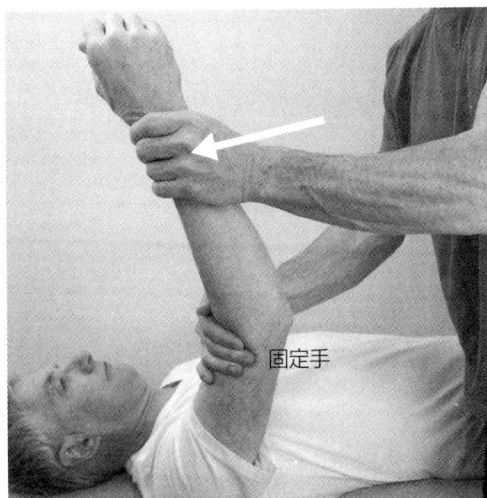

固定手

固定

测试者可将固定手放在受试者的肘关节以进行固定。

运动学肌力测试

体位

受试者呈坐位或仰卧位。轻微外展其肩关节复合体（盂肱关节）至45°并且屈曲肘关节30°（儿童在15°~30°的范围内）。

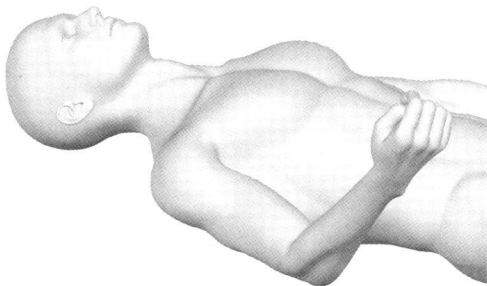

测试方法

指导受试者保持这个体位。

测试者轻微摇晃自己的身体，同时对受试者前臂远端施加轻微的压力，就像要屈曲其肘关节。

固定

测试者可以支撑受试者的肘关节，以防止其肩关节屈曲。

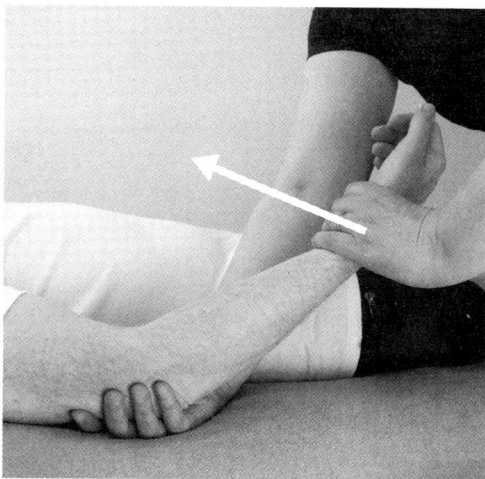

运动学关联

器官：胰腺和脾。

针灸经络：脾经。

感受：忧虑。

前臂和腕部

肱桡肌

起点

肱骨外上髁上方。

止点

桡骨茎突。

运动

肘关节的屈曲。

在前臂旋后时支持前臂旋前，在前臂旋前时使其旋后。

当肱桡关节的旋前和旋后运动受到阻力时，辅助其旋前和旋后。

辅助控制肘关节伸展的离心收缩过程。

神经支配

臂丛–桡神经C5、C6。

血液供应

肱动脉和桡侧返动脉。

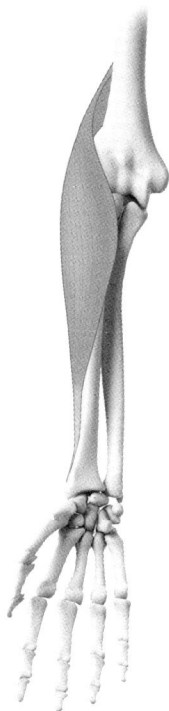

临床特征

肱桡肌与肱肌和肱二头肌协同工作。

肱桡肌是唯一受桡神经支配的屈肘肌。

肱桡肌深层肌腱反射测试主要在C6进行。

肱桡肌在前臂快速运动时特别活跃，在肘关节屈曲100°～110°的范围内功能有效。

在肱桡肌止点附近和桡侧腕屈肌远端肌腱处可以触诊到桡动脉的搏动。

肱桡肌通常被称为"啤酒饮用者的肌肉"，因为它在将杯子送到嘴边的动作过程中很活跃。

肱桡肌最初被认为是主要的前臂旋后肌，因此被错误地称为"长旋后肌"。

触诊

1. 受试者呈坐位或站立位，同时肘关节屈曲至90°，并保持拇指朝上。
2. 测试者将触诊的手指放在受试者桡骨近端的肌纤维上。
3. 指导受试者抵抗肘关节伸展的阻力。
4. 注意肌肉组织的收缩情况。
5. 谨记要从肌肉的起点开始触诊，到止点结束。

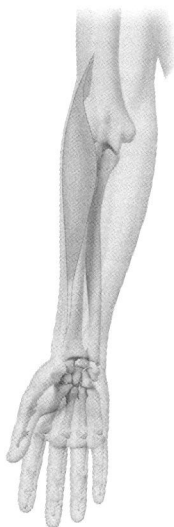

徒手肌力测试

体位

受试者呈仰卧位。肘关节屈曲至90°，同时前臂处于中立位。

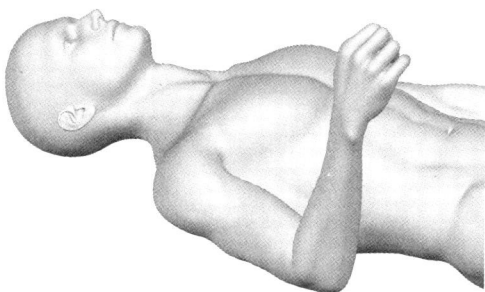

测试方法

测试者在受试者肘关节伸展的方向上施加一个力。

测试者使用合适的评分量表记录检查结果。注意在全关节活动范围内进行检查。

中间范围的测试可用于评估肌肉等长收缩的力量，测试中要求受试者在测试者没有施加阻力的情况下保持体位。

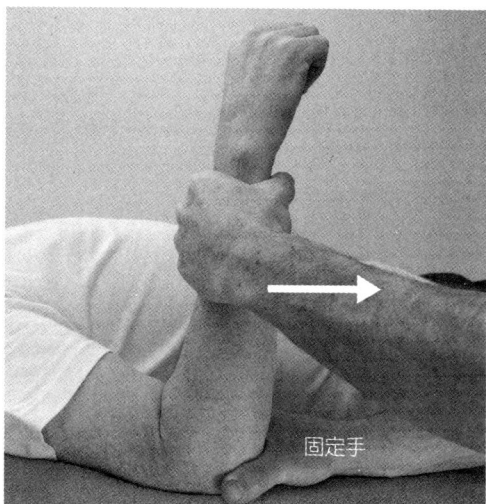

固定手

肱桡肌

固定

测试者可将固定手放在受试者的肘关节处以进行固定。

运动学肌力测试

体位

受试者呈仰卧位或坐位。肘关节被动屈曲至45°~75°。前臂处于中立位。

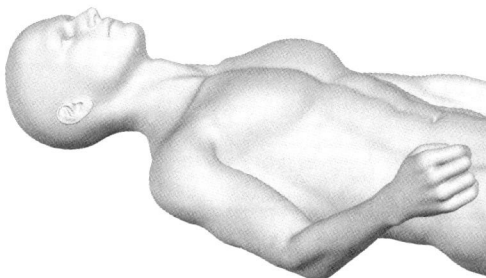

测试方法

指导受试者保持该体位。测试者轻微摇晃自己身体，在受试者前臂远端施加轻微的压力，就像要伸展其肘关节。

固定

测试者可以支撑受试者的肘关节，以防止其盂肱关节出现屈曲或伸展。

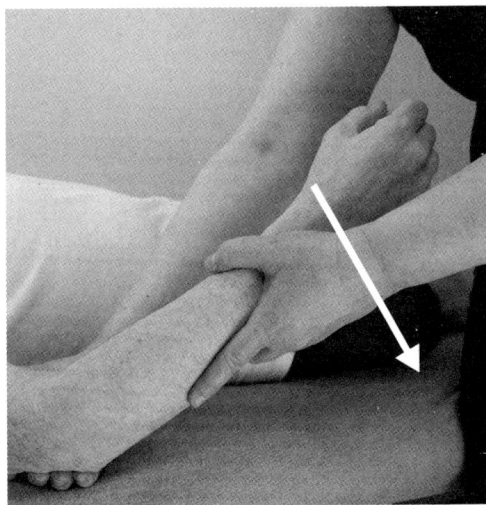

运动学关联

器官：胃。

针灸经络：胃经。

感受：忧虑。

旋后肌

起点

肱骨外上髁、桡侧副制带、环状制带。

止点

桡骨近端三分之一的前面和外侧面。

运动

前臂桡尺关节近端的旋后。

神经支配

桡神经C6、C7。

血液供应

桡侧返动脉。

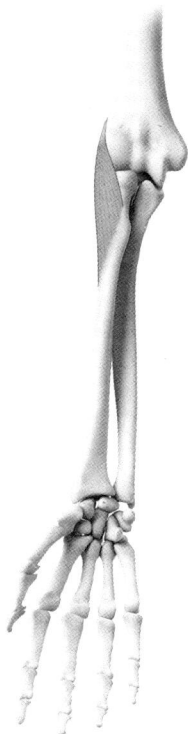

临床特征

旋后肌是一块小而深的肌肉，它与肱二头肌和肱桡肌协同工作，并与旋前圆肌拮抗。

旋后肌的肌纤维可与肘关节囊内的桡侧副制带和环状制带融合在一起。

旋后肌主要有两层，一层是浅层，另一层是深层。有趣的是，后部的骨间神经有可能被夹在这两层肌肉之间，当旋后肌受压时，可能会产生沿前臂向下的尖锐感觉。

旋后肌常常被用于球拍类运动、驾驶和家务劳动中。

触诊

1. 受试者通常在坐位或仰卧位下将肘关节屈曲至90°。

2. 测试者沿着肌纤维仔细触诊，并紧紧握住受试者的手，找到旋后肌的肌腹。

3. 指导受试者在尝试抗阻运动时将手掌旋后。

4. 注意肌纤维的收缩情况，并且从起点开始触诊，到止点结束。将旋后肌的运动单独分离出来测试是困难的。肱桡肌的收缩是在浅表被感觉到的，而旋后肌的收缩则是在伸肌的更深处被感觉到的。

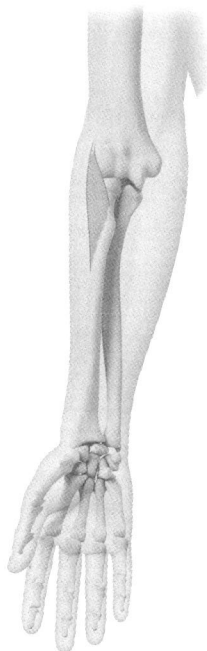

徒手肌力测试

体位

　　受试者呈坐位或仰卧位，同时肩关节屈曲至90°，并且肘关节屈曲135°。受试者的前臂应处于旋后状态。

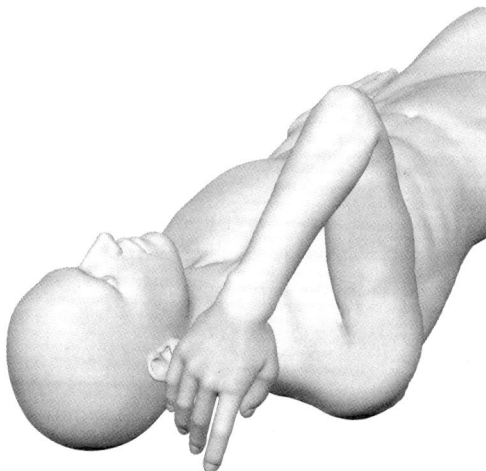

测试方法

测试者施加75%的阻力，试图使受试者的前臂内旋，同时要求受试者抵抗这一动作，并保持前臂旋后。

固定

测试者可以在测试中固定受试者的肘关节。

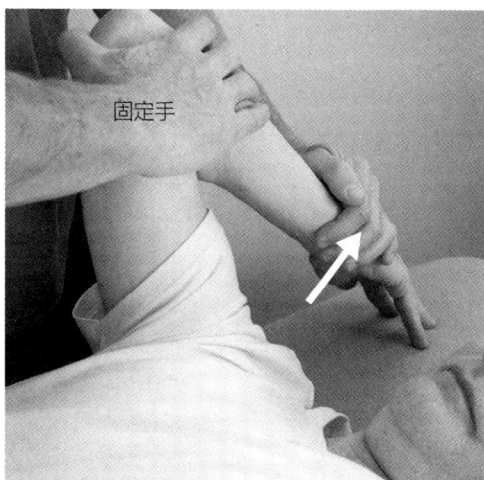

固定手

运动学肌力测试

体位

受试者呈坐位或仰卧位。肘关节完全屈曲（以消除肱二头肌募集的影响），肩关节（盂肱关节）屈曲至90°，且前臂完全旋后。

此外，肘关节和肩关节（盂肱关节）完全向后伸展，以消除肱三头肌募集的影响。

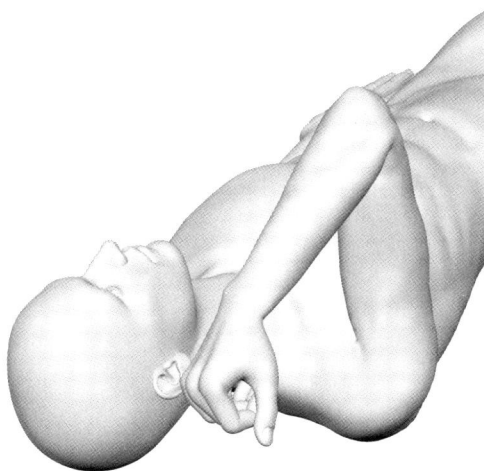

旋后肌

测试方法

测试者指导受试者保持该体位。测试者握着受试者的手腕且轻轻晃动自己的身体，在其手腕上施加轻微的压力，就像要将其前臂移动到内旋位置上。注意不要对受试者的手腕施加太大的压力，因为这可能会引起疼痛。

固定

当受试者的前臂从等长收缩到离心收缩时，测试者支撑其肘关节和肱骨，以防止其肱骨旋转。

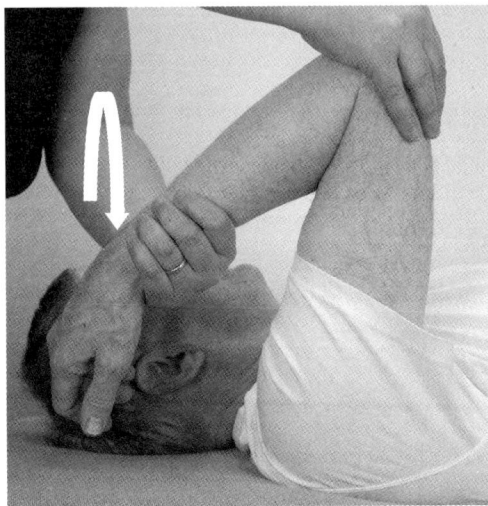

运动学关联

器官：胃。

针灸经络：胃经。

感受：忧虑。

旋前圆肌

起点

肱骨内上髁总屈肌腱。

尺骨冠突（深层起点）。

止点

桡骨外侧面中部的旋前肌粗隆。

运动

前臂桡尺关节的内旋。

在肱尺关节微弱地辅助肘关节屈曲。

辅助控制桡尺近侧关节旋后的离心收缩过程。

神经支配

正中神经C6、C7。

血液供应

桡动脉和尺动脉。

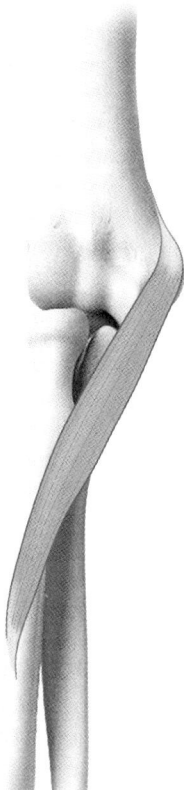

临床特征

旋前圆肌与肱二头肌协同工作，与旋后肌拮抗工作。

值得注意的是正中神经的走行路径，因为它穿过了旋前圆肌的两个头。这可能会导致卡压的发生，进而导致旋前圆肌综合征和前臂前部肌肉的无力，包括大鱼际复合体的肌肉——临床医生在考虑腕管综合征时经常忽略这一点。

解剖学上，旋前圆肌的尺侧头可能不存在。

旋前圆肌常被用于自由泳、球拍类运动和日常生活当中，例如转动门把手，甚至是挥手等手势。

旋前圆肌

触诊

1. 受试者被摆放至肘关节略微屈曲15°，拇指朝上的体位。

2. 在受试者前臂前侧的旋前圆肌肌纤维上进行触诊。

3. 测试者指导受试者做前臂内旋的动作，并施加轻微的阻力。此时旋前圆肌是一块处于收缩状态的坚硬肌肉，肌纤维斜向走行，而不是一个柔软的团块。

4. 确保要从肌肉的起点开始触诊，到止点结束。

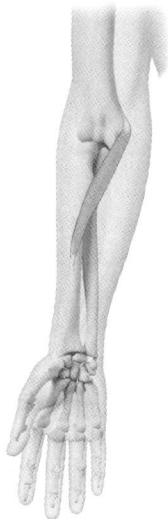

徒手肌力测试

体位

受试者呈仰卧位，且肘关节屈曲55°，同时前臂完全旋前。

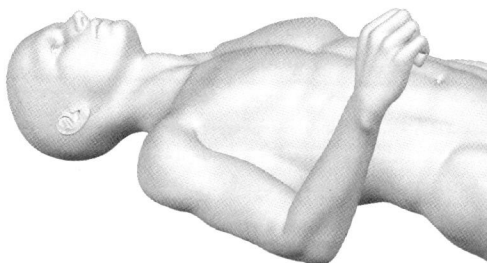

测试方法

测试者试图将受试者的前臂旋后，而受试者抵抗这一运动。

固定

测试者可以固定受试者的肘关节。

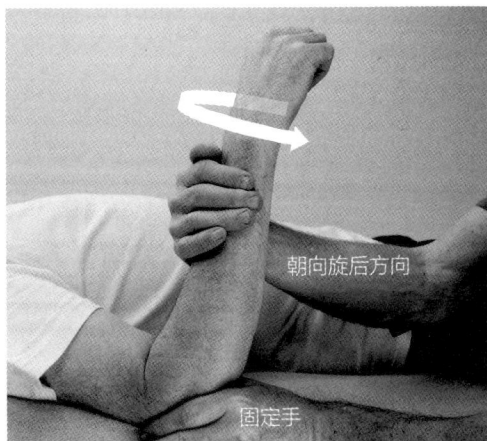

朝向旋后方向

固定手

运动学肌力测试

体位

　　受试者呈坐位或仰卧位，肱骨内收，同时前臂内旋，且肘关节屈曲至60°。

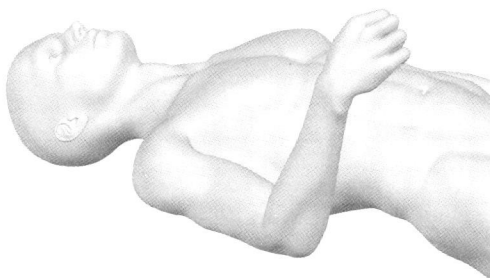

测试方法

　　要求受试者保持该体位。

　　测试者握住受试者的腕部内侧，同时轻轻摇动自己的身体，在受试者腕部施加轻微的压力，就像要将其旋后。注意不要过度用力或引起受试者腕部或前臂的疼痛。

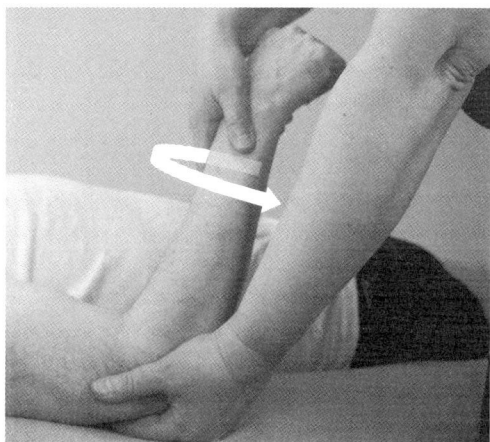

固定

　　支撑受试者的肘关节，使其肱骨保持原位。

运动学关联

　　器官：胃。

　　针灸经络：胃经。

　　感受：忧虑、不安。

旋前圆肌

旋前方肌

起点

尺骨远端内侧和前部。

止点

桡骨远端外侧和前部。

运动

前臂桡尺关节的内旋。

神经支配

正中神经C7、C8、T1。

血液供应

前部骨间动脉和桡动脉。

临床特征

旋前方肌与旋前圆肌协同工作。

旋前方肌是前臂力量传导的过程中保持前臂骨间膜一致性的重要肌肉。

解剖学上，有一部分人可能没有旋前方肌。解剖学家报告称，旋前方肌的止点包括大鱼际和腕骨复合体。

触诊

1. 受试者呈坐位和仰卧位。

2. 在前臂远端前部肌室的旋前方肌肌
   纤维上进行触诊。

3. 测试者指导受试者做前臂内旋动作，
   并施加轻微阻力。

4. 确保从肌肉起点开始触诊，到止点
   结束；然而，只有一小部分的旋前
   方肌可以被真正触诊到，且在这个
   部位可以感受到桡动脉搏动。用缓
   慢、安全的动作来触诊解剖结构，
   且需要注意神经血管部分和环绕肌
   肉的屈肌腱。

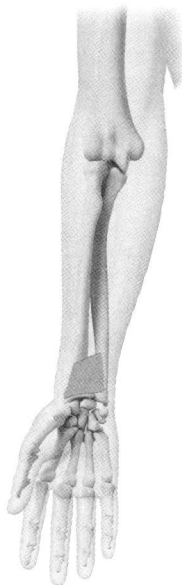

徒手肌力测试

体位

　　受试者呈仰卧位，肘关节屈曲
120° 且前臂完全旋前。

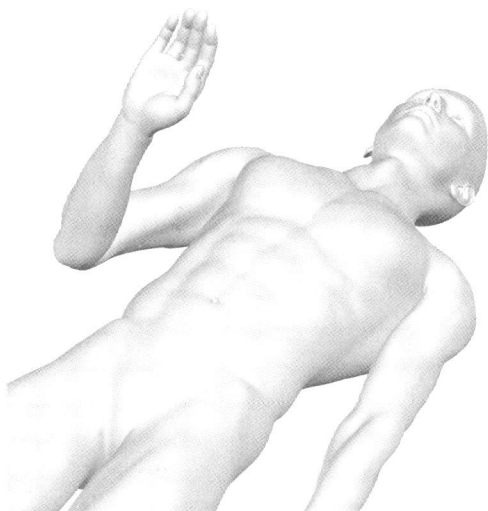

旋前方肌

测试方法

　　测试者试图将受试者的前臂旋后，而受试者抵抗这一运动。

固定

　　在测试过程中，测试者可以固定受试者的肘关节。

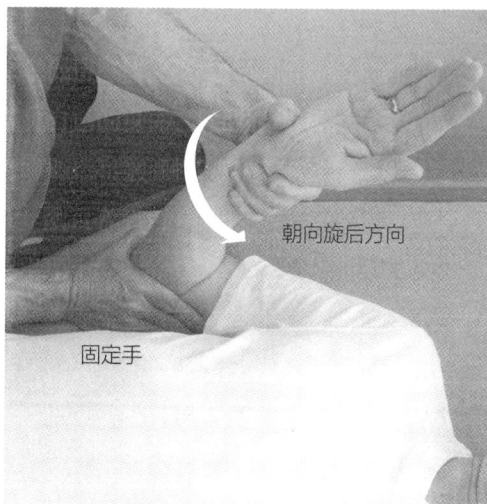

朝向旋后方向

固定手

运动学肌力测试

体位

　　受试者呈坐位或仰卧位。肘关节完全屈曲且前臂完全旋前。受试者的肘关节屈曲可以消除旋前圆肌的募集影响。

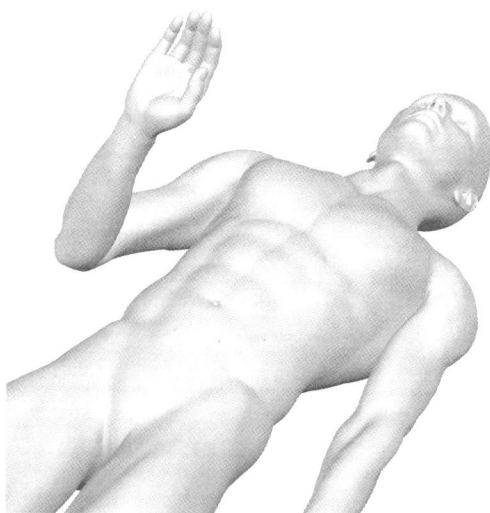

测试方法

　　要求受试者保持该体位。

　　测试者握住受试者的腕部，并轻轻晃动自己的身体，在其腕部施加轻微的旋转压力，就像要将其前臂旋后。

固定

　　固定受试者的肘关节。

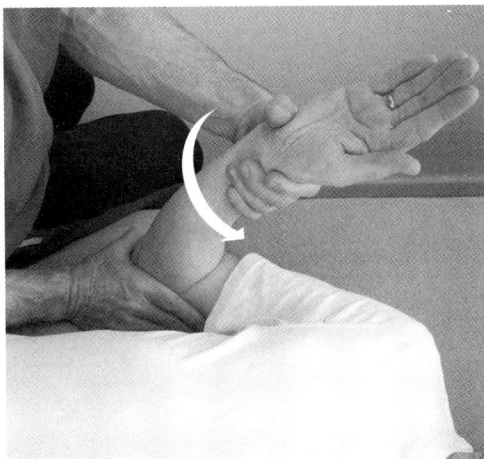

运动学关联

　　器官：很可能是胃。

　　针灸经络：很可能是胃经。

　　感受：未知。

旋前方肌

拇对掌肌

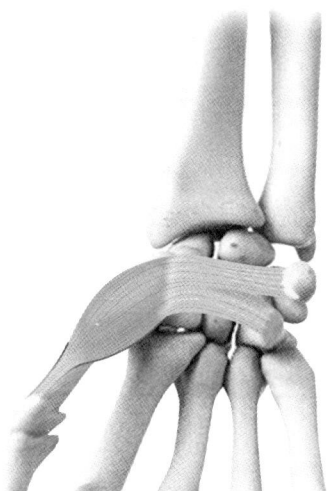

起点

大多角结节和屈肌支持带。

止点

第一掌骨前外侧（拇指）。

运动

腕掌关节的拇指对掌运动（拇指和第五指并拢）。

神经支配

臂丛-正中神经C6、C7、C8、T1。

血液供应

桡动脉。

临床特征

拇对掌肌与大鱼际处的拇短展肌和拇短屈肌协同工作。

肌电图研究表明，大鱼际处的肌纤维可以与屈肌支持带和其他腕部韧带结构融合在一起。

虽然对大鱼际的触诊相对容易，但对其中的每一块肌肉进行单独触诊是极其困难的。

拇指和其他手指在不同的平面上。拇指的对位实际上是由屈曲、内旋和一定程度的内收组成的。

触诊

1. 受试者呈坐位，同时前臂和手旋后。
2. 测试者将触诊的手指放在受试者掌侧（手掌）和手侧面的肌纤维上，以及拇指近侧的大鱼际上。
3. 指导受试者抵抗拇指受到的阻力。
4. 注意肌肉组织的收缩情况。

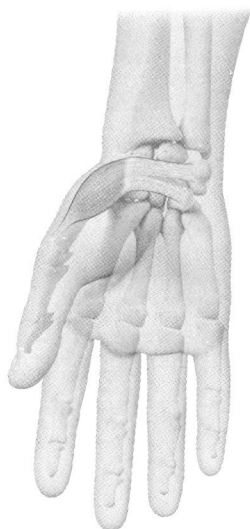

徒手肌力测试

体位

受试者呈坐位。肘关节屈曲至90°，前臂和手旋后。受试者的拇指朝向第五指运动。

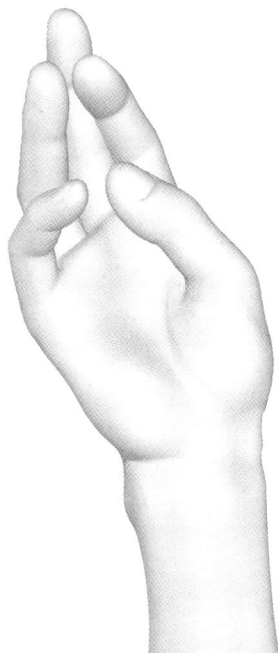

拇对掌肌

测试方法

测试者通过手掌施加一个或多个方向上的阻力。

测试者使用合适的评分量表记录检查结果。注意在全关节活动范围内进行检查。

中间范围的测试可用于评估肌肉等长收缩的力量，测试中要求受试者在测试者没有施加阻力的情况下保持体位。

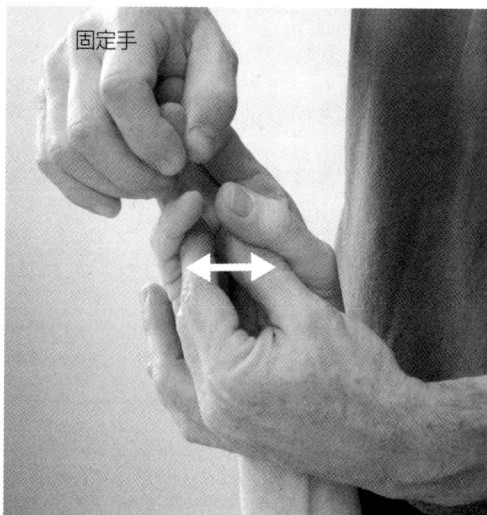

固定手

固定

测试者可以在测试时将固定手支撑受试者的腕部来进行固定。

运动学肌力测试

体位

受试者呈坐位或仰卧位。手处于旋后位。拇指和第五指并拢形成一个环形（而不是泪滴形）。

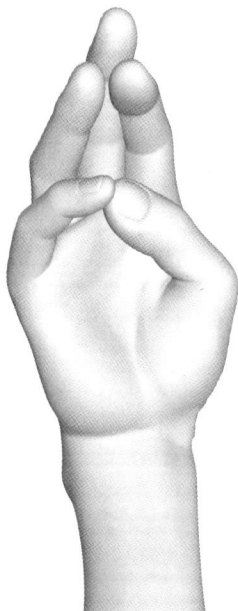

测试方法

　　指示受试者保持该体位。

　　测试者摇晃自己的身体，同时轻轻拉动受试者的拇指和第五指，就像要将它们分开。测试者使用非常轻的力。两根手指出现小程度的分离是正常的。测试者需要确保受试者的肌肉能够被激活并且锁定。这项测试检测受试者的拇指和手是否存在功能障碍。

　　如果在手内旋下被握住时进行测试，可以测试出肘关节可能存在的功能障碍。

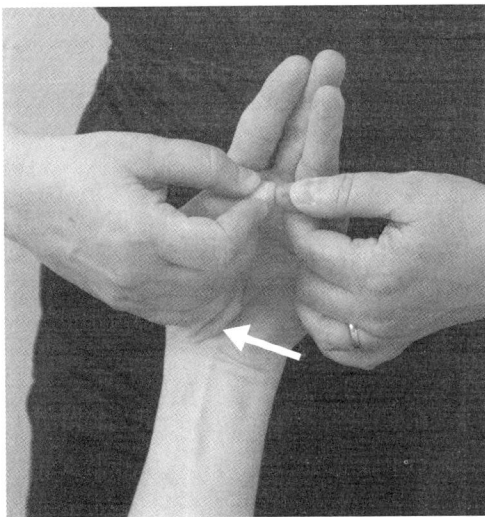

固定

　　无必要。

运动学关联

　　器官：脾和胃。

　　针灸经络：脾经和胃经。

　　感受：忧虑。

拇对掌肌

小指对掌肌

起点

钩骨钩和屈肌支持带。

止点

第五掌骨前内侧表面。

运动

第五掌骨的对掌运动。

神经支配

尺神经C8、T1。

血液供应

尺动脉。

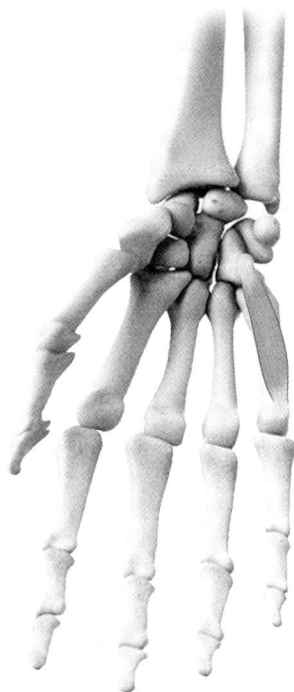

临床特征

小指对掌肌与小鱼际肌协同工作，即小指展肌和小指屈肌。小鱼际肌的肌纤维可以融合在一起形成一整个肌肉群。

小指对掌肌是小鱼际肌中最大的一块肌肉。

第五指的对掌运动是3个关键动作的组合：屈曲、内旋和内收。

小指对掌肌常在抓取物体、写字、使用鼠标、拾取小物品时被使用。

触诊

1. 指导受试者用小指对掌肌抵抗中等
   大小（40%）的阻力。
2. 测试者触诊受试者小鱼际的侧面，
   去感受第五掌骨附近坚实的小指对
   掌肌团块。

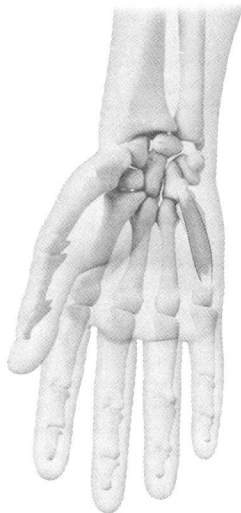

徒手肌力测试

体位

　　受试者呈坐位，肘关节屈曲90°，
前臂完全旋后。

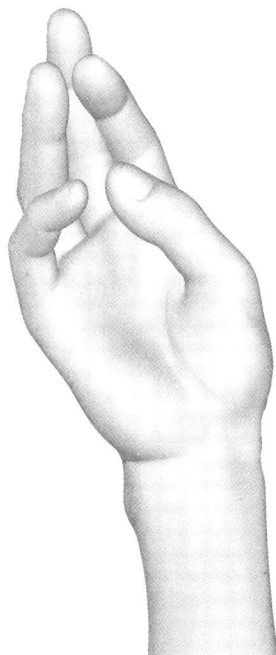

测试方法

　　要求受试者将其小指对向拇指。

　　测试者通过将手指放在受试者的小指和拇指围成的空间来拦截此动作。并施加反方向的阻力，使受试者的小指远离拇指。

　　受试者被要求对抗阻力以保持手指的位置。

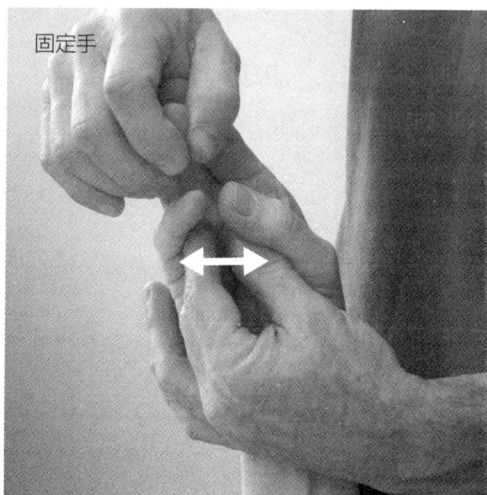

固定手

固定

　　测试者用双手测试小指对掌肌，并将受试者前臂固定在桌子或治疗床上。

运动学肌力测试

体位

　　受试者呈仰卧位或坐位。前臂旋后并置于桌子或治疗床上。受试者将第五掌骨屈曲并轻微旋转，就像使手掌呈杯状。不要使拇指和拇对掌肌参与运动。

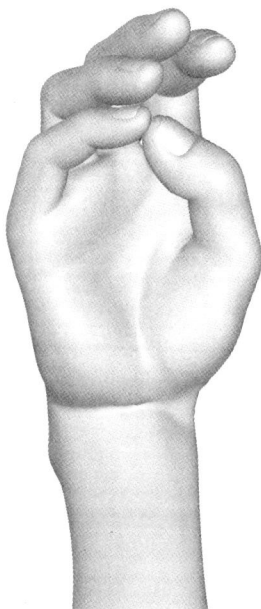

测试方法

　　要求受试者保持该体位。

　　测试者握住受试者的第五掌骨，并轻微摇晃自己的身体，在第五掌骨上施加轻微的压力，就像要把呈杯状的手掌压平一样。

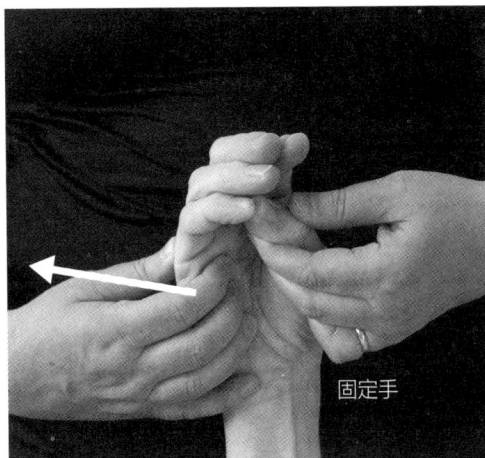

固定手

固定

　　测试者用双手测试小指对掌肌，用一只手捏住受试者的拇指以确保小指对掌肌没有募集发力，并将其前臂固定在桌子或治疗床上。

运动学关联

　　器官：未知。

　　针灸经络：未知。

　　感受：未知。

小指对掌肌

躯干

胸大肌

起点

上部纤维：锁骨的中间部分。

中部纤维：胸骨的前外侧部分。

下部纤维：第一至第六肋骨软骨。

止点

肱骨二头沟外侧唇（大结节嵴）。

运动

全部纤维

盂肱关节的内收和内旋。

在用力吸气时辅助抬高胸部（当手臂固定时）。

上部纤维（锁骨部分）

辅助肩关节水平内收。

肩部在盂肱关节处的屈曲。

辅助控制盂肱关节伸展的离心收缩过程。

中部纤维和下部纤维（胸骨和肋骨部分）

肩部在盂肱关节处的伸展。

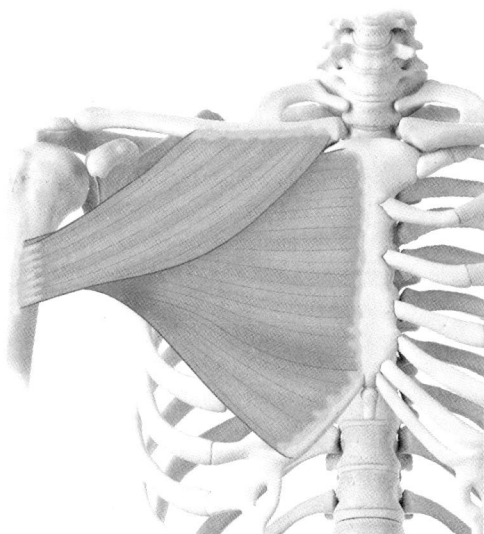

辅助控制盂肱关节屈曲的离心收缩过程。

神经支配

胸内侧神经和胸外侧神经C5~C8、T1。

血液供应

来自胸腹部。

临床特征

胸大肌与背阔肌、肩胛下肌和大圆肌协同工作，使肩关节内收和内旋，同时与三角肌前部纤维和喙肱肌协同工作，使肩关节屈曲。胸大肌在肋骨和胸骨上有多个附着点，因此它也是自身的拮抗肌。

因为胸大肌附着在胸壁上或沿着胸壁走行，所以它被认为是重要的呼吸肌。胸大肌锁骨部分纤维倾向于在远端插入，而肋骨部分纤维则在近端插入。

胸大肌帮助肩关节屈曲至60°。胸大肌是一个强有力的水平内收肌，在俯卧撑、卧推、投掷和拳击等运动中稳定躯干。胸大肌过度发达可能会对肩部姿势产生负面影响，并且导致肩部看起来更圆。

单侧胸大肌缺失表明患有先天性疾病，称为波伦综合征。男性比女性更易患上这种疾病。

触诊

1. 受试者呈仰卧位、侧卧位或坐位，同时肩关节（盂肱关节）前屈至90°。

2. 测试者将触诊的手指放在肌纤维上，仔细感受想要测试的区域。谨记需要按照肌纤维的走行方向来触诊。

3. 为了充分触诊到肌纤维的收缩情况，要求受试者将手臂移过锁骨中线（水平内收），同时测试者施加反方向的阻力。

4. 注意肌肉组织的收缩情况。

5. 一种更敏感的触诊技术是测试者捏住或紧紧抓住受试者腋窝前壁，而受试者的手臂处于前屈状态。

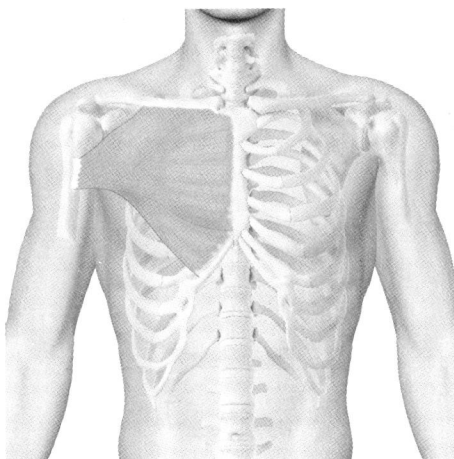

胸大肌

徒手肌力测试

体位

对胸大肌来说，测试分为两个部分，一部分针对胸骨头，另一部分针对锁骨头。

胸骨头

受试者呈仰卧位，肩关节（盂肱关节）屈曲至90°且手臂充分内旋。

锁骨头

受试者呈仰卧位，肩关节（盂肱关节）屈曲至90°且手臂内旋约45°。

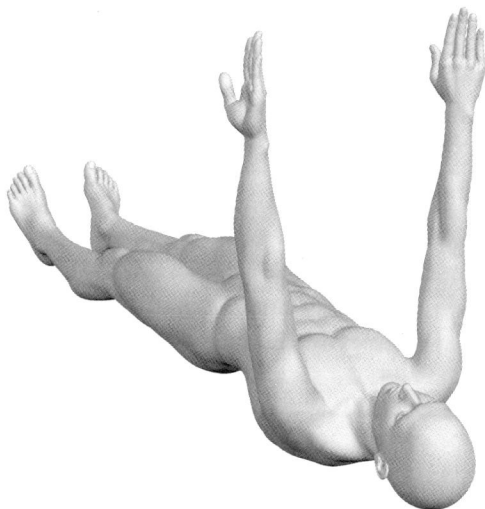

测试方法

胸骨头

测试者朝肩关节外展和轻微屈曲方向施加轻微的阻力。

锁骨头

测试者朝肩关节外展和轻微伸展方向施加轻微的阻力。

对于这两种测试方法，测试者使用合适的评分量表记录检查结果。注意在全关节活动范围内进行检查。

中间范围的测试可用于评估肌肉等长收缩的力量，测试中要求受试者在测试者没有施加阻力的情况下保持体位。

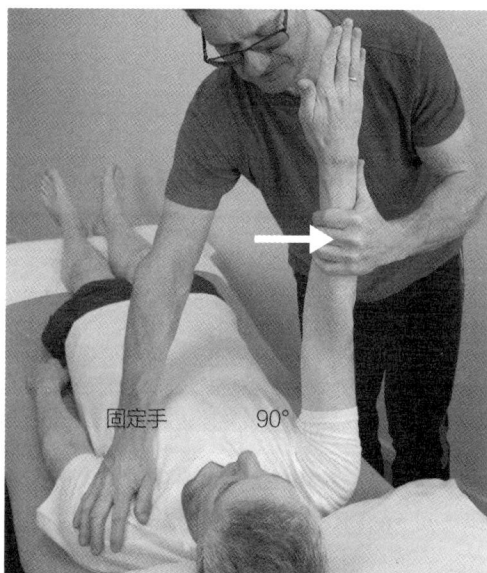

固定手　　　　90°

固定

胸骨头

测试中固定受试者对侧肩关节。

锁骨头

测试中固定受试者对侧肩关节。

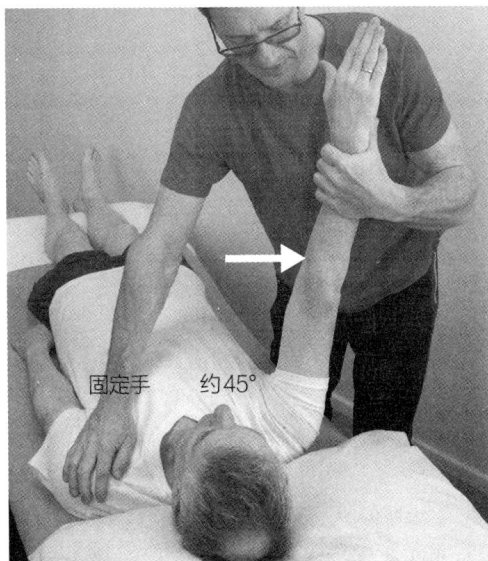

固定手　　约45°

运动学肌力测试

体位

　　受试者呈仰卧位。受试者的肘关节完全伸展，肩关节屈曲至90°且充分内旋，其拇指朝向双脚。注意，胸大肌的形状可能存在解剖学上的差异，因此在进行测试前一定要确认肌纤维的走向。

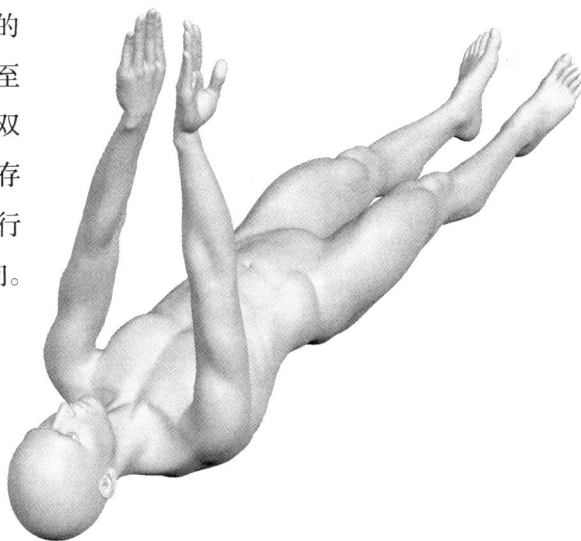

胸大肌

测试方法

胸骨头

　　测试者嘱咐受试者保持手臂的位置，同时轻微摇晃自己的身体，在受试者前臂远端施加外展方向上的轻微阻力，增大肩关节的屈曲角度，就像要将手臂移动至仰泳姿势。

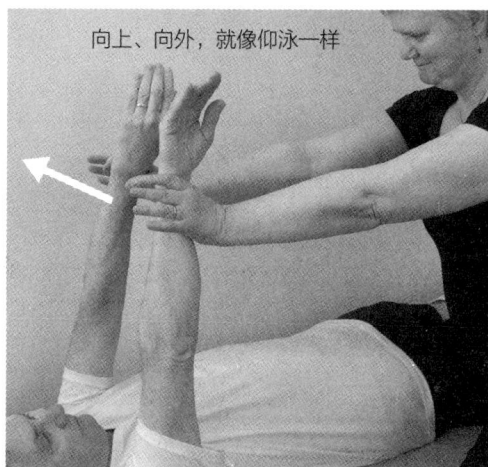

向上、向外，就像仰泳一样

锁骨头

　　测试者嘱咐受试者保持手臂的位置，同时轻微摇晃自己的身体，在其前臂远端施加外展方向和肩关节轻微伸展方向上的轻微阻力。

　　测试者观察受试者胸大肌锁骨部分的肌纤维，并测试从肌肉中延伸出的动作。

固定

　　通常不需要固定，因为测试的力度是很轻的。观察其他肌肉的募集情况，如另一侧肩关节的抬起或肘关节的屈曲。

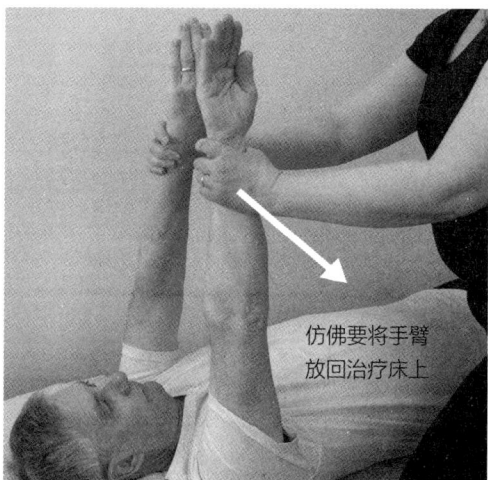

仿佛要将手臂放回治疗床上

　　如果确实需要固定，测试者将手的侧面置于受试者对侧的髂前上棘。

运动学关联

　　器官：胸骨部分——肝脏；锁骨部分——胃。

　　针灸经络：胸骨部分——肝经；锁骨部分——胃经。

　　感受：愤怒和忧虑。

胸小肌

起点

第三、第四和第五肋骨的前侧角。

止点

肩胛骨喙突的内侧。

运动

手臂运动过程中稳定肩胛骨。

肩胛骨的下降、外展和下回旋。

帮助肩胛骨从半回缩的位置伸出。

在用力吸气时辅助抬高第三、第四和第五肋骨。

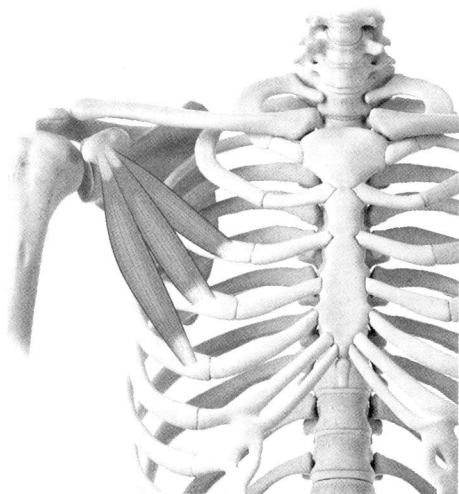

神经支配

胸内侧神经，有部分纤维来自胸外侧神经的分支C7、C8、T1。

血液供应

胸腹部。

临床特征

胸小肌与前锯肌协同工作。

胸小肌的过度收缩可能压迫臂丛神经的部分分支，包括锁骨下动脉；这可能导致胸廓出口综合征的发生。

和胸大肌一样，若胸小肌过度短缩会进一步导致圆肩的形成。

胸小肌常被认为可以辅助呼吸，因为它沿着胸壁附着。在强制吸气时，斜方肌和肩胛提肌辅助稳定肩胛骨，然后通过胸小肌来抬高肋骨。

少数情况下，胸小肌可延伸至第二或第六肋骨。

触诊

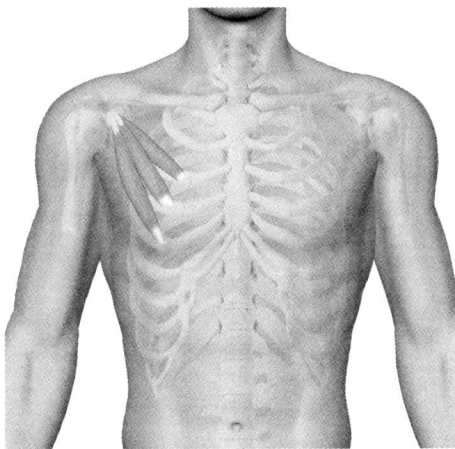

1. 受试者呈仰卧位、侧卧位或坐位，同时肩关节（盂肱关节）前屈至90°。

2. 测试者将触诊手指放在受试者喙突下方的肌纤维上（始终需要教育受试者为什么你需要以特定的方式来触诊肌肉。最好是通过书面的形式，让受试者同意采用更具侵入性或更精细的触诊方法和技术）。

3. 要求受试者吸气。

4. 注意肌肉组织的收缩情况。

5. 一种更灵敏的触诊技术，是测试者捏住或紧紧抓住受试者腋窝前内侧壁。

徒手肌力测试

体位

　　受试者呈仰卧位。肩关节轻微内收，从治疗床上抬起。为了在测试过程中寻找支撑，受试者可以抓住测试者的上臂。

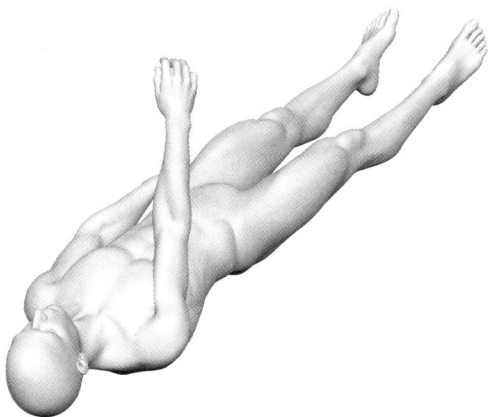

测试方法

　　测试者用上臂来引导力量，在受试者肩胛骨回缩的方向上施加阻力。

　　对于这项测试，测试者使用合适的评分量表记录检查结果。注意在全关节活动范围内进行检查。

　　中间范围的测试可以用于评估等长收缩时的肌力，测试中要求受试者在测试者没有施加阻力的情况下保持体位。

固定

　　可以指导受试者用非测试侧手抓住治疗床。

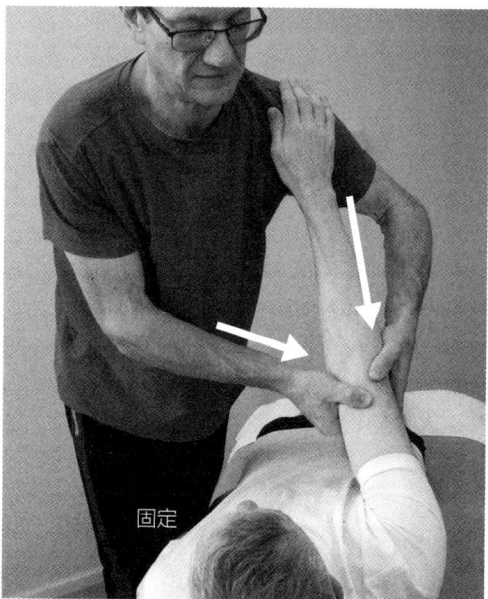

固定

胸小肌

运动学肌力测试

体位

受试者呈仰卧位。测试者将受试者的肩关节从治疗床上抬起，使其身体略微内收。测试者将手伸到受试者的对侧，测试其对侧的胸小肌，可以达到非常好的效果。

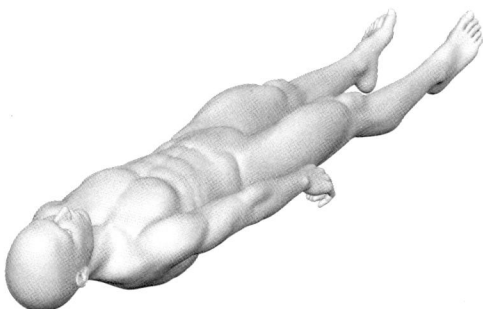

测试方法

测试者嘱咐受试者保持肩关节的位置，同时轻微摇晃自己的身体，在受试者肩关节前表面（盂肱关节）施加轻微的阻力，就像要拉伸其胸小肌的肌纤维。

可以同时定位受试者两侧的胸小肌，对它们单独或一起测试。

注意：寻找其他肌肉的募集情况，例如受试者将前臂或肘关节压在治疗床上、屏气或握紧双手。

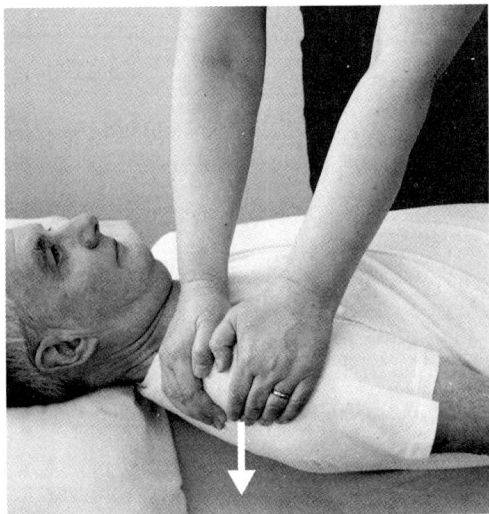

固定

通常不需要固定，因为测试的力度很轻。测试者在测试过程中使用双手的方法可能是有效的，但是要保证触摸是轻轻的，而不是太用力。

运动学关联

器官：淋巴器官。

针灸经络：未知。

感受：未知。

腹直肌

起点

耻骨结节和耻骨联合。

止点

第五、第六和第七肋骨软骨和胸骨远端部分（剑突）。

运动

主要运动是躯干的屈曲。

腹直肌进一步引发了骨盆后倾。腹直肌通常被称为主要的腹部稳定器和核心力量肌肉，因为它压缩腹部并稳定骨盆。它与腹内斜肌和腹外斜肌协同工作。

辅助控制躯干伸展的离心收缩过程。

神经支配

肋间神经 T5~T12。

血液供应

腹壁动脉。

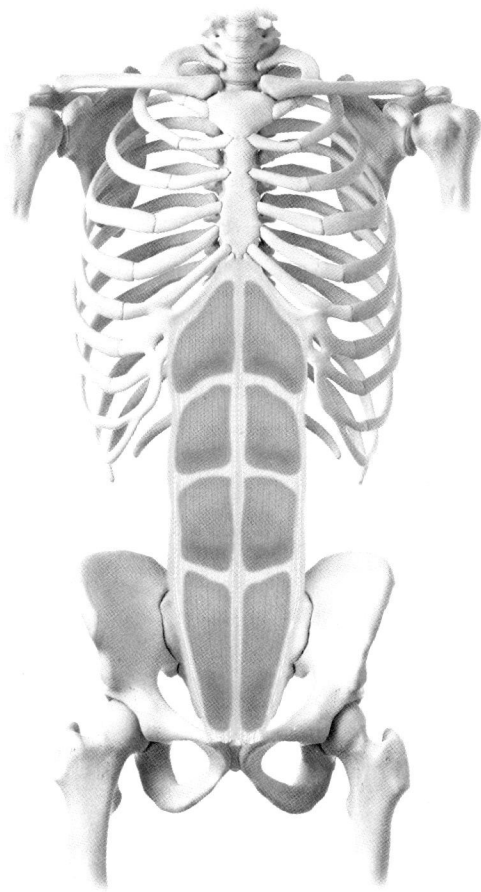

临床特征

腹直肌被腱划和筋膜划分为几个部分。腹白线分隔左右腹直肌，并且是腹直肌鞘的直接延续。

在怀孕期间，不断增大的子宫会拉伸腹部的肌肉和筋膜。这可能导致腹直肌以不正常的距离分开，这种情况称为腹直肌分离或腹直肌分离腹。

腹直肌

触诊

1. 受试者呈仰卧位，屈膝。

2. 测试者将触诊的手指放在受试者剑突到耻骨联合间的肌纤维上。

3. 要求受试者采取半仰卧起坐的体位（收腹），抬高头部和颈部，下颌向胸部移动。

4. 注意腹直肌肌肉组织的收缩情况。

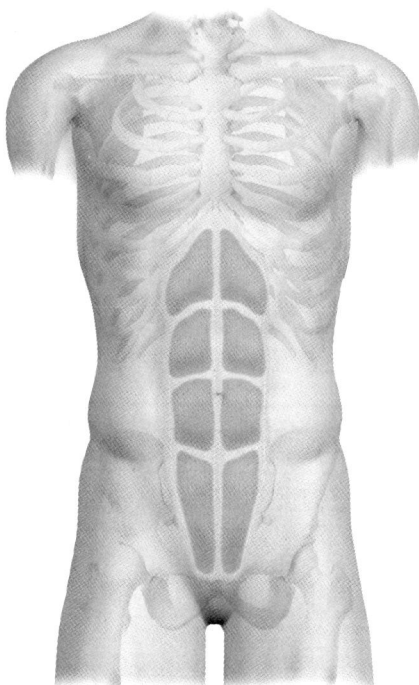

徒手肌力测试

体位

受试者呈仰卧位，同时膝关节屈曲至90°。测试者要求受试者采取仰卧起坐的姿势，双臂交叉放在胸前。

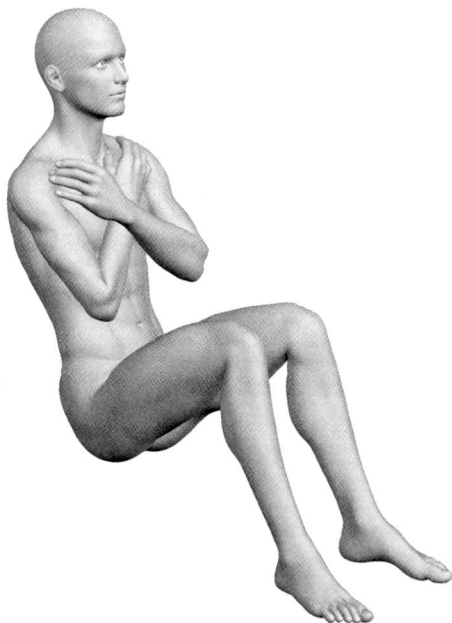

测试方法

　　仰卧起坐的动作可能足以展示腹直肌的收缩。如果测试者难以评估腹直肌的收缩状态，可将一只手放在受试者交叉的双臂上并伸展自身的手臂，在受试者胸前施加阻力。测试者使用合适的评分量表记录检查结果。注意在全关节活动范围内进行检查。

　　中间范围的测试可以用于评估等长收缩时的肌力，测试中要求受试者在测试者没有施加阻力的情况下保持体位。

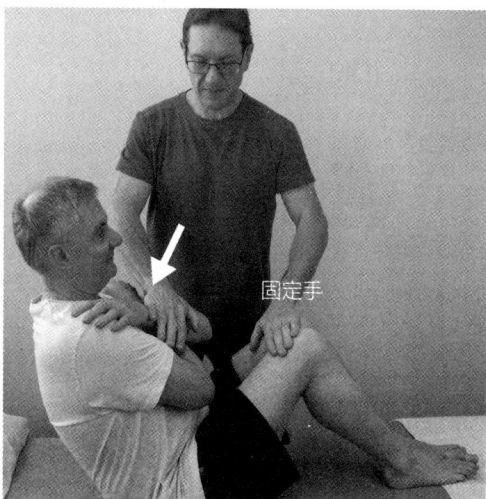

固定手

固定

　　测试者在受试者膝关节或踝关节上进行固定，固定部位主要取决于所测试的肌肉的部位。

运动学肌力测试

体位

　　受试者开始时呈仰卧位。要求受试者双臂交叉于胸前，双膝轻微屈曲。测试者小心辅助受试者呈半卧位，同时屈膝。

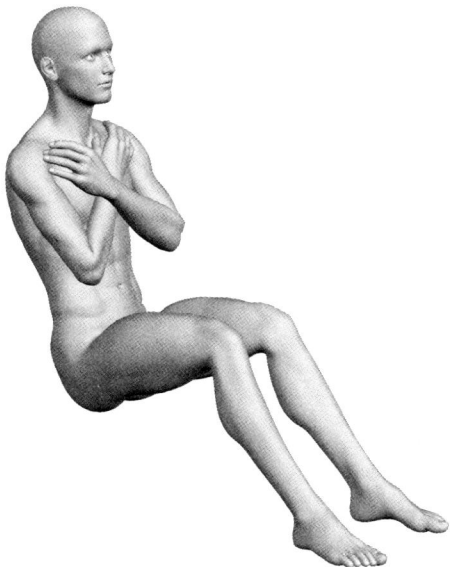

腹直肌

测试方法

测试者指导受试者保持体位。测试者轻微晃动自己的身体，在受试者交叉的双臂上施加非常轻的阻力，就像要使受试者恢复仰卧位。

固定

测试者用膝关节压住受试者的足部或踝关节。在施加测试阻力时，要做好抓住受试者的准备；如果腹直肌没有按照需求被激活，受试者可能会向后倒。

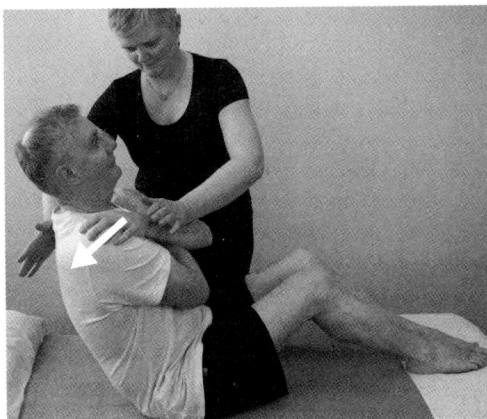

运动学关联

器官：小肠。

针灸经络：小肠经。

感受：忧虑。

腹横肌

起点

髂嵴、腹股沟韧带、胸腰筋膜和下肋部包括肋骨边缘。

止点

腹腱膜（也称作腹直肌鞘）至腹白线。

运动

腹横肌配合腹内斜肌、腹外斜肌共同压缩腹部、稳定骨盆底。

提高腹内压力。

有助于强制呼气。

神经支配

肋间神经。

髂腹下神经腹侧部和髂腹股沟神经。

T7~L1。

血液供应

肋下动脉和肋间动脉。

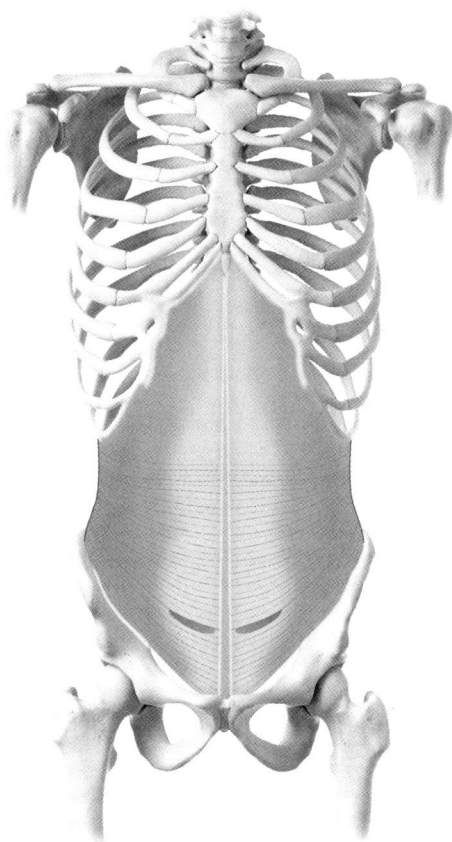

临床特征

腹横肌与腹内斜肌、腹外斜肌以及腹直肌协同工作。

腹横肌上部纤维可与横隔膜融合或联合。

腹横肌在腹部压缩中起着重要作用，并在日常运动中被激活，如咳嗽、打喷嚏、排便和做瓦尔萨尔瓦动作。

触诊

1. 受试者呈仰卧位，同时髋关节和膝关节屈曲至90°。

2. 测试者将触诊的手指放在受试者的髂骨和肋骨下部及肋缘之间的肌纤维上。

3. 测试者要求受试者做咳嗽或用力呼气的动作。并可以进一步指导受试者旋转其躯干而不屈曲。

4. 这是一项敏感度高的测试，因此可能很难评估肌肉组织的收缩情况。

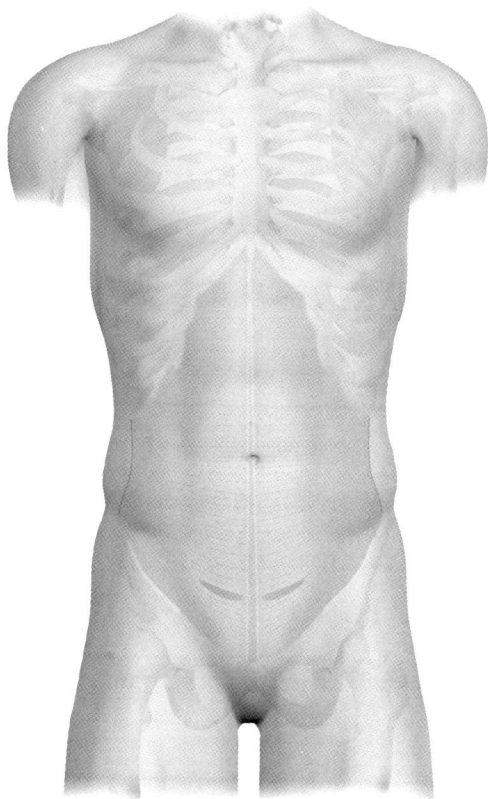

徒手肌力测试

体位

　　将受试者摆放呈仰卧位，双膝关节和髋关节屈曲至90°，双臂交叉置于胸前。要求受试者保持该体位。

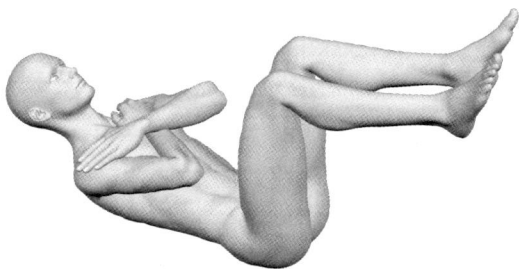

测试方法

　　测试者施加轻微的阻力，试图将受试者的膝关节旋转。

　　测试者使用合适的评分量表记录检查结果。注意在全关节活动范围内进行检查。

　　中间范围的测试可以用于评估等长收缩时的肌力，测试中要求受试者在测试者没有施加阻力的情况下保持体位。

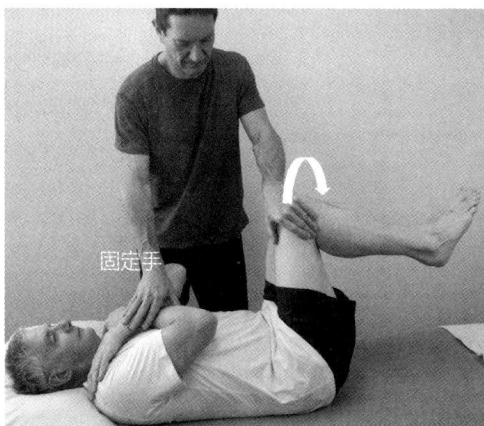

固定手

固定

　　必要时在受试者的前臂处进行固定。

运动学肌力测试

　　无。

腰方肌

起点

第十二肋骨的下缘和第一、第二、第三、第四腰椎的横突。

髂嵴后部和髂腰韧带。

止点

髂嵴后部和髂腰韧带。

运动

单侧运动

骨盆抬高、躯干侧屈、第十二肋骨下降。

辅助控制躯干对侧屈曲的离心收缩过程。

双侧运动

辅助伸展脊柱的腰骶部和增加腰椎前凸。

强制吸气和呼气时固定第十二肋骨。

双侧负荷不一致时，辅助控制腰骶部伸展的过程。

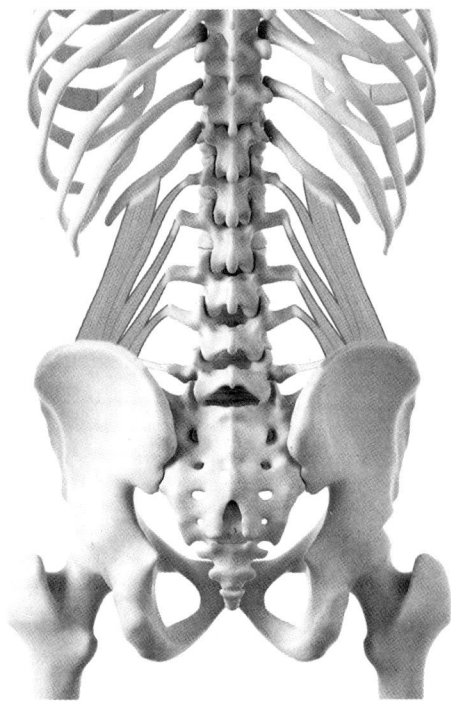

神经支配

腰丛T12~L3。

血液供应

肋下动脉和腰椎动脉。

临床特征

腰方肌与腹斜肌协同工作以影响脊柱的侧屈运动，与竖脊肌协同工作以促进腰椎的伸展。腰方肌被称为"骨盆上扬肌肉"。

腰方肌在稳定第十二肋骨，防止其在横隔膜收缩时升高方面起到重要作用。

腰方肌是有助于稳定腹部和下背部的核心肌肉。

腰方肌可附着于L5节段的横突上。

腰方肌的超声成像显示，腰方肌的第二肌腹有时在腰方肌主要部分的前面。

触诊

1. 测试在受试者俯卧位下进行。

2. 测试者仔细定位并触诊髂骨。

3. 测试者将触诊手指放在腰方肌的肌纤维上，同时透过竖脊肌进行触诊。为了区分竖脊肌和腰方肌，要求受试者将头部从治疗床上抬起。

4. 指导受试者抬起触诊侧的骨盆（抬高臀部）。注意肌肉组织的收缩情况。

5. 谨记腰方肌是背部深层的肌肉，通常很难被触诊到。找到腰方肌的肌纤维需要一定的时间。

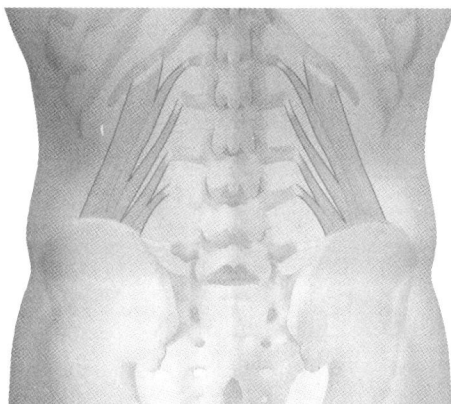

徒手肌力测试

体位

　　受试者呈侧卧位。上半身侧屈且同侧臀部微微抬起。测试者指示受试者保持该体位。

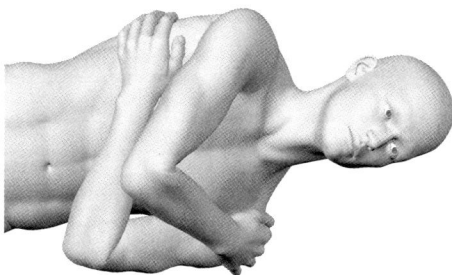

测试方法

　　测试者双手交叉，在受试者髂骨及胸腔后外侧施加阻力。在测试过程中，测试者的双手将进一步稳定受试者的躯干中部。

　　如果需要进一步的测试，可以让受试者呈俯卧位，同时抬高臀部。

　　然后测试者试图将受试者的同侧腿移开或向下拉。

　　对于这两种测试，测试者使用合适的评分量表记录检查结果。注意在全关节活动范围内进行检查。

　　中间范围的测试可以用于评估等长收缩时的肌力，测试中要求受试者在测试者没有施加阻力的情况下保持体位。

固定

　　测试者在测试时使用双手交叉的方法以固定受试者的髂骨和侧肋缘。

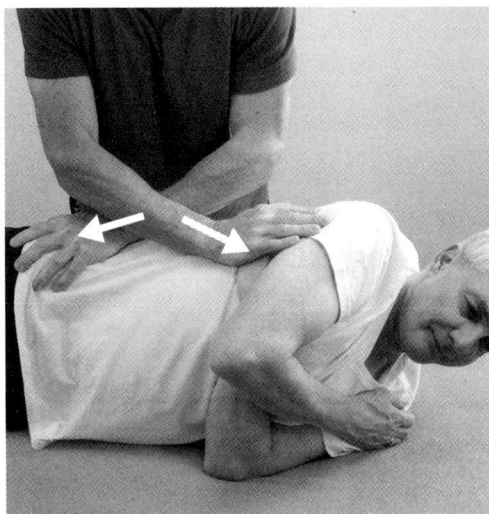

运动学肌力测试

体位

　　受试者呈仰卧位。受试者双腿并拢并向一侧移动，从而引起腰椎侧屈。受试者双脚被移动至大约与同侧肩在一条直线上。

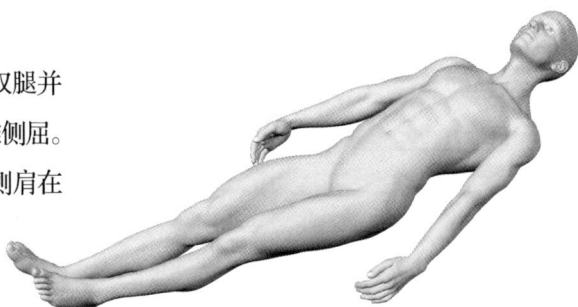

测试方法

指示受试者保持该体位。

测试者抓住受试者双侧脚踝，试图将其双腿恢复到躯干中线位置，从而使腰椎不再屈曲。

观察其他肌肉的募集情况，例如屏气或上半身的扭转。

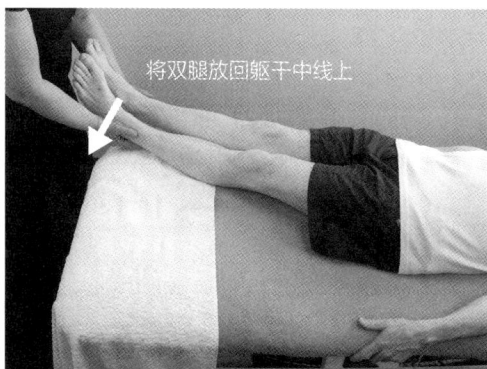

将双腿放回躯干中线上

固定

嘱咐受试者轻扶治疗床的两侧，以防在测试过程中产生旋转。

运动学关联

器官：大肠、阑尾。

针灸经络：大肠经。

感受：悲伤、犹豫。

腰方肌

竖脊肌肌群

竖脊肌群由3块主要肌肉组成：髂肋肌、最长肌和棘肌。

起点

通过宽阔的胸腰筋膜起自髂骨和骶骨背面、第十一和第十二胸椎以及所有腰椎棘突。

止点

肋骨后角、胸椎和颈椎的横突及棘突、颞骨乳突等多个附着点。

运动

单侧运动

辅助脊柱向同侧侧屈。

双侧运动

伸展脊柱和头部。

在躯干屈曲的离心过程中起到稳定作用。

神经支配

脊神经（后支）。

血液供应

起源于主动脉的肌肉分支。

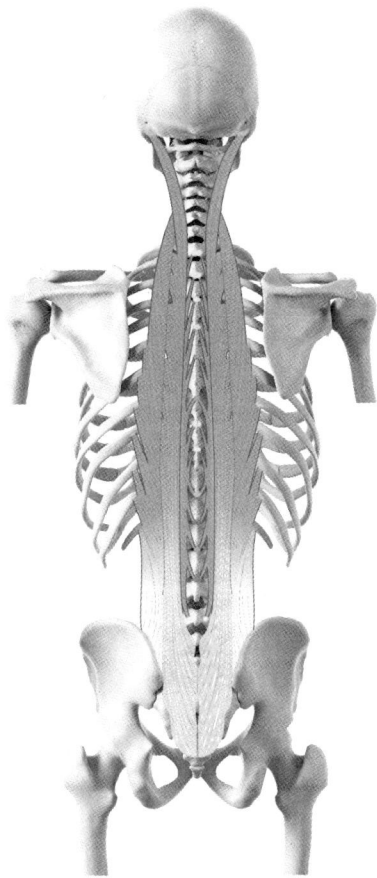

临床特征

竖脊肌与背阔肌和背部深层伸肌的一些肌纤维协同工作。

竖脊肌肌群由3块主要肌肉组成，从外侧边界到内侧分别是：髂肋肌、最长肌和棘肌。

为了维持脊柱从外侧到内侧的肌肉排列顺序，背诵"我喜欢站立"这种口诀是很有用的。这种简单的记忆方法不仅将竖脊肌肌群排列为髂肋肌、最长肌和棘肌，而且进一步解释了它们的姿势功能，即保持直立姿势。

竖脊肌肌群在躯干屈曲时进一步稳定脊柱，因此单侧的竖脊肌肌群会受到脊柱侧弯的负面影响，进而导致椎体变形。

竖脊肌肌群在肩关节外展和屈曲的最后30°是活跃的。

触诊

1. 受试者呈俯卧位。
2. 重要的是需要对关节的解剖标志进行仔细的触诊，例如髂骨后部、骶骨、腰椎和颈椎。
3. 测试者将触诊手指置于脊柱外侧。指导受试者保持背部伸展。如果想让触诊颈椎区域的竖脊肌肌纤维更加容易受试者呈仰卧位会更好。

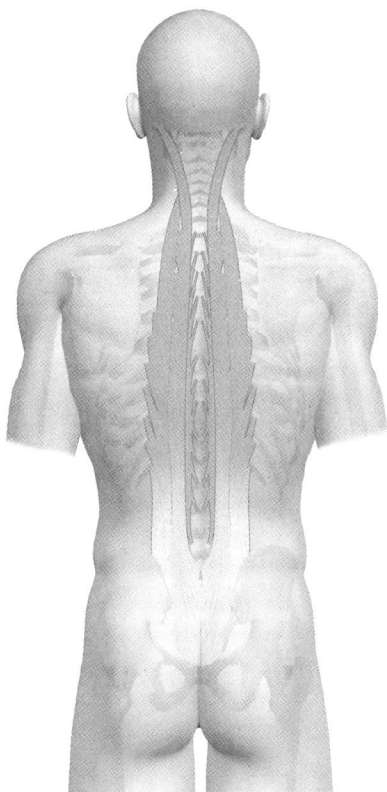

徒手肌力测试

体位

受试者呈俯卧位，同时背部伸展。

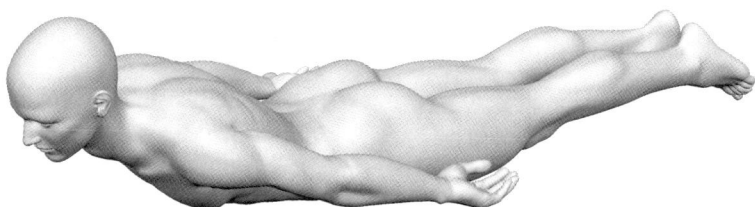

测试方法

测试者施加阻力，鼓励受试者屈曲脊柱。

测试者使用合适的评分量表记录检查结果。注意在全关节活动范围内进行检查。

中间范围的测试可用于评估肌肉等长收缩的力量，测试中要求受试者在测试者没有施加阻力的情况下保持体位。

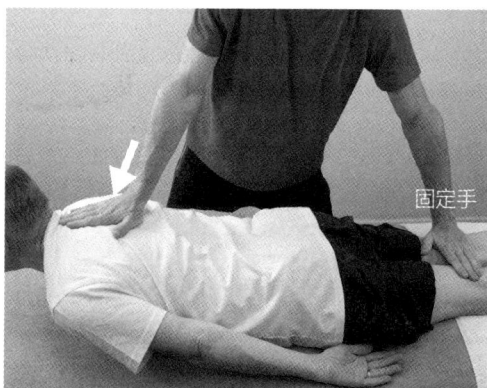

固定手

固定

测试者可将固定手放在受试者的大腿后部进行固定。

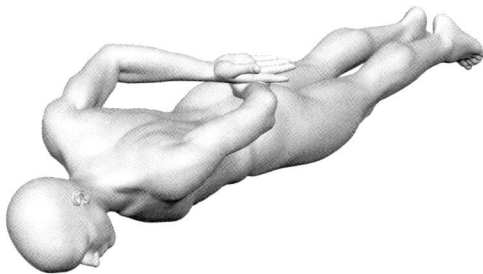

运动学肌力测试

体位

受试者呈俯卧位。如果可能，将受试者的手放在骶骨上。当测试者将受试者一侧肩关节向后抬离治疗床时，要求受试者抬起头，鼓励其同侧的脊柱侧屈，并有一定的伸展。

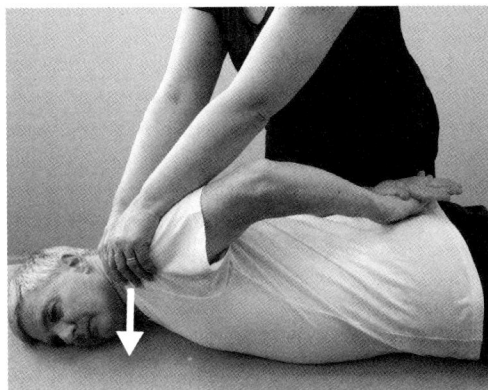

测试方法

在同侧进行测试。要求受试者保持该体位，同时测试者轻微摇晃自己的身体，对受试者抬起的肩关节施加一个轻微的力，就像要让其肩关节回到治疗床上一样。

固定

测试者将一只手或肘关节放在受试者的骶骨上，以固定位置。

如果受试者不能充分伸展肩关节以将手放在骶骨上，则允许其将手放在治疗床上，并将一只手或肘关节放在其骶骨上进行固定。

运动学关联

器官：膀胱。

针灸经络：膀胱经。

感受：惊恐。

竖脊肌肌群

背阔肌

起点

肩胛骨下角、T7~L5棘突、胸背筋膜、髂骨、骶骨以及第十、第十一、第十二肋骨。

止点

肱二头沟内侧唇（结节间沟）。

运动

肩关节（盂肱关节）的内收、内旋和伸展。

使骨盆前倾、骨盆抬高、肩胛骨下降和肩胛骨下回旋。

辅助控制肩关节屈曲的离心收缩过程。

神经支配

胸背神经C6、C7、C8。

血液供应

胸背动脉和肋间动脉。

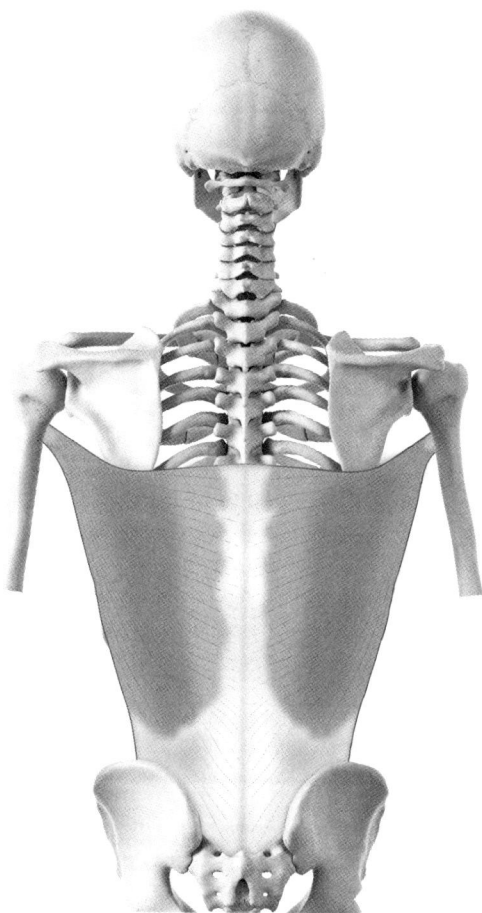

临床特征

背阔肌与大圆肌和斜方肌下部纤维协同工作。

有些人的背阔肌可能附着于肩胛骨下角，从而影响了肩胛骨的运动，例如下降、回缩和下回旋。

有趣的是，背阔肌有时被称为"手铐肌"，因为它的主要动作可以比作某人被手铐铐住时的姿势。

背阔肌的支配神经来自臂丛神经的上、中、下支，并且只在臂丛神经上支或下支病变时才会被轻微削弱。

背阔肌的运动能够以可控的方式抬起身体，并使身体从静止状态转移到活动状态。这对残疾人群来说很重要，因为从轮椅或床上进行转移时，需要足以抬起上半身的力量。

触诊

1. 受试者呈坐位或俯卧位。
2. 测试者将触诊手指置于受试者的腋窝后部。
3. 受试者将手放在测试者的肩部上，测试者指导受试者将手臂向下用力压在自己的肩部上。
4. 注意背阔肌肌肉组织的收缩情况。

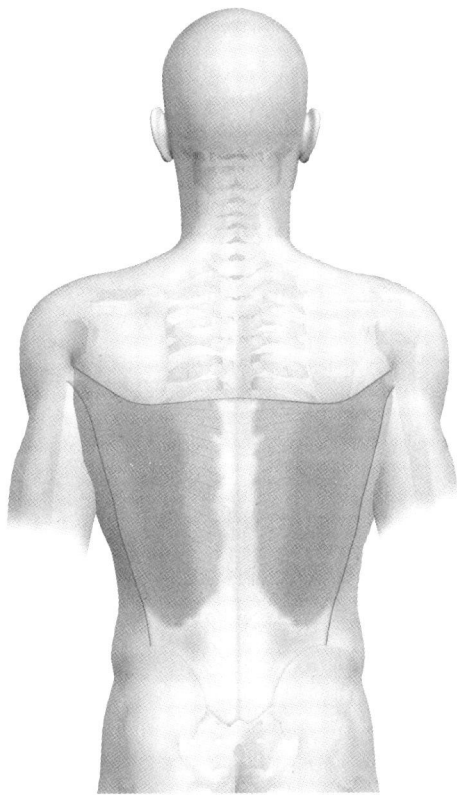

徒手肌力测试

体位

受试者呈仰卧位，同时手臂内旋。

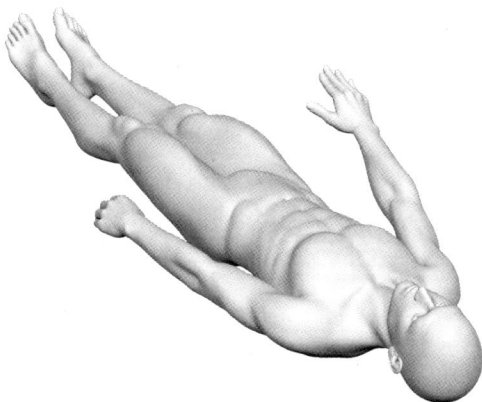

测试方法

测试者向受试者手臂外展和肩关节（盂肱关节）屈曲的方向施加对角线阻力。

背阔肌的肌力测试有多种方法。例如，受试者呈仰卧位，头部稍向测试侧旋转，手臂放在身体两侧，手掌朝下，测试侧的肩关节微微抬起。测试者位于受试者的一侧，运用双手抓住受试者的肘关节，试图将其手臂拉向上方。

对受试者的指令是"对抗拉你的力量"。

对于这种测试方法，测试者使用合适的评分量表记录检查结果。注意在全关节活动范围内进行检查。

中间范围的测试可用于评估肌肉等长收缩的力量，测试中要求受试者在测试者没有施加阻力的情况下保持体位。

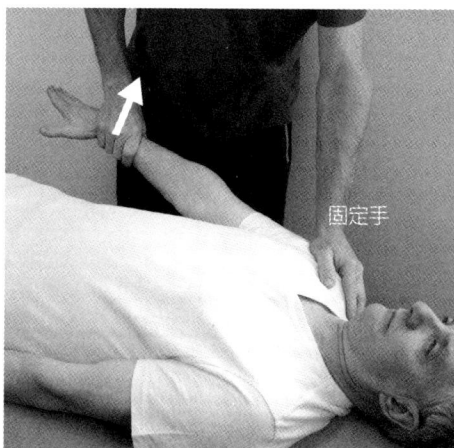

固定手

固定

测试者可以将手放在受试者的肩关节上或上臂的上部以对其肢体进行固定。

运动学肌力测试

体位

受试者呈坐位或仰卧位，手臂完全内收并内旋。肘关节必须完全伸展，同时测试者握住受试者的手腕。

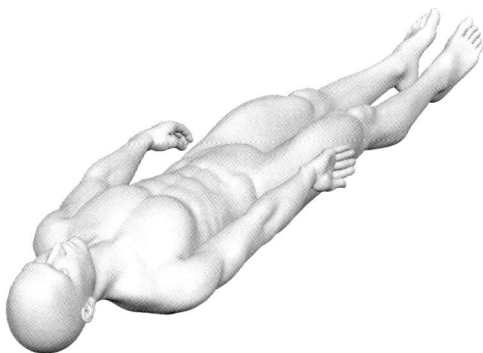

测试方法

指导受试者保持手臂位置，同时测试者轻微摇晃自己的身体，对受试者的手臂施加轻微的力，使其手臂外展，且肩关节轻微屈曲。注意其他肌肉的募集情况，特别是肱二头肌和肱肌，它们会在测试中导致肘关节屈曲。

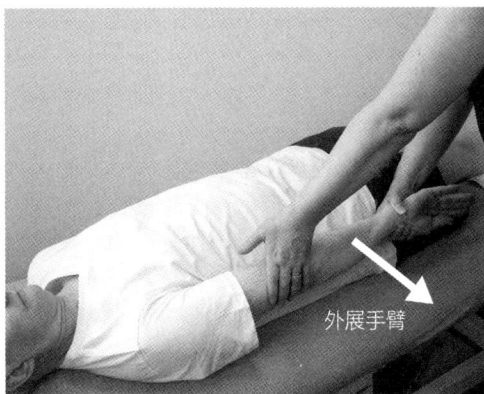

外展手臂

固定

受试者的肘关节必须保持完全伸展，因此测试者可以将一只手放在受试者的肘关节上以保持其肘关节的伸展。

运动学关联

器官：胰腺。

针灸经络：脾经。

感受：忧虑、疲劳。

前锯肌

起点

第一至第九肋骨的外侧面。

止点

肩胛骨内侧的肋骨面。

运动

起点固定

肩胛骨的外展和上回旋（前锯肌上部纤维可引起肩胛骨的下回旋）。

肩胛骨的前伸。

有助于肩胛骨在上肢动作模式中的稳定。

止点固定

强制吸气时可能导致胸腔升高。

神经支配

胸长神经C5、C6、C7。

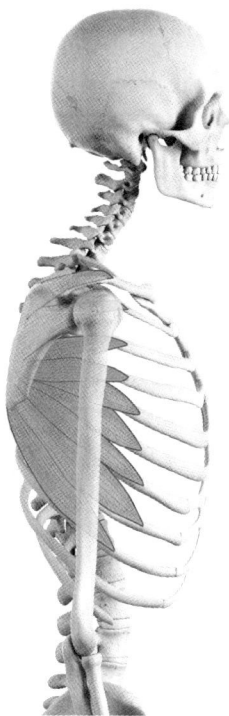

血液供应

胸外侧动脉、胸背动脉、肩胛背动脉。

临床特征

前锯肌的肌肉附着点是不同的，可以附着在第一至第八肋骨或第二至第九肋骨。

肌电图研究表明，前锯肌下部纤维倾向于产生最大的力。前锯肌能够为个体出拳动作提供力量，因此它被称为"拳击手的肌肉"。

临床上，前锯肌肌纤维可与肩胛提肌、肋间肌或腹外斜肌的肌纤维融合在一起。

由于前锯肌将肩胛骨稳定于胸壁，因此该肌肉损伤可能会抑制肩关节运动。

翼状肩胛可能是胸长神经的创伤性损伤引起的前锯肌弱化导致的。

触诊

1. 受试者呈仰卧位，同时肩关节（盂肱关节）前屈至90°。
2. 测试者将触诊的手指放在受试者腋窝区域的肌纤维上，大致在背阔肌和胸大肌之间。
3. 指导受试者做抗阻的向前出拳动作。
4. 注意肌肉组织的收缩情况。可以像触诊肩胛下肌一样触诊前锯肌内侧纤维。

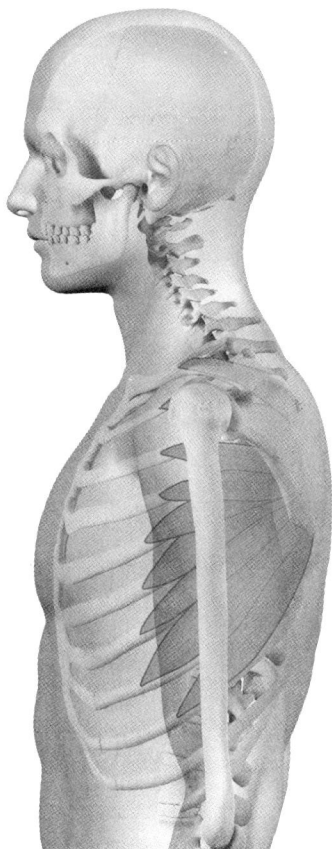

徒手肌力测试

体位

　　受试者呈坐位，肩关节（盂肱关节）外展至100°~110°，同时手臂内旋。

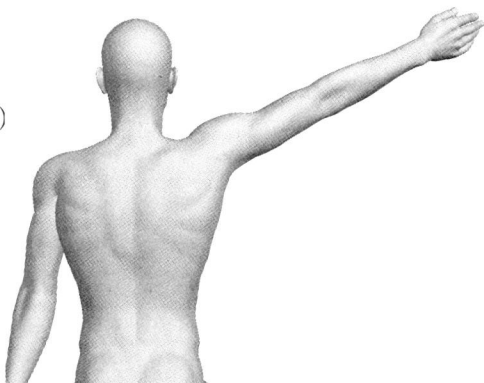

前锯肌

测试方法

　　测试者对受试者的手臂施加阻力（20%），使其肩胛骨下回旋（80%）。大部分的力是被施加在肩胛骨的外侧缘上的。

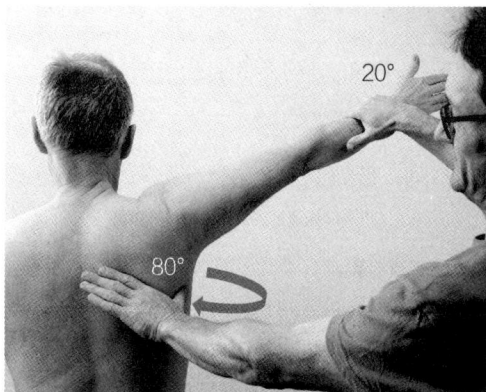

　　测试者使用合适的评分量表记录检查结果。注意在全关节活动范围内进行检查。

　　中间范围的测试可用于评估肌肉等长收缩的力量，测试中要求受试者在测试者没有施加阻力的情况下保持体位。

固定

　　受试者可将对侧手放在治疗床上以在测试中进行固定。

运动学肌力测试

体位

　　受试者呈仰卧位，肩关节（盂肱关节）屈曲至110°。测试者用一只手握住受试者的前臂远端，并将一根手指放置在受试者的肩胛骨下角。测试者使用合适的评分量表记录检查结果。注意在全关节活动范围内进行检查。

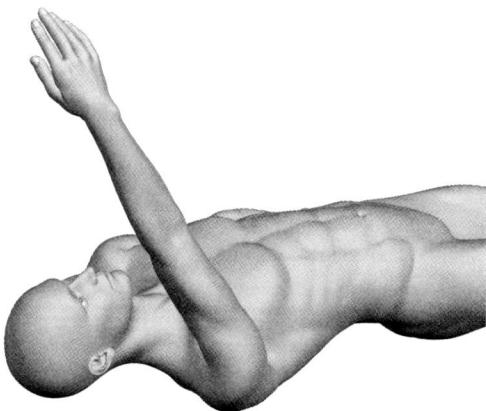

　　中间范围的测试可用于评估肌肉等长收缩的力量，测试中要求受试者在测试者没有施加阻力的情况下保持体位。

测试方法

　　这项测试是对肩胛骨潜在运动的观察。

　　嘱咐受试者保持肩关节（盂肱关节）静止，测试者轻微摇晃自己的身体，在受试者前臂远端施加轻微的力，在监测肩胛骨下角的位置的同时，让肩关节处于屈曲和伸展的状态下。注意评估肩胛骨的运动，而不是手臂的运动。

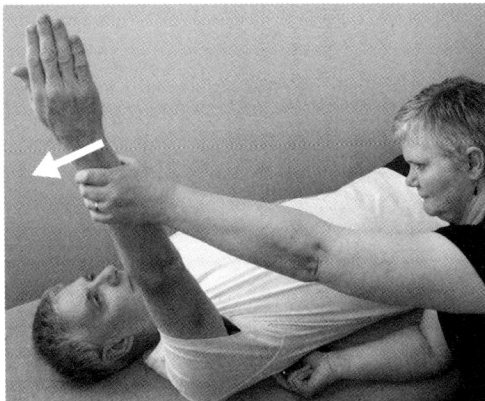

　　如果肩胛骨好像要"飞"离胸腔，则测试结果被认为是"弱"的。如果肩胛骨在整个运动过程中始终紧贴胸腔，则测试结果被认为是"强"的。受试者的盂肱关节处不应该产生活动。

　　该测试也可以在坐位下进行，受试者手臂屈曲至110°~130°并外展。当其手臂进一步伸展和内收，且关节盂移动到上回旋位置时，注意肩胛骨的位置。

固定

　　基本上不需要固定，但是如果有必要，受试者可以用对侧手握住治疗床的边缘。

运动学关联

　　器官：肺。

　　针灸经络：肺经。

　　感受：悲痛。

前锯肌

菱形肌群（大菱形肌和小菱形肌）

起点

大菱形肌起点：T2~T5的棘突和棘上韧带。

小菱形肌起点：C7~T1的棘突和棘上韧带。

止点

大菱形肌止点：肩胛骨椎体缘（肩胛冈至肩胛骨下角）。

小菱形肌止点：肩胛骨椎体缘（脊柱根部内侧角）。

运动

肩胛骨的内收、抬高和下回旋。

辅助控制肩胛骨外展的离心收缩过程。

神经支配

肩胛背神经C4、C5。

血液供应

颈横动脉和肩胛背动脉深支。

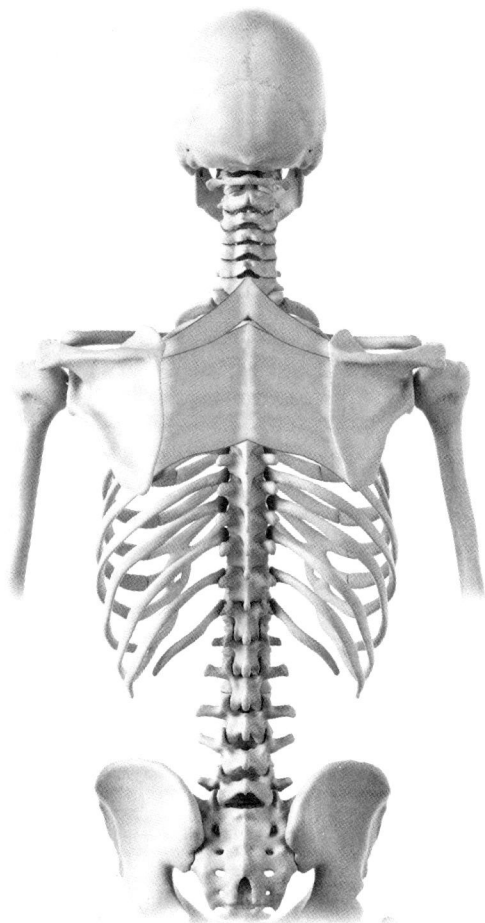

临床特征

菱形肌与斜方肌中部纤维协同工作。

大菱形肌和小菱形肌通常被描述为两块独立的肌肉；然而肌电图显示，它们融合在一起形成了一个共同的肌腹。

在上肢运动时，菱形肌群起稳定肩胛骨的作用。

不良的姿势会导致圆肩的发生，最终导致大菱形肌和小菱形肌的过度伸展和无力。

触诊

1. 受试者呈坐位或俯卧位，同时手小心地摆放在腰椎上。
2. 受试者将触诊手指置于起于肩胛骨椎体/内侧缘，止于上部胸椎棘突的肌纤维上。
3. 指导受试者将手从背部向后抬起。如果无法抬起手，请受试者抬起肘关节。
4. 注意肌肉组织的收缩情况。

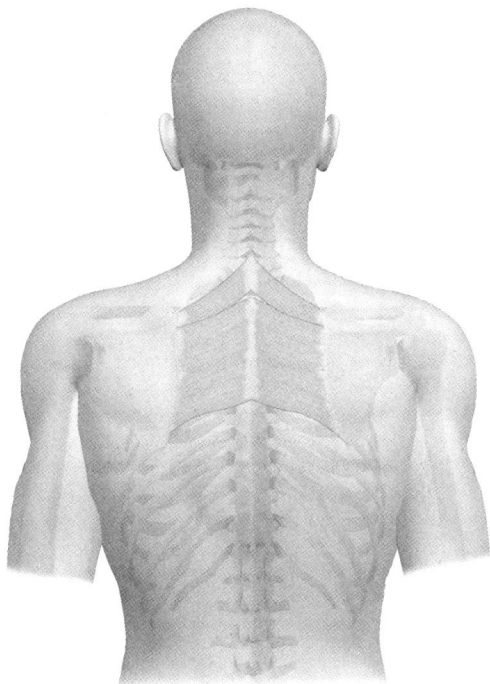

徒手肌力测试

体位

　　受试者呈俯卧位，盂肱关节外展至80°~90°，肩胛骨完全内收。

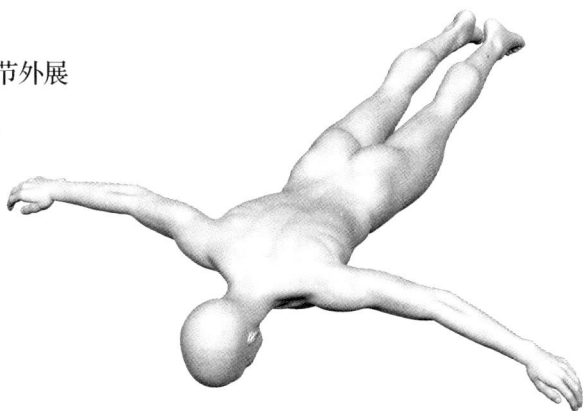

菱形肌群（大菱形肌和小菱形肌）

测试方法

测试者双手交叉对受试者肩胛骨内侧施加阻力，试图将其肩胛骨移动至前伸位置。

测试者使用合适的评分量表记录检查结果。注意在全关节活动范围内进行检查。

中间范围的测试可用于评估肌肉等长收缩的力量，测试中要求受试者在测试者没有施加阻力的情况下保持体位。

固定

测试者可以将双手交叉放于受试者双侧的肩胛骨上以进行固定。

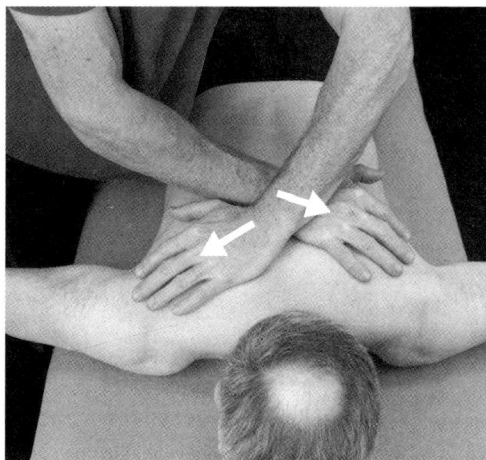

运动学肌力测试

体位

受试者呈仰卧位，肘关节屈曲至90°，且上臂完全内收。

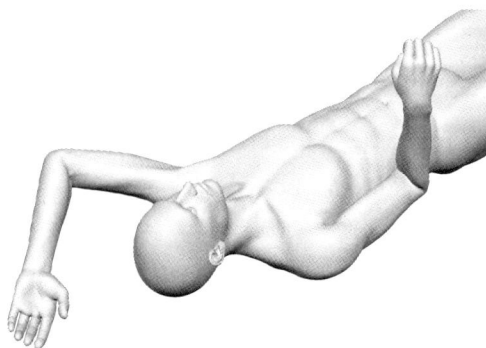

测试方法

要求受试者保持手臂位置。测试者轻微摇晃自己的身体，在受试者肱骨远端施加外展方向上的轻微阻力。

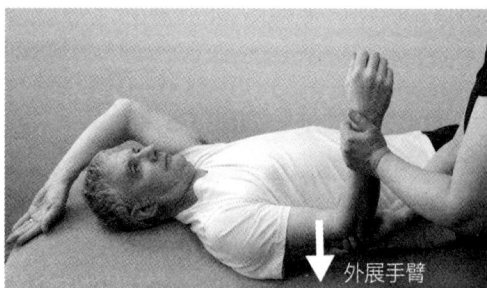

外展手臂

固定

　　为了防止对侧菱形肌的募集情况发生，将受试者对侧手臂在肩关节处完全屈曲，使其对侧手臂置于头部上方的治疗床上。

运动学关联

　　器官：肝脏。

　　针灸经络：肝经。

　　感受：愤怒。

骨盆

腰大肌和腰小肌

起点

腰大肌起点：第一至第五腰椎和第十二胸椎横突和椎体，以及相关的椎间盘。

腰小肌起点：第十二胸椎。

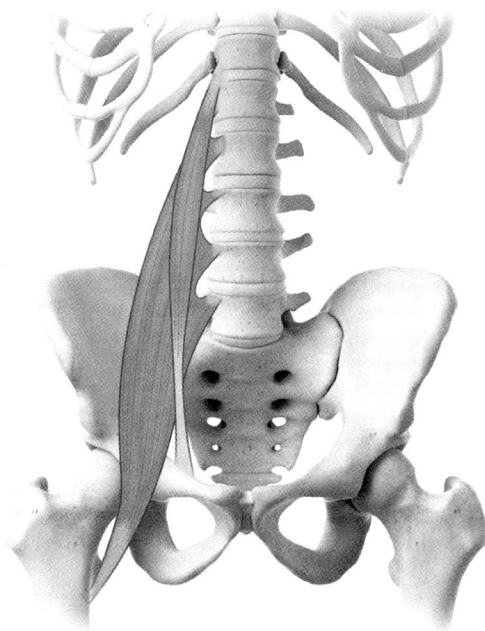

止点

腰大肌止点：股骨小转子。

腰小肌止点：髂耻隆起。

运动

髋部（股骨或髋关节）的屈曲和外（向外）旋。

脊柱腰椎节段的屈曲和侧屈，使躯干朝向大腿运动。

通过髋关节使骨盆前倾。

辅助控制髋关节伸展的离心收缩过程。

神经支配

腰丛。

L1、L2、L3的腹支。

血液供应

髂腰动脉。

临床特征

腰大肌和腰小肌与髂肌、股直肌、耻骨肌协同工作。

髂肌和腰大肌组成了髂腰肌，髂腰肌是髋关节屈曲的原动力。

髂腰肌紧绷可导致腰椎过度前凸，称为"反弓"。

双侧的腰大肌无力会导致腰椎曲度的消失以及圆肩。

单侧腰大肌无力会引起腰椎侧凸。腰大肌的上部纤维与膈肌的下部纤维在腰椎处融合。

只有40%的人存在腰小肌，腰小肌从L1节段延伸至耻骨上支。

触诊

1. 受试者呈仰卧位或侧卧位。
2. 测试者将触诊的手指沿着髂前上棘和髂前下棘内侧的肌纤维轻轻放置。
3. 指导受试者对抗阻力屈曲髋关节。
4. 注意肌肉组织的收缩情况。谨记从其肌肉起点开始触诊，到止点结束。
5. 在触诊时确保受试者处于放松状态，因为受试者的体型和柔韧性可能会使触诊变得困难。

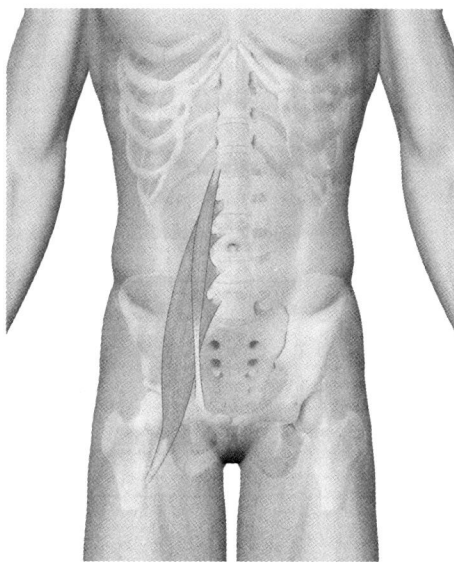

腰大肌和腰小肌

徒手肌力测试

体位

受试者呈仰卧位。髋关节屈曲至60°，同时腿部处于外展外旋状态。

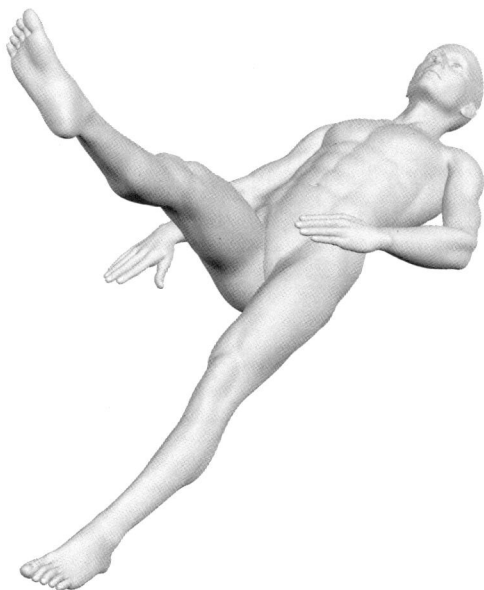

测试方法

测试者施加从内侧斜向外侧的阻力，试图鼓励受试者伸展髋关节。

测试者使用合适的评分量表记录检查结果。注意在全关节活动范围内进行检查。

中间范围的测试可用于评估肌肉等长收缩的力量，测试中要求受试者在测试者没有施加阻力的情况下保持体位。

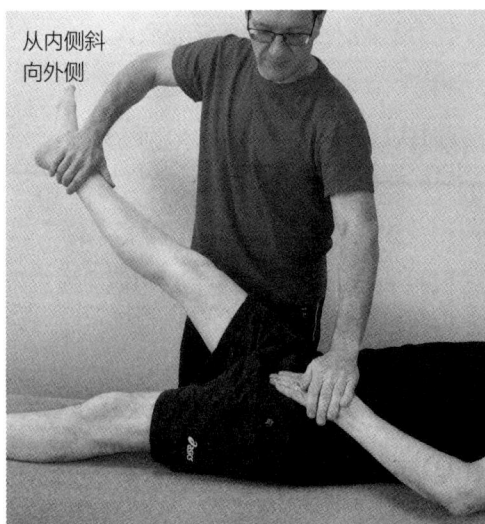

从内侧斜向外侧

固定

测试者可以将固定手放在受试者对侧的髂前上棘上来进行固定。

较好的做法是让受试者用非测试侧手盖住髂前上棘，测试者的固定手再放在受试者的手上，以避免任何不适当或者敏感的接触。

运动学肌力测试

体位

受试者呈仰卧位。测试者从受试者脚的内侧将其直腿提起，使其髋关节屈曲至60°，同时腿部外展外旋。

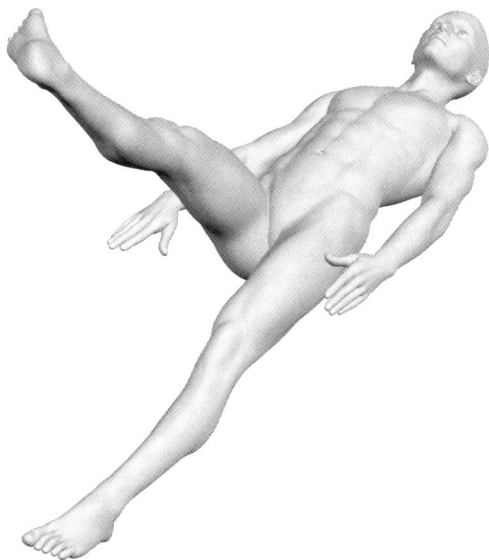

测试方法

要求受试者保持该体位，同时测试者轻微摇晃自己的身体，在其足部伸展和轻微外展的方向上施加轻微压力。

固定

测试者可以用固定手固定受试者对侧的髂前上棘，以防止受试者的躯干旋转。

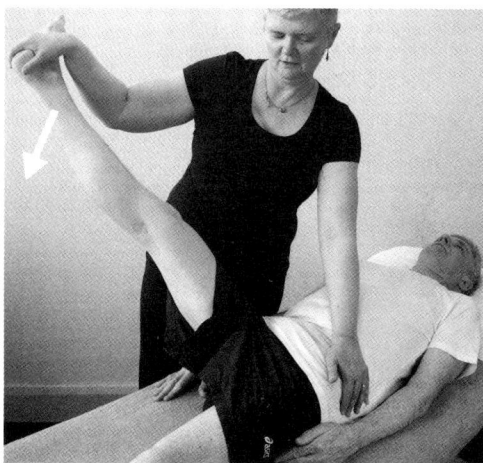

运动学关联

器官：肾脏。

针灸经络：肾经。

感受：惊恐、恐惧。

腰大肌和腰小肌

髂肌

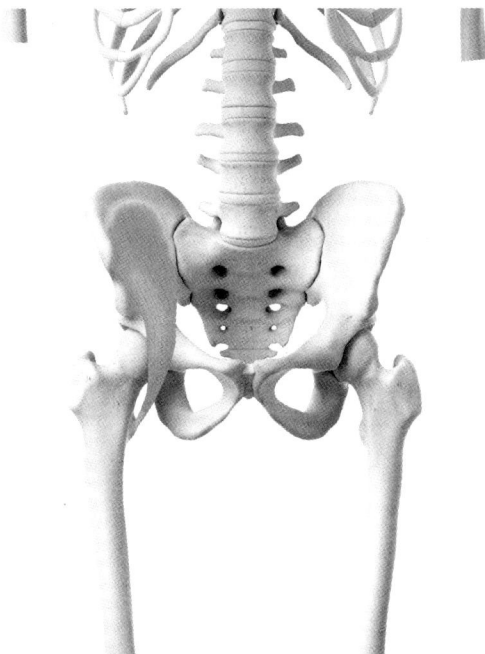

起点

髂窝和髂棘处髂骨的前表面。

止点

股骨小转子。

运动

髋关节的屈曲和外（向外）旋。

通过髋关节产生骨盆前倾。

辅助控制髋关节伸展的离心收缩
过程。

神经支配

股神经L2、L3。

血液供应

髂内动脉。

临床特征

　　髂肌与腰大肌、腹直肌和耻骨肌协同工作。

　　髂肌和腰大肌共同形成了髂腰肌，是髋关节屈曲的主要原动力。

　　髂腰肌的紧张会导致腰椎的过度前凸，即所谓的"腰椎反弓"。

　　在做仰卧起坐运动时，髂腰肌经常被错误地激活。为了避免这种情况的发生，大腿和膝关节应该充分屈曲，使得腹部肌肉发力，而不是髂腰肌发力。

触诊

1. 受试者呈仰卧位或侧卧位。
2. 测试者用触诊手指沿着髂前上棘内侧的肌纤维以及髂棘和髂窝的前侧轻轻地触摸。
3. 指导受试者对抗阻力屈曲髋关节。
4. 注意肌肉组织的收缩情况。谨记从肌肉起点开始触诊，到止点结束。
5. 确保受试者在触诊时处于放松状态，因为受试者的体型和灵活性可能会使触诊变得困难。

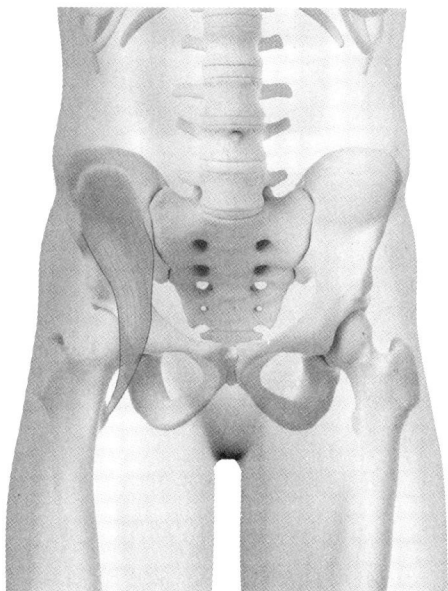

髂肌

徒手肌力测试

体位

　　受试者呈仰卧位。髋关节被动屈曲至40°，同时腿部外（向外）旋。

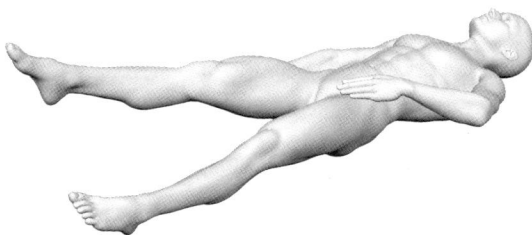

测试方法

　　测试者施加阻力，鼓励受试者伸展髋关节。

　　测试者使用合适的评分量表记录检查结果。注意在关节活动全范围内进行检查。

　　中间范围的测试可用于评估肌肉等长收缩的力量，测试中要求受试者在测试者没有施加阻力的情况下保持体位。

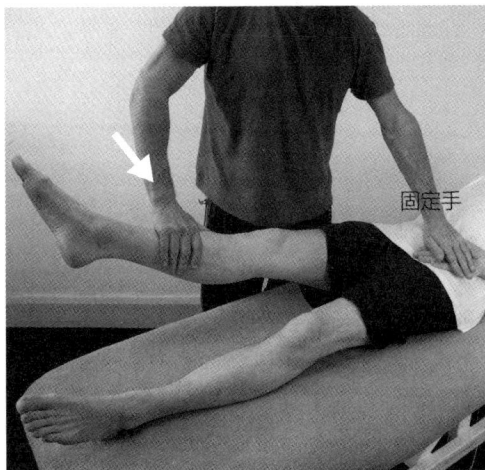

固定手

固定

　　测试者可以将固定手放在受试者对侧的髂前上棘上来固定动作。好的做法是让受试者用自己的手遮住髂前上棘，测试者的固定手再放在其手上，以避免任何不适当或敏感的接触产生。

运动学肌力测试

体位

受试者呈仰卧位。髋关节被动屈曲至40°，同时腿部外（向外）旋。

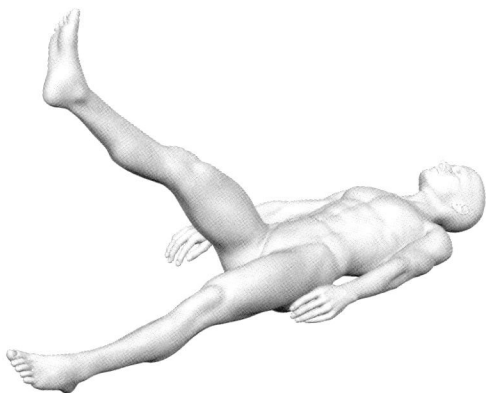

测试方法

要求受试者保持该体位。

测试者轻微摇晃自己的身体，对受试者足部或脚踝施加轻微的压力，就像要使其髋部伸展，使其腿部回到治疗床面一样。

固定

测试者可通过使用一只手固定受试者对侧的髂前上棘来固定骨盆。

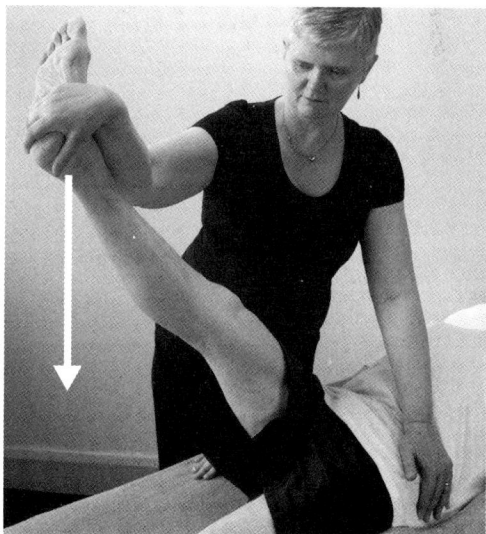

运动学关联

器官：肾脏、回肠。

针灸经络：肾经。

感受：惊恐、恐惧。

梨状肌

起点

骶骨前面。

止点

股骨大转子。

运动

在髋关节屈曲位时辅助髋关节的外展。

作为外旋肌群参与髋关节外旋。

神经支配

腰骶丛L5、S1、S2。

血液供应

臀上动脉和臀下动脉。

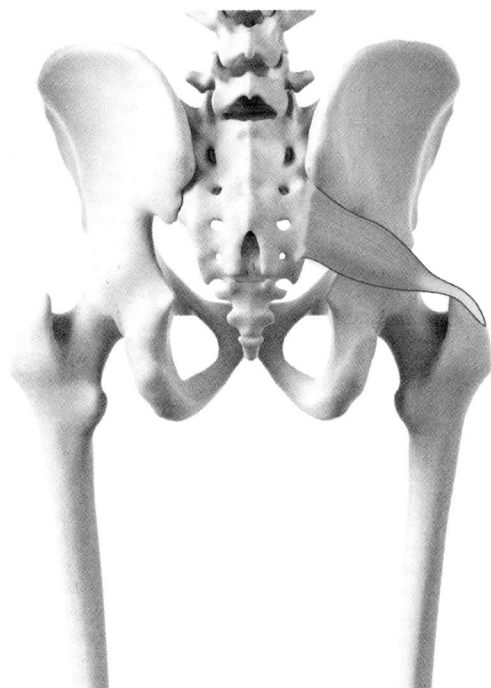

临床特征

　　梨状肌与上孖肌、下孖肌、闭孔内肌、闭孔外肌和股方肌等髋外旋肌协同作用。

　　梨状肌远端纤维可与臀中肌融合在一起。

　　梨状肌是参与坐骨神经纤维走行的重要部位。在83%的个体中，坐骨神经走行于梨状肌下方；而剩下17%的个体中，坐骨神经走行（穿行）于梨状肌的肌腹。"梨状肌综合征"就是坐骨神经纤维在梨状肌下方或梨状肌肌腹中受到压迫产生的一种疾病，会导致臀部和腿部产生坐骨神经疼痛的症状。真正的梨状肌综合征是相对罕见的。

触诊

1. 受试者呈俯卧位或侧卧位。
2. 测试者将触诊手指沿梨状肌肌纤维走行方向放于髂后上棘与股骨大转子下方。
3. 指导受试者外旋髋关节。
4. 要注意肌肉组织的收缩情况。梨状肌是臀大肌下方的一块深层肌肉，记住要从肌肉起点向止点的方向进行触诊。

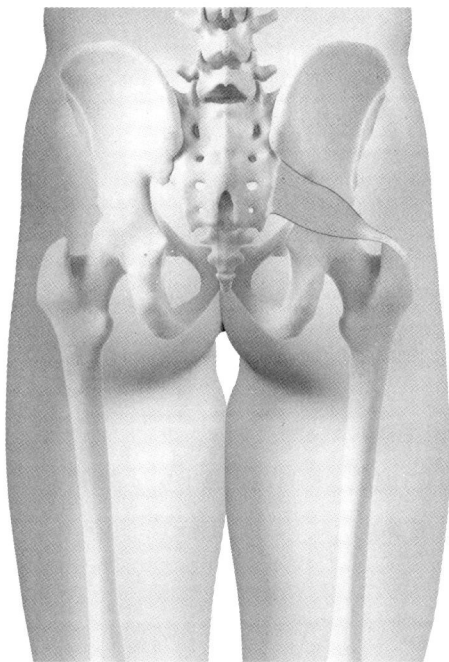

梨状肌

徒手肌力测试

体位

受试者呈俯卧位，测试者指导受试者屈曲膝关节至90°并外旋股骨。

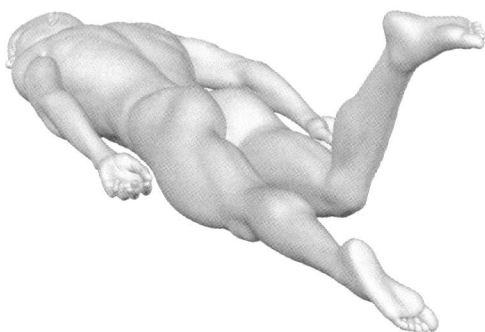

测试方法

测试者向受试者踝关节外侧施加阻力，促进髋关节的内旋。

测试者使用合适的评分量表记录检查结果。注意在全关节活动范围内进行检查。

中间范围的测试可用于评估肌肉等长收缩的力量，测试中要求受试者在测试者没有施加阻力的情况下保持体位。

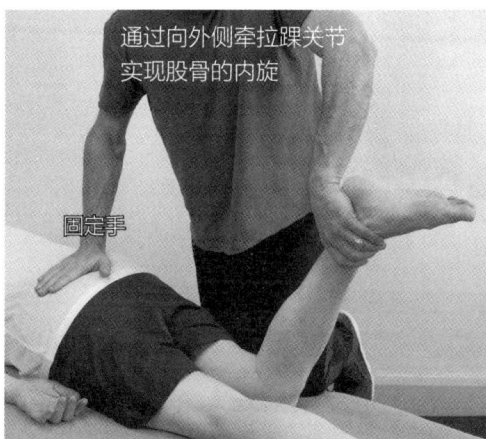

通过向外侧牵拉踝关节实现股骨的内旋

固定手

固定

测试者将固定手放于受试者膝关节或髂后上棘上以维持其动作的稳定。

运动学肌力测试

体位

　　受试者呈俯卧位，测试者指导受试者屈曲膝关节至90°，外旋股骨使足刚好越过身体的中线。

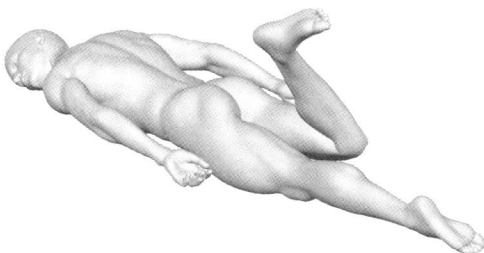

测试方法

　　测试者指导受试者保持该体位，轻轻晃动自己的身体并在受试者的踝关节内侧施加轻微的阻力，就像要使受试者下肢向外移动，远离身体的中线。

　　受试者在测试中可能会无法辨别方向，不知道应该将下肢固定在哪个方向，因此测试者可以让受试者感受小腿内侧和踝关节处的本体感觉，帮助受试者理解测试的方向。

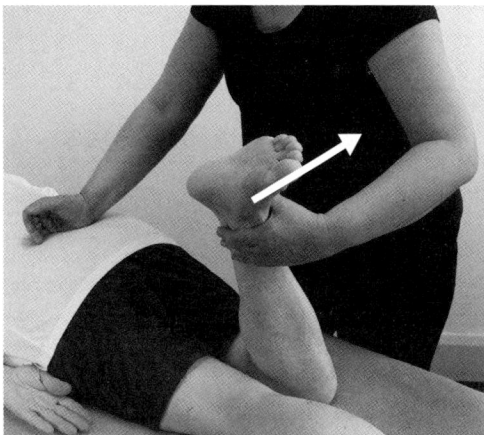

固定

　　测试者将固定手放于受试者骶骨以维持其骨盆的稳定。

运动学关联

　　器官：生殖器官。

　　针灸经络：心包经。

　　感受：低落。

梨状肌

臀大肌

起点

髂嵴后部、骶骨、尾骨和骶结节韧带。

止点

髂胫束（Iliotibial band, ITB）和股骨臀肌粗隆。

运动

髋关节的伸展和旋转。

髋关节的外展主要通过臀大肌的上三分之一肌纤维收缩产生，髋关节的内收主要通过臀大肌的下三分之二肌纤维收缩产生。

臀大肌进一步促进骨盆的后倾。

离心收缩时，臀大肌帮助控制髋关节的屈曲，例如从站立位到坐位时，其是一块"反重力"肌。

神经支配

臀下神经L5、S1、S2。

血液供应

臀上动脉和臀下动脉。

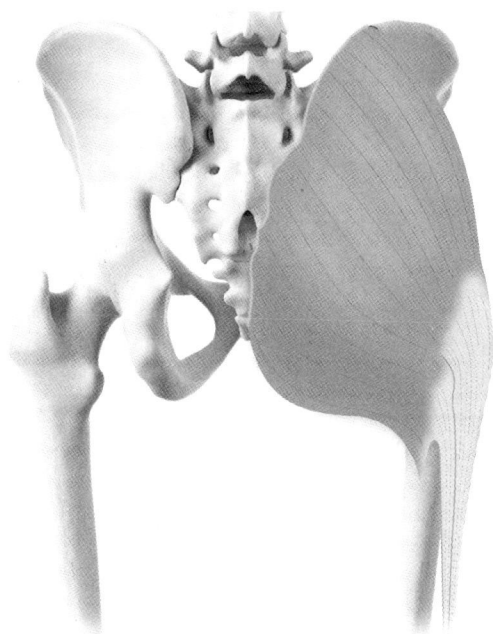

临床特征

臀大肌与臀中肌、臀大肌和腘绳肌肌群协同作用。

臀大肌是人体最重的肌肉。

臀大肌的上四分之三止于髂胫束，下四分之一止于臀肌粗隆。

站立位时，臀大肌覆盖于坐骨结节表面；坐位时，臀大肌滑动暴露坐骨结节。

双侧臀大肌的收缩可能引起肛门外括约肌的收缩。

站立位时，双侧臀大肌收缩，外旋股骨、胫骨和跗骨使足弓抬高。

触诊

1. 受试者呈俯卧位。
2. 测试者将触诊手指沿臀大肌肌纤维走行方向放于骶骨外侧和臀肌粗隆之间。
3. 指导受试者伸展髋关节，将腿抬离治疗床。
4. 要注意肌肉组织的收缩情况。记住要从肌肉起点向止点的方向进行触诊。

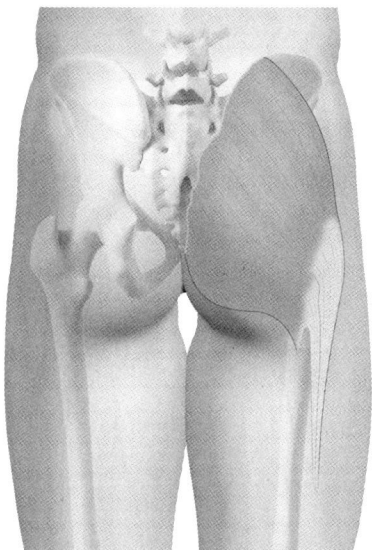

臀大肌

徒手肌力测试

体位

　　受试者呈俯卧位，测试者指导受试者将膝关节屈曲至90°并充分伸展髋关节。

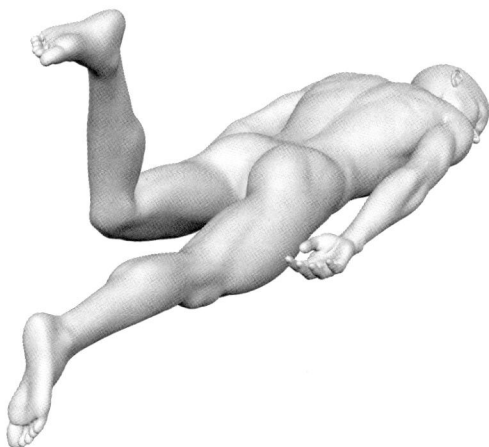

测试方法

　　测试者施加阻力屈曲髋关节——将髋关节压回床面。

　　测试者使用合适的评分量表记录检查结果。注意在全关节活动范围内进行检查。

　　中间范围的测试可用于评估肌肉等长收缩的力量，测试中要求受试者在测试者没有施加阻力的情况下保持体位。

固定

　　测试者将固定手放在受试者测试侧对侧的髂后上棘，以维持其动作的稳定。

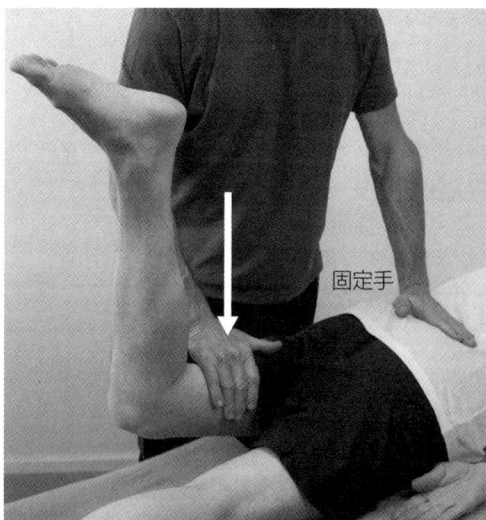

固定手

运动学肌力测试

体位

　　受试者呈俯卧位，测试者指导受试者将膝关节屈曲至90°、充分伸展髋关节，并握住受试者小腿远端将受试者的股骨抬离治疗床。

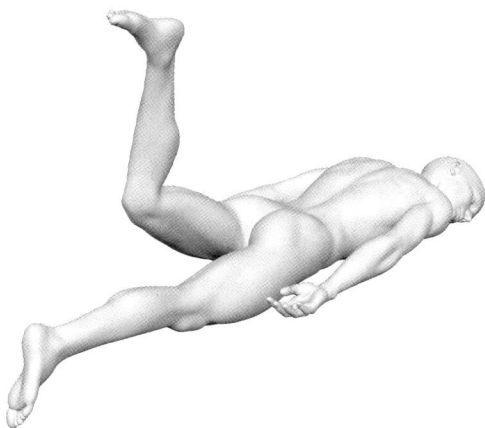

测试方法

　　测试者指导受试者保持该体位，并用一只手抬起其小腿，轻轻地晃动自己的身体并在受试者的大腿施加向下的阻力。如果臀大肌较弱，在测试前将会无法控制大腿的抬起，导致大腿落在治疗床上。

固定

　　测试者通过将受试者的腿从治疗床上抬起，并用另一只手进行测试以维持动作的稳定。

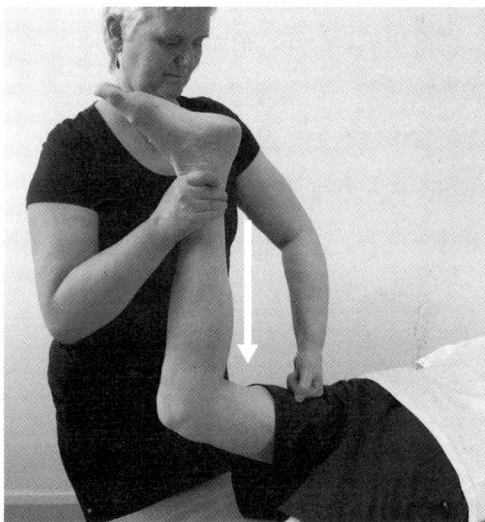

运动学关联

　　　器官：生殖器官。

　　　针灸经络：心包经。

　　　感受：低落。

臀大肌

臀中肌

起点

髂骨外侧，臀前线和臀后线之间。

止点

股骨大转子（上、外侧面）。

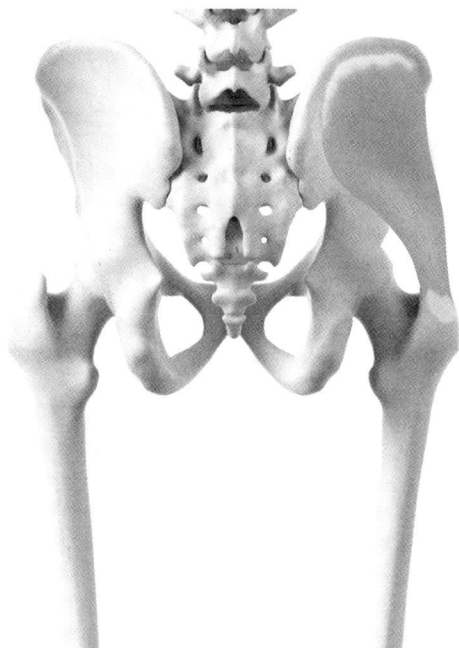

运动

臀中肌的主要运动是髋关节的外展。

臀中肌前、中部纤维使髋关节屈曲和内旋。

臀中肌后部纤维辅助髋关节的伸展和外旋。

臀中肌在步态周期中发挥着重要的作用，它发力使骨盆稳定，防止摆动腿下垂。

离心收缩时帮助控制髋关节内收和内旋。

神经支配

臀上神经L4、L5、S1。

血液供应

臀上动脉。

临床特征

臀中肌与臀大肌、臀小肌和阔筋膜张肌（tensor fasciae latae, TFL）协同作用。

臀中肌的肌纤维走向呈扇形，一些临床医生会将肌肉组织为分前、中、后3个区域。

臀中肌被臀肌腱膜包绕。

特伦德伦堡试验常用于评估臀中肌的力量与功能。当支撑侧臀中肌受伤或无力时会出现对侧下肢的明显下垂，表现为特伦德伦堡步态，即患者在步行中的骨盆下垂。

臀中肌具有多重作用，因此常被视为"髋关节三角肌"。

臀中肌的紧张可能会导致功能性的下肢变短，临床医生将这种情况称为"代偿性脊柱侧弯"。

触诊

1. 受试者呈俯卧位或侧卧位。
2. 测试者将触诊手指沿臀中肌肌纤维走行方向放于髂嵴与股骨大转子下方。
3. 指导受试者外展髋关节。
4. 要注意肌肉组织的收缩情况。记住要从肌肉起点向止点的方向进行触诊。
5. 通常很难将臀中肌肌纤维与阔筋膜张肌和臀大肌后部纤维分开来。

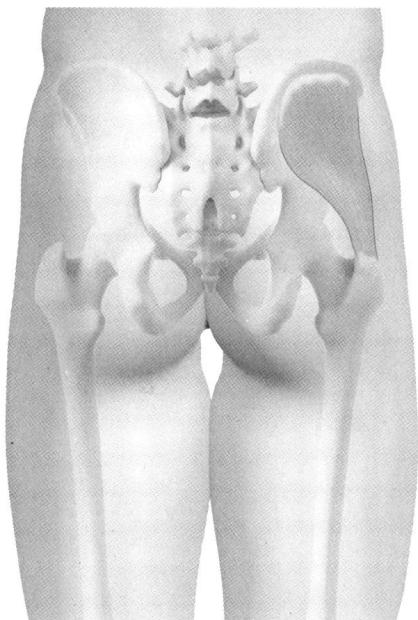

臀中肌

徒手肌力测试

体位

　　受试者呈仰卧位，测试者指导受试者将髋关节屈曲5°并轻微外旋。

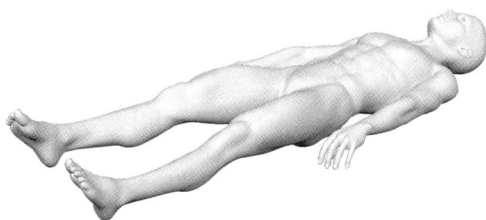

测试方法

　　测试者在受试者测试侧踝关节处斜向对侧踝关节施加阻力，促进髋关节的外展。

　　测试者使用合适的评分量表记录检查结果。注意在全关节活动范围内进行检查。

　　中间范围的测试可用于评估肌肉等长收缩的力量，测试中要求受试者在测试者没有施加阻力的情况下保持体位。

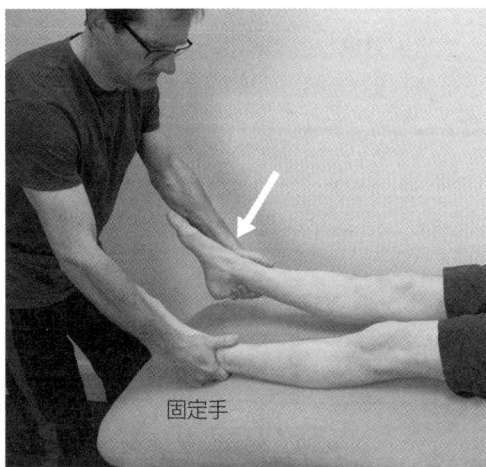

固定手

固定

　　测试者将固定手放于受试者对侧踝关节以维持其动作的稳定。

运动学肌力测试

体位

受试者呈仰卧位，测试者指导受试者将测试侧下肢外展，并抬起该侧下肢使受试者小腿离开治疗床床面。受试者髋关节内旋。

测试方法

测试者指导受试者保持该体位，轻轻地晃动自己的身体并在受试者的踝关节外侧施加轻微的阻力，就像要使受试者下肢在内旋位内收一样。

固定

测试者固定受试者对侧踝关节。

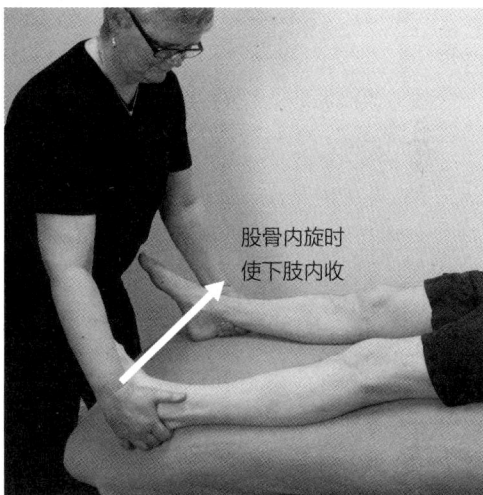

股骨内旋时
使下肢内收

运动学关联

器官：生殖器官。

针灸经络：心包经。

感受：低落。

臀中肌

阔筋膜张肌

起点

沿着髂嵴发起，从髂前上棘（anterior superior iliac spine, ASIS）
到髂后上棘（psterior superior iliac spine, PSIS）。

止点

止于髂胫束。

运动

髋关节的屈曲、外展与内旋（骨盆前倾位）。

在站立时拉紧髂胫束辅助维持股骨稳定。

离心收缩时帮助控制髋关节的侧屈和伸展。

神经支配

臀上神经L4、L5、S1。

血液供应

臀上动脉和股深动脉。

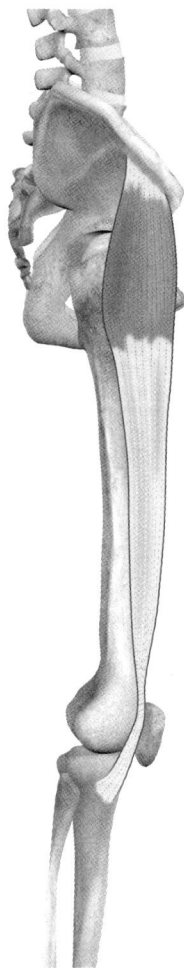

临床特征

　　阔筋膜张肌与臀小肌、臀中肌和臀大肌上部纤维协同作用。

　　阔筋膜张肌可以在短跑运动员在起跑线上做出起跑动作时清楚地观察到。

　　阔筋膜张肌在坐、跑、骑自行车、下蹲，以及空手道的侧踢等动作中参与发力。

　　阔筋膜张肌长时间收缩时容易发生痉挛。

　　阔筋膜张肌无力会导致大腿外旋和下肢的弯曲。弱侧骨盆向上倾斜。

　　阔筋膜由坚韧的结缔组织构成，根据它可将大腿划分为不同的解剖区域：前、后、内侧、外侧。

　　阔筋膜张肌和部分臀大肌共同止于髂胫束。髂胫束连接骨盆和膝关节并止于胫骨上的胫骨前肌结节。

　　阔筋膜张肌的纤维形态与三角肌相似，常用于三角肌重建手术。

触诊

1. 受试者呈仰卧位。
2. 测试者将触诊手沿阔筋膜张肌肌纤维走行方向放于髂嵴前部。
3. 指导受试者内旋髋关节。阔筋膜张肌收缩时就像一个椭圆形的小山丘。
4. 记住要从阔筋膜张肌起点向止点的方向进行触诊。

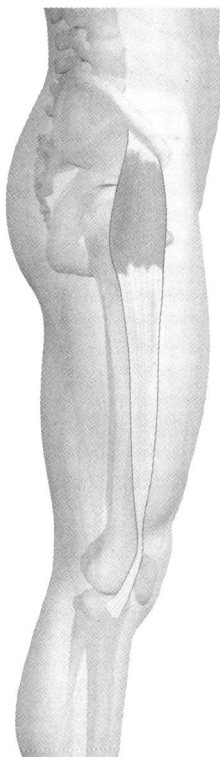

阔筋膜张肌

徒手肌力测试

体位

受试者呈仰卧位，测试者指导受试者将髋关节屈曲60°、外展25°并轻微外旋。

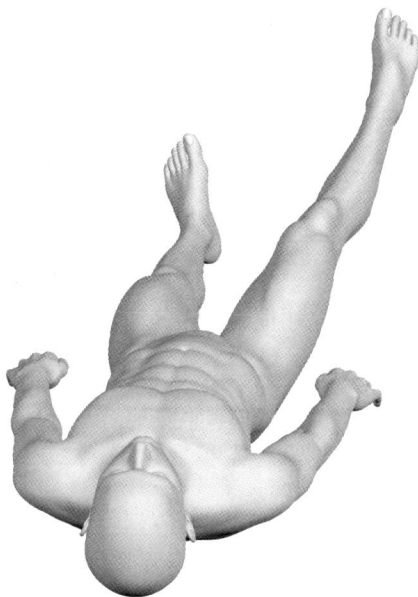

测试方法

测试者斜向对侧踝关节的方向在受试者踝关节上施加阻力（即让受试者髋关节内收并轻微伸展）。

记得指导受试者配合并抵抗阻力。

测试者使用合适的评分量表记录检查结果。注意在全关节活动范围内进行检查。

中间范围的测试可用于评估肌肉等长收缩的力量，测试中要求受试者在测试者没有施加阻力的情况下保持体位。

固定

测试者将固定手放于受试者对侧踝关节以维持其动作的稳定。

固定手

运动学肌力测试

体位

受试者呈仰卧位，测试者指导受试者将髋关节屈曲60°、外展25°并轻微外旋。

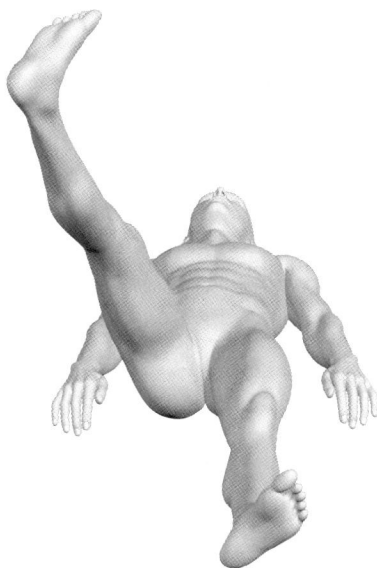

测试方法

测试者轻轻握住受试者的跟骨，促进受试者的跟骨内旋（用模型代替受试者展示动作）。测试者指导受试者保持该体位，轻轻地晃动自己的身体并在受试者的足部施加轻微的阻力，就像要使受试者下肢回落到治疗床并内旋。

固定

测试者可以将固定手放于受试者对侧大腿或髂前上棘处。

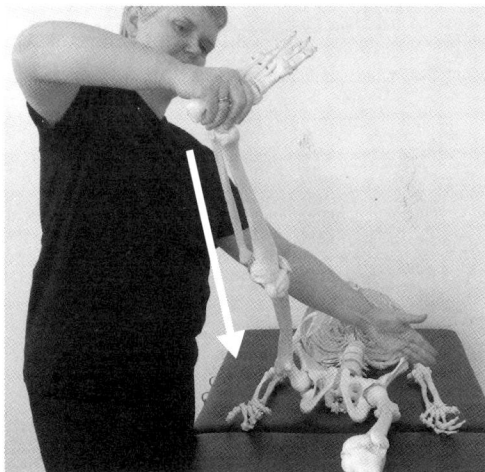

运动学关联

器官：大肠。（注：缺铁可能会导致双侧的髂胫束无力，但仍缺乏临床证据。）

针灸经络：大肠经。

感受：忧郁、悲伤、低落。

阔筋膜张肌

大腿和膝

股四头肌肌群

股四头肌肌群由4块肌肉组成，即股直肌、股内侧肌、股外侧肌和股中间肌。

每块肌肉都是分离的，但在运动学肌力测试中，它们可以作为一个整体进行测试。

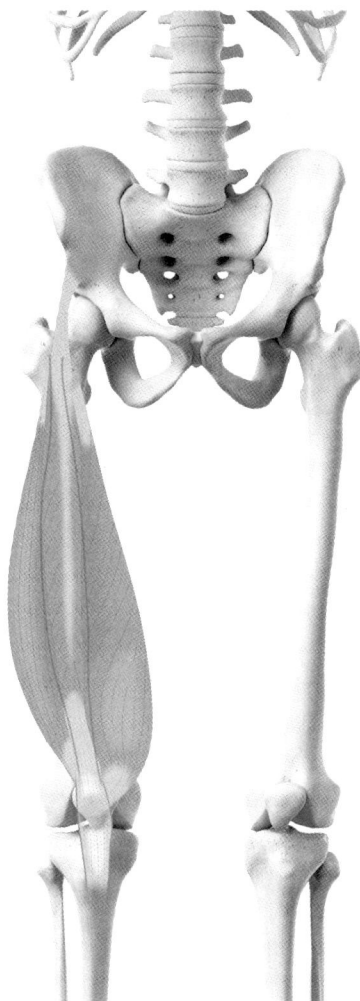

起点

股直肌

髂前下棘。

股内侧肌

股骨粗线的内侧唇。

股外侧肌

股骨粗线外侧唇、臀肌粗隆和股骨大转子。

股中间肌

股骨体前部与外部。

止点

经过髌骨和髌韧带（股四头肌肌腱）止于胫骨结节。

运动

股四头肌肌群

膝关节的伸展（胫股关节）。

离心收缩时帮助控制膝关节的屈伸。

股直肌

髋关节（股骨）的屈曲。

神经支配

股神经L2、L3、L4。

血液供应

股动脉。

临床特征

　　股四头肌在从坐到站的过程中作为抗重力肌肉参与运动。其协同肌包括腰大肌和腰小肌；拮抗肌包括腘绳肌肌群。

　　股四头肌肌群参与行走、爬楼梯和下蹲。足球运动员有发达的股四头肌，因为他们在踢球时股四头肌发力屈髋和伸膝。

　　股四头肌肌群与髌股关节综合征和胫骨粗隆骨软骨病有关。

触诊

1. 受试者呈仰卧位，测试者提醒受试者伸膝使股四头肌肌群充分收缩。
2. 寻找股四头肌。
3. 扪触股内侧肌和股外侧肌的远端。
4. 观察并触诊伸膝时髌骨的运动。

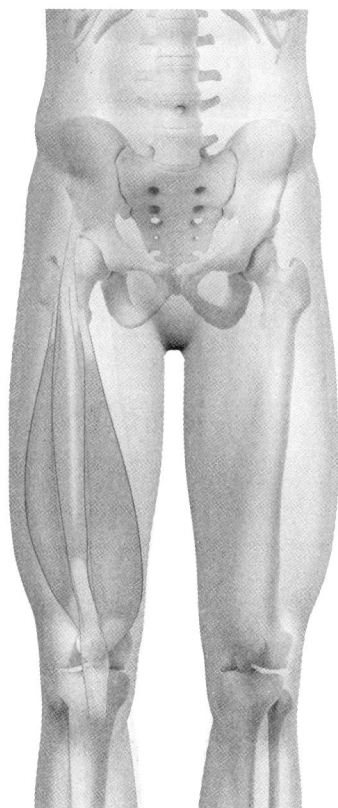

股四头肌肌群

徒手肌力测试

体位

测试这组肌肉时，测试者指导受试者呈仰卧位，屈曲膝关节和髋关节至90°。

测试方法

测试者向受试者髋关节和膝关节伸展的方向施加一个阻力。

固定

测试者将固定手放在受试者的大腿上。受试者可以用手抓紧治疗床。

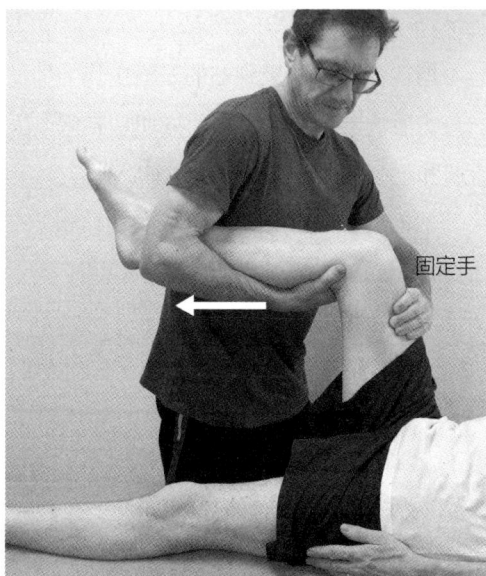

固定手

运动学肌力测试

体位

受试者呈坐位，髋关节自然屈曲，伸展膝关节，但未完全将膝关节锁定。

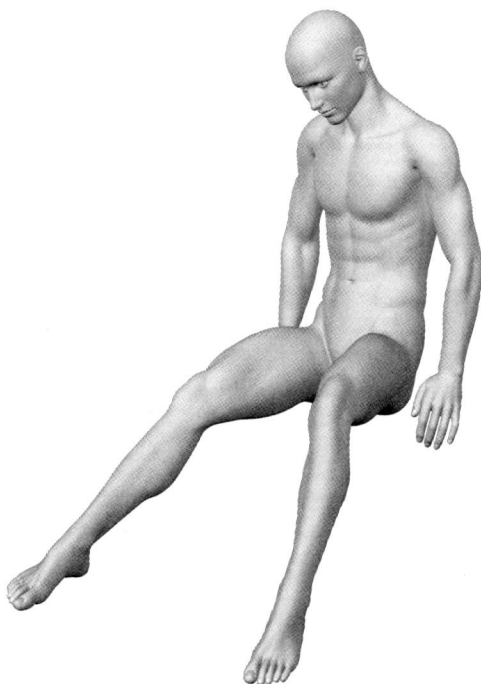

测试方法

测试者指导受试者保持该体位，略微摇晃自己的身体并对受试者的胫骨施加一个使膝关节屈曲的力。

固定

测试者将一只手固定于受试者股骨远端，使其小腿稍微远离治疗床。

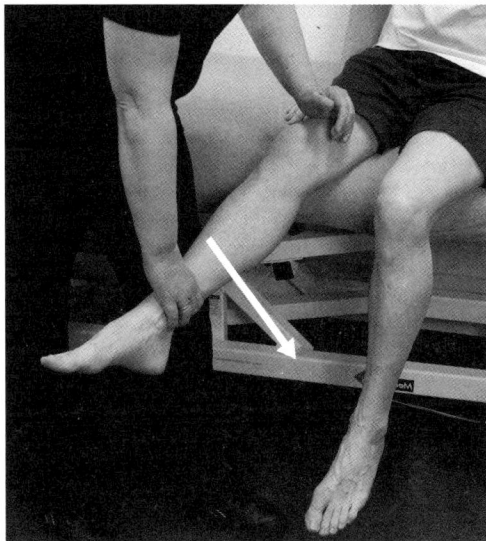

运动学关联

器官：小肠。

针灸经络：小肠经。

感受：忧虑。

股直肌

起点

股直肌有两个头，分别起自髂前下棘和髋臼上沟。

止点

经由股四头肌肌腱移行为髌韧带止于胫骨粗隆。

运动

膝关节的伸展。

髋关节的屈曲。

离心收缩时帮助控制膝关节屈曲和髋关节伸展。

神经支配

股神经L2、L3、L4。

血液供应

股动脉。

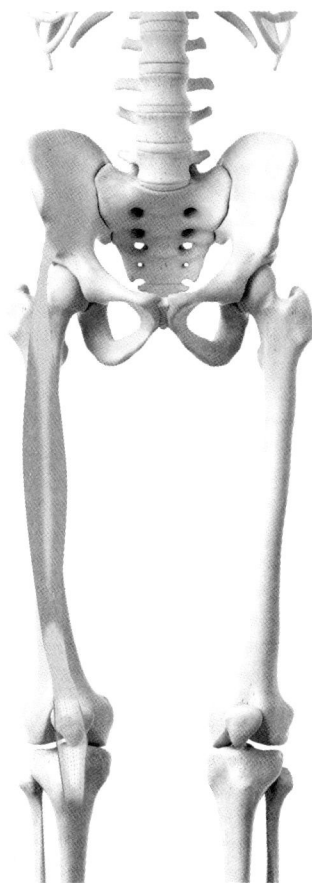

临床特征

与股中间肌、股内侧肌和股外侧肌协同作用使膝关节伸展，与髂腰肌、耻骨肌和缝匠肌协同作用使髋关节屈曲。

股直肌是股四头肌肌群中唯一横跨两个关节的肌肉。

股四头肌肌群和臀大肌都是抗重力肌肉，它们在从坐到站的过程中起着重要的作用。

触诊

1. 受试者呈仰卧位或坐位。
2. 测试者将触诊的手指沿受试者肌纤维放于髌骨上方。
3. 指导受试者伸展膝关节。
4. 注意肌肉组织的收缩情况。记住要从肌肉的起点到止点进行触诊。

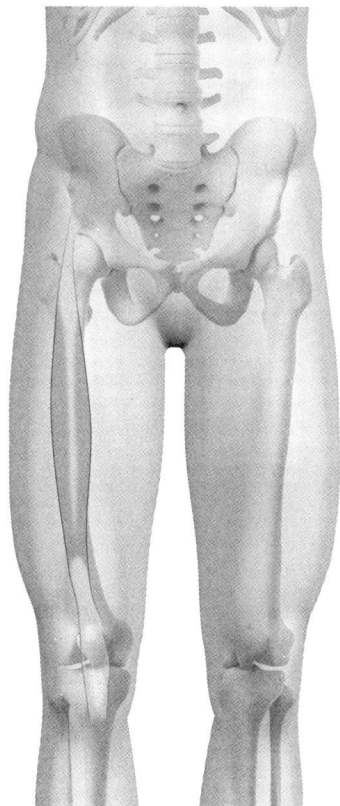

徒手肌力测试

体位

受试者呈仰卧位。髋关节和膝关节屈曲至90°。

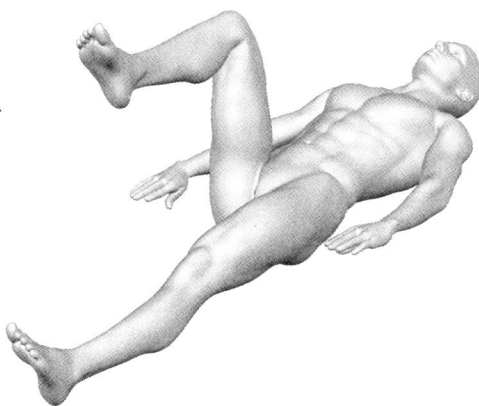

股直肌

测试方法

测试者向受试者髋关节和膝关节伸展的方向施加一个阻力。

测试者使用合适的评分量表记录检查结果。注意在全关节活动范围内进行检查。

中间范围的测试可用于评估肌肉等长收缩的力量，测试中要求受试者在测试者没有施加阻力的情况下保持体位。

固定

测试者将固定手放在受试者的大腿远端。受试者可以用手抓紧治疗床从而使动作稳定。

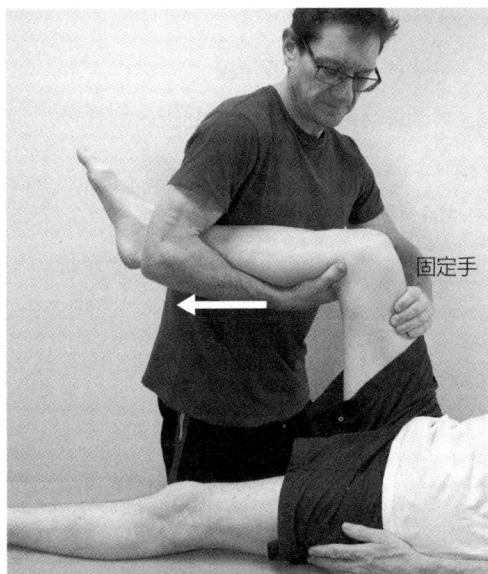

固定手

运动学肌力测试

体位

受试者呈仰卧位，髋关节和膝关节屈曲至85°。

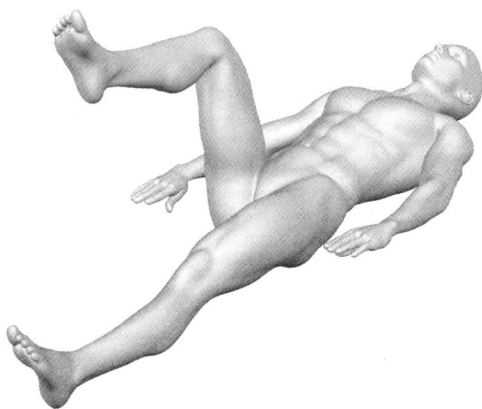

测试方法

　　测试者指导受试者保持该体位，并略微摇晃自己的身体，在受试者的股骨远端，即膝关节上方施加一个轻微的压力，就像要把髋关节和膝关节拉开一样。

固定

　　在整个测试过程中支撑测试侧的踝关节，使其全程保持在同一高度。

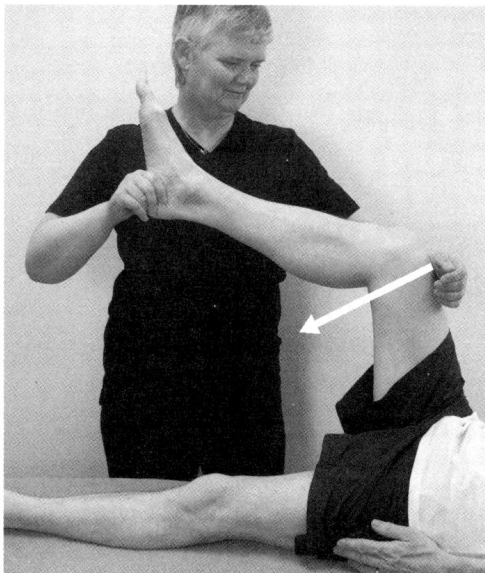

运动学关联

　　器官：小肠。

　　针灸经络：小肠经。

　　感受：忧虑。

股内侧肌

股四头肌肌群由4块肌肉组成：股直肌、股内侧肌、股中间肌和股外侧肌。每块肌肉都是分离的，但在运动学肌力测试中，它们可以作为一个整体进行测试。

起点

股骨粗线内侧唇（转子间线）。

止点

经由髌骨移行为髌韧带（股四头肌肌腱）止于胫骨粗隆。

运动

膝关节（胫股关节）的伸展。

离心收缩时帮助控制膝关节的屈曲。

神经支配

股神经L2、L3、L4。

血液供应

股动脉。

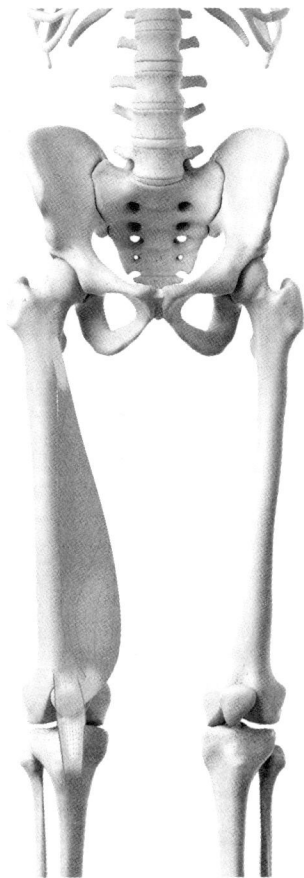

临床特征

股内侧肌与股中间肌、股外侧肌和股直肌协同作用。

股内侧肌的远端纤维在髌骨处斜向走行，形成股内侧肌的一个分支，称为股内斜肌（vastus medialis oblique, VMO）。

股内斜肌对髌骨的运动轨迹具有重要的影响。

髌骨脱位后，加强股内斜肌以确保膝关节的最佳功能状态是很重要的。

触诊

1. 受试者呈仰卧位或坐位。

2. 测试者将触诊手放于受试者大腿内侧。

3. 测试者指导受试者伸展膝关节。

4. 注意股内侧肌的收缩，其会在股骨远端形成一个"泪滴样"的肌腹。记住要从肌肉起点向止点的方向进行触诊。

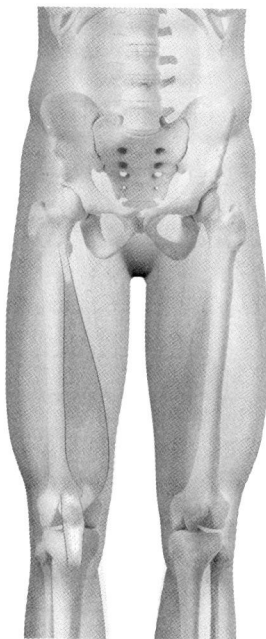

徒手肌力测试

体位

受试者呈坐位，略微屈曲膝关节（15°~20°），并且外旋胫骨。

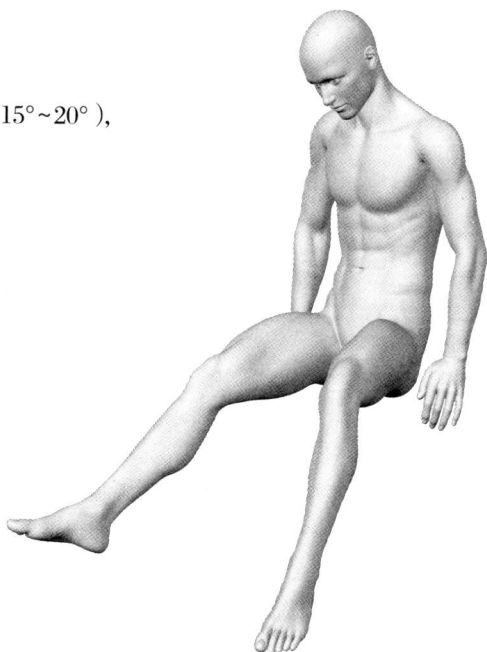

股内侧肌

测试方法

测试者在受试者膝关节屈曲的方向上施加一个阻力。

测试者使用合适的评分量表记录检查结果。注意在全关节活动范围内进行检查。

中间范围的测试可用于评估肌肉等长收缩的力量，测试中要求受试者在测试者没有施加阻力的情况下保持体位。

固定

测试者将固定手放于受试者的膝关节后侧，从而使动作稳定，过程中注意触诊软组织结构。

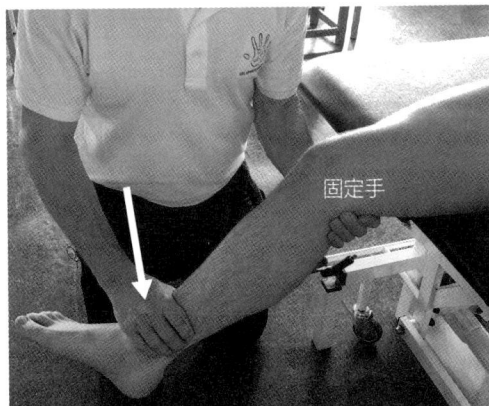

固定手

运动学肌力测试

在股四头肌肌群中无法单独对股内侧肌进行测试。

股外侧肌

股四头肌肌群由 4 块肌肉组成: 股直肌、股内侧肌、股中间肌和股外侧肌。每块肌肉都是分离的, 但在运动学肌力测试中, 它们可以作为一个整体进行测试。

起点

股骨内侧线 (股骨间线) 的外侧唇, 臀肌粗隆和大转子。

止点

经由髌骨移行为髌韧带 (股四头肌肌腱) 止于胫骨粗隆。

运动

膝关节 (胫股关节) 的伸展。

离心收缩时帮助控制膝关节的屈曲。

神经支配

股神经 L2、L3、L4。

血液供应

股动脉。

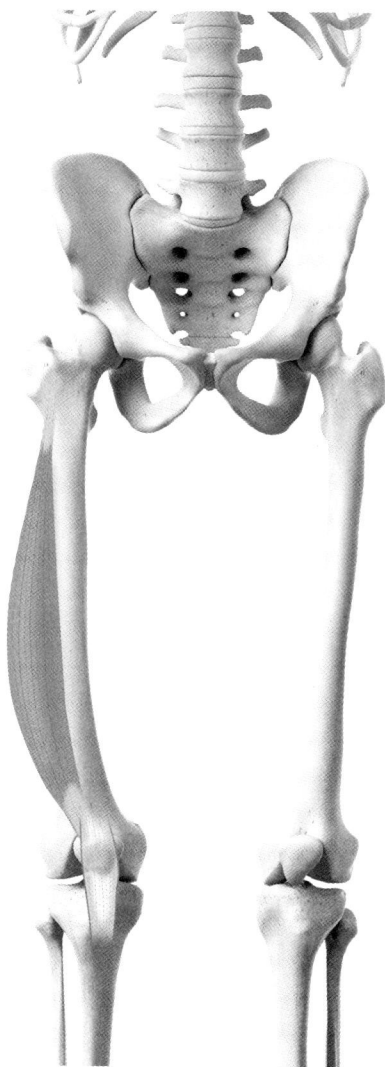

临床特征

股外侧肌与股中间肌、股内侧肌和股直肌协同作用。

它是股四头肌肌群中最大的一块肌肉。

股外侧肌的紧张可能导致髂胫束的疼痛。

触诊

1. 受试者呈仰卧位或坐位。

2. 测试者将触诊手置于受试者大腿外侧。

3. 测试者指导受试者伸展膝关节。

4. 要注意股外侧肌的收缩情况。记住要从肌肉起点向止点的方向进行触诊。

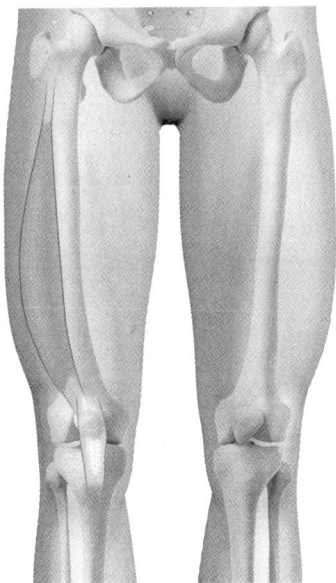

徒手肌力测试

体位

受试者呈坐位，屈曲膝关节（30°~40°），并且内旋胫骨。

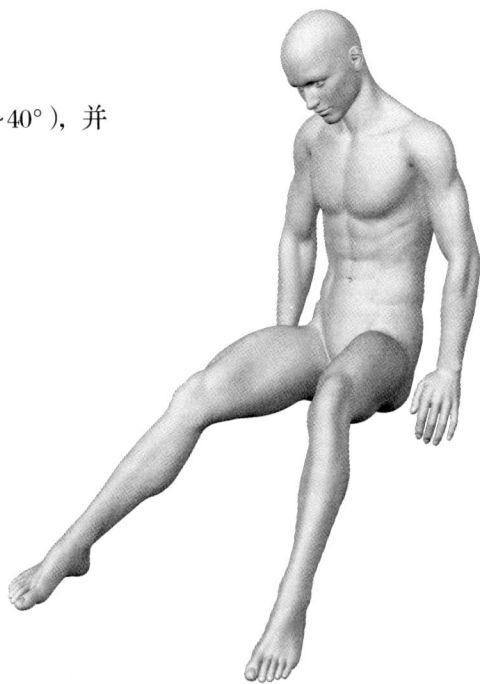

测试方法

　　测试者在受试者膝关节屈曲的方向上施加一个阻力。

　　测试者使用合适的评分量表记录检查结果。注意在全关节活动范围内进行检查。

　　中间范围的测试可用于评估肌肉等长收缩的力量，测试中要求受试者在测试者没有施加阻力的情况下保持体位。

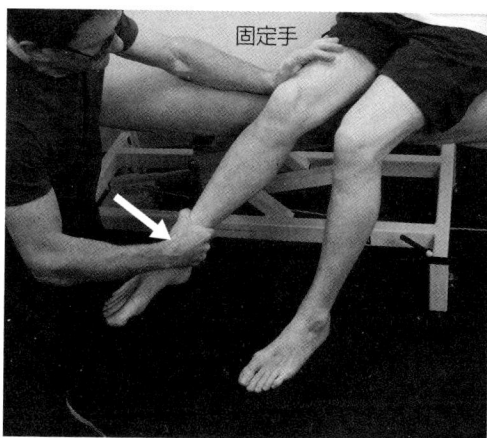

固定手

固定

　　测试者将固定手放于受试者的大腿上方，从而使动作稳定，过程中注意触诊软组织结构。

运动学肌力测试

　　在股四头肌肌群中无法单独对股外侧肌进行测试。

股外侧肌

股中间肌

股四头肌肌群由4块肌肉组成：股直肌、股内侧肌、股中间肌和股外侧肌。每块肌肉都是分离的，但在运动学肌力测试中，它们可以作为一个整体进行测试。

起点

股骨前外侧面。

止点

经由髌骨移行为髌韧带（股四头肌肌腱）止于胫骨粗隆。

运动

膝关节（胫股关节）的伸展。

离心收缩时帮助控制膝关节的屈曲。

神经支配

股神经L2、L3、L4。

血液供应

股动脉。

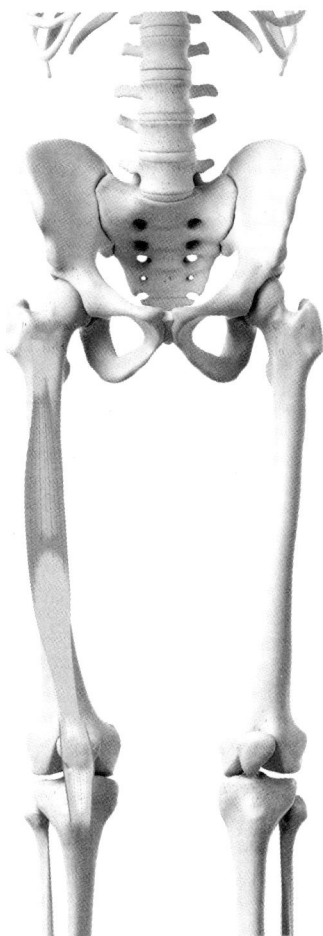

临床特征

股中间肌与股内侧肌、股外侧肌和股直肌协同作用。

股中间肌位于股直肌的深层。股中间肌的下部纤维常与股内侧肌和股外侧肌的纤维融合在一起。股中间肌的远端纤维下覆盖着膝关节肌，膝关节肌的功能是在膝关节伸展时向上拉动膝关节囊。

触诊

1. 受试者呈仰卧位或坐位。

2. 测试者将触诊手指置于受试者髌骨上方肌纤维。

3. 测试者指导受试者伸展膝关节，触诊股直肌深部。

4. 要注意肌肉组织的收缩情况。记住要从肌肉起点向止点的方向进行触诊。

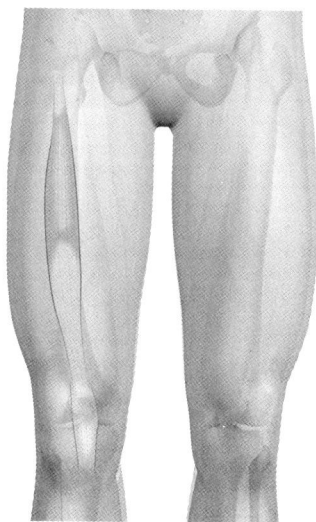

徒手肌力测试

体位

受试者呈仰卧位，屈曲髋关节、膝关节至90°。

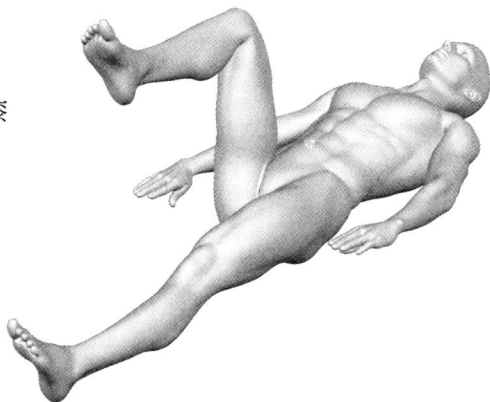

股中间肌

测试方法

　　测试者沿着受试者膝关节屈曲的方向施加一个阻力。

　　测试者使用合适的评分量表记录检查结果。注意在全关节活动范围内进行检查。

　　中间范围的测试可用于评估肌肉等长收缩的力量，测试中要求受试者在测试者没有施加阻力的情况下保持体位。

固定

　　测试者将固定手放于受试者的膝关节后侧，从而使动作稳定，过程中注意触诊软组织结构。

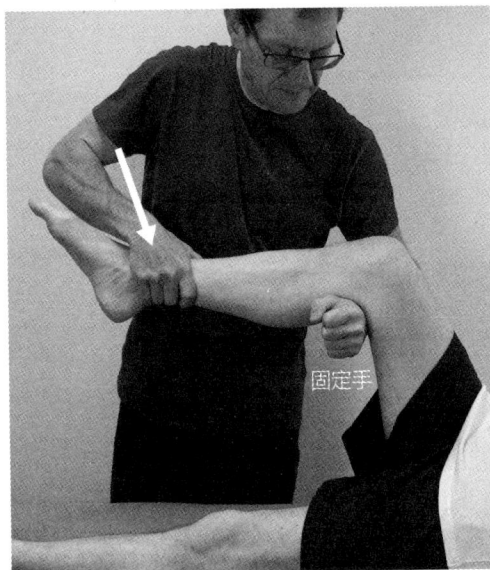

固定手

运动学肌力测试

　　在股四头肌肌群中无法单独对股中间肌进行测试。

腘绳肌肌群

起点

股二头肌

　　长头：坐骨结节。

　　短头：股骨外侧唇。

半腱肌和半膜肌

　　坐骨结节。

止点

股二头肌

　　腓骨头。

半腱肌

　　胫骨前内侧近端。

半膜肌

　　胫骨内侧髁。

半腱肌 —— 股二头肌（长头）

半膜肌 —— 股二头肌（短头）

运动

腘绳肌肌群

　　膝关节的屈曲。

　　髋关节的伸展。

　　离心收缩时，帮助控制膝关节的伸展和髋关节的屈曲。

股二头肌

　　膝关节屈曲时，协助外旋胫骨。

半腱肌和半膜肌

　　膝关节屈曲时，协助内旋胫骨。

神经支配

　　坐骨神经复合体（胫股支）L4、L5、S1、S2。

血液供应

　　臀下动脉和股深动脉。

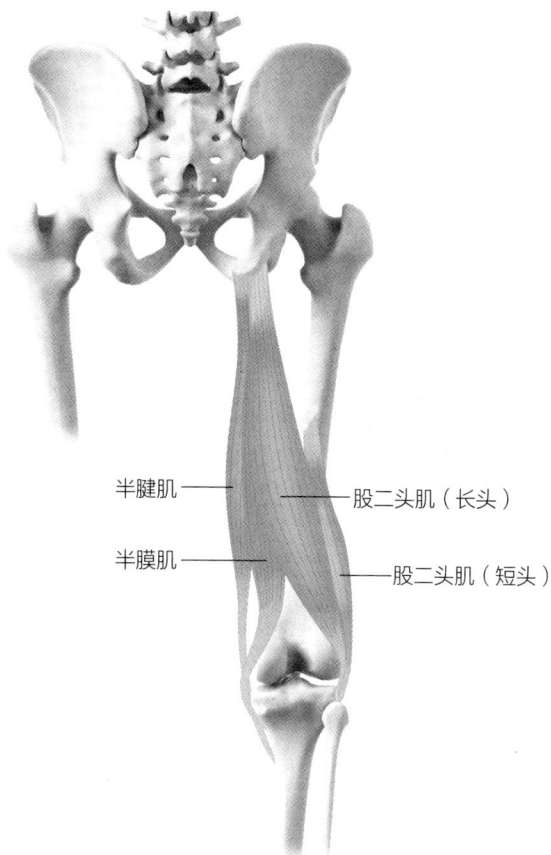

腘绳肌肌群

临床特征

　　腘绳肌肌群主要由3块肌肉组成：股二头肌、半腱肌和半膜肌。

　　腘绳肌肌群是强大的伸髋和屈膝肌群。

　　这是一组"反重力"的肌群，在人们骑车、跑步、爬坡时参与发力。

　　一些解剖学家指出，大收肌的肌纤维参与构成第四块腘绳肌。

触诊

1. 测试者将触诊手移至稍低于臀部结节的位置，以定位腘绳肌肌腱。受试者呈俯卧位。测试者将手放在受试者大腿后部的中部，并指导受试者屈曲膝关节，像要把脚从治疗床上抬起来一样。
2. 感受腘绳肌肌群的强烈收缩。
3. 测试者触诊受试者的坐骨结节，移动坐骨结节下方的手术定位腘绳肌。
4. 从肌肉起点向止点的方向进行触诊。

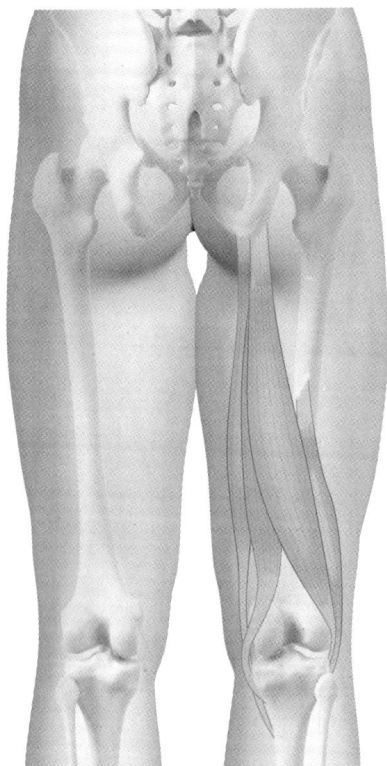

徒手肌力测试

体位

　　腘绳肌肌群是由上述3块关键肌肉组成的复合肌。该肌群的主要运动是膝关节的屈曲和髋关节的伸展。在测试该肌群时，受试者呈俯卧位，屈曲膝关节至90°并略微伸展髋关节。

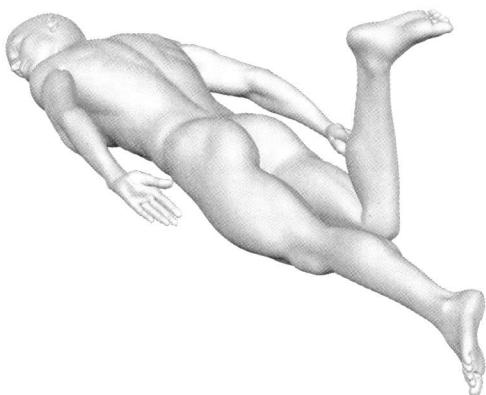

测试方法

　　测试者沿着受试者膝关节伸展的方向施加一个阻力。

固定

　　固定手位于受试者腰骶部。

固定手

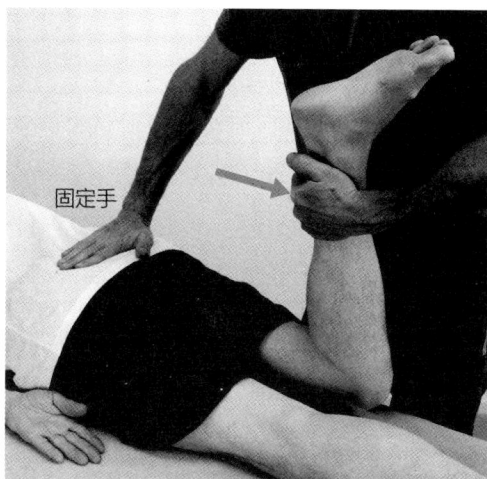

运动学肌力测试

体位

受试者呈俯卧位，膝关节屈曲至70°~80°。保持足和踝关节放松，以防止腓肠肌和比目鱼肌代偿。

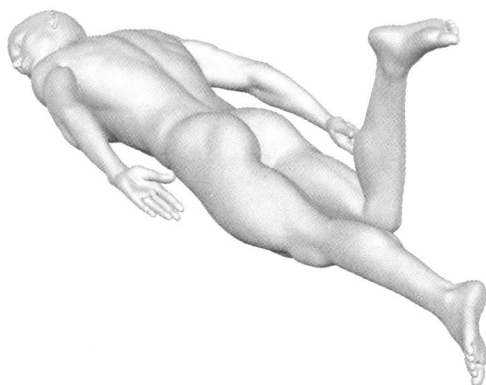

测试方法

指导受试者保持这个体位。测试者站于受试者的小腿外侧，面朝受试者，并握住其踝关节。测试者略微晃动自己的身体并向后摆动，对受试者胫骨远端施加一个轻微的力，就像要让其膝关节伸展一样。

固定

测试者固定手握拳在受试者测试侧大腿的腘绳肌上施加适量的压力。这可以预防腘绳肌痉挛。

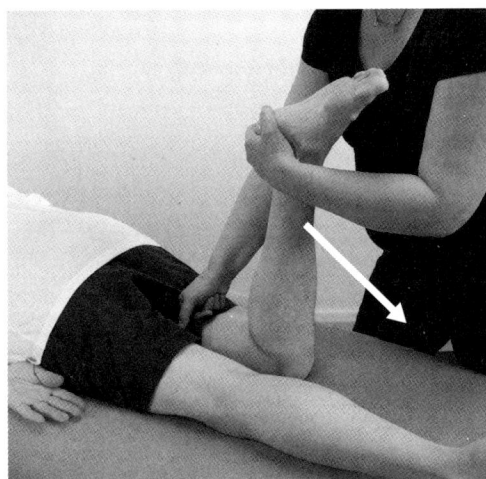

运动学关联

器官：大肠、直肠。

针灸经络：大肠经。

感受：悲伤。

股二头肌

起点

长头

　　坐骨结节。

短头

　　股骨外侧唇。

止点

　　腓骨头。

运动

　　膝关节的屈曲。

　　髋关节的伸展。

　　膝关节屈曲时，进一步协助胫骨外旋。

　　离心收缩时，帮助控制膝关节的伸展和髋关节的屈曲。

神经支配

长头

　　坐骨神经-胫股支L5、S1、S2、S3。

短头

　　坐骨神经-腓总支L5、S1、S2。

血液供应

长头

　　臀下动脉和股深动脉。

短头

　　股深动脉。

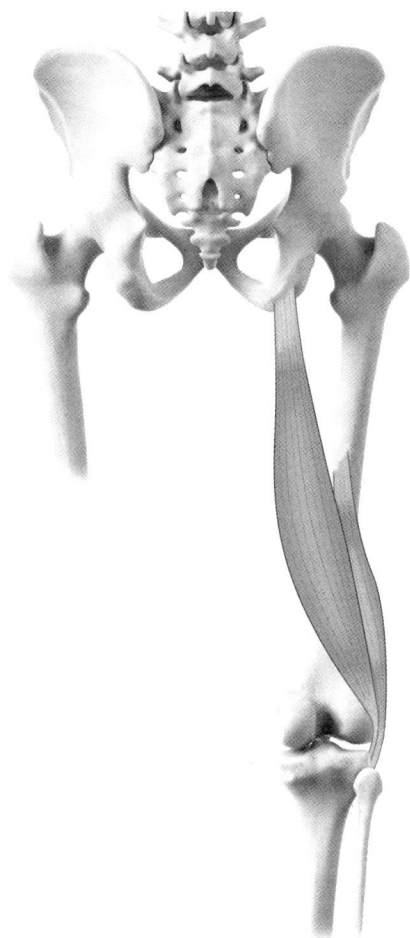

股二头肌

临床特征

　　股二头肌与半腱肌和半膜肌协同作用，使膝关节屈曲和髋关节伸展。

　　股二头肌进一步与腓肠肌、股薄肌和半膜肌协同作用，使膝关节屈曲。

　　偶有股二头肌短头缺失。

　　股二头肌通常被称为外侧腘绳肌，是唯一一块有两个头的腘绳肌。

触诊

1. 受试者呈俯卧位。
2. 测试者将触诊手指沿股二头肌肌纤维走行方向放于坐骨结节下方。
3. 指导受试者屈曲膝关节。
4. 要注意肌肉组织的收缩情况。记住要从肌肉起点向止点的方向进行触诊。

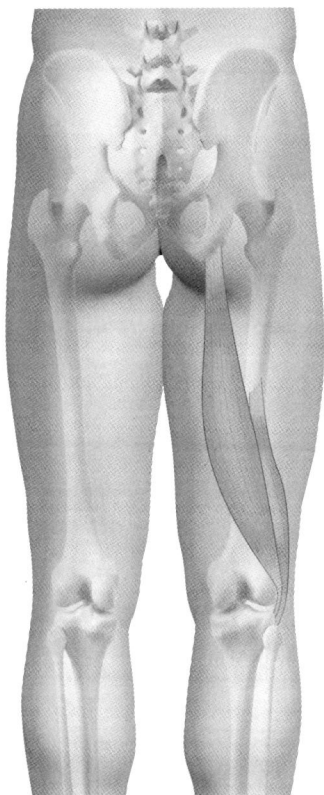

徒手肌力测试

体位

受试者呈俯卧位，膝关节屈曲85°，略微内收并外旋髋关节。

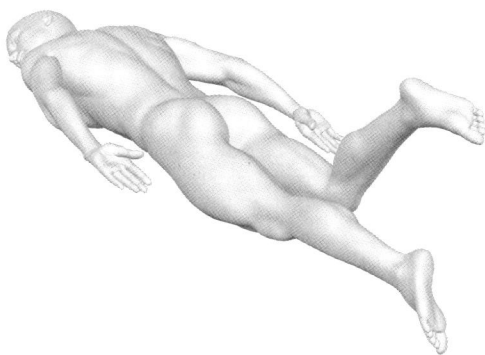

测试方法

测试者沿着受试者膝关节伸展的方向施加一个阻力。

测试者使用合适的评分量表记录检查结果。注意在全关节活动范围内进行检查。

中间范围的测试可用于评估肌肉等长收缩的力量，测试中要求受试者在测试者没有施加阻力的情况下保持体位。

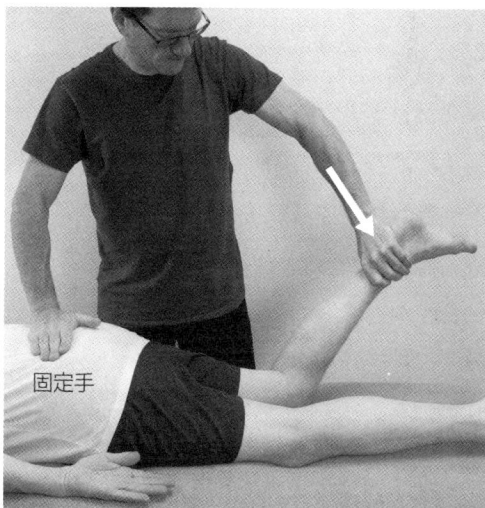

固定手

固定

测试者将固定手放于受试者的骶骨上。

股二头肌

运动学肌力测试

体位

受试者呈俯卧位，膝关节屈曲 85°。测试者观察大腿后部，注意股二头肌收缩产生的力的方向，不引起内侧腘绳肌（半腱肌和半膜肌）发力。保持足和踝关节放松，以防止腓肠肌和比目鱼肌代偿。

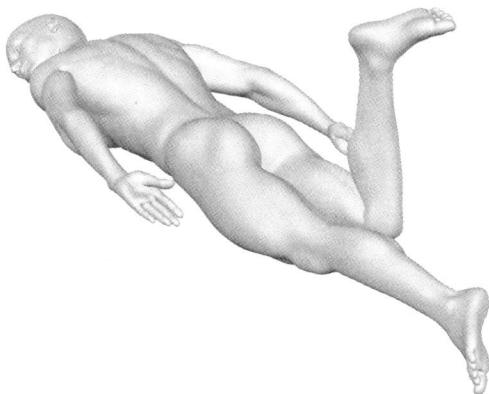

测试方法

测试者指导受试者保持该体位。测试者站于受试者的小腿外侧，面朝受试者，并握住其踝关节。测试者略微晃动自己的身体并向后摆动，对受试者胫骨远端施加一个轻微的力，就像要让其膝关节伸展一样。

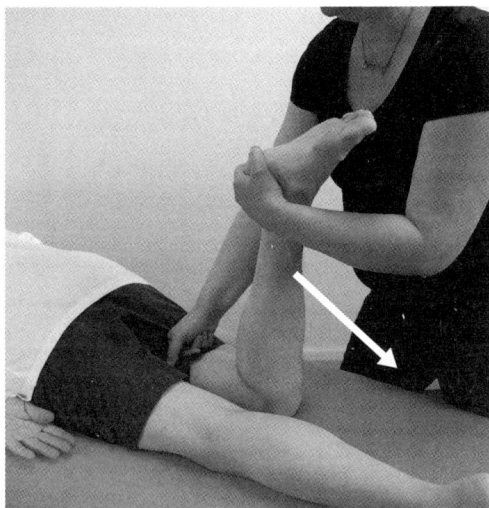

固定

测试者固定手握拳在受试者测试侧大腿的腘绳肌上施加适量的压力。这可以预防腘绳肌痉挛。

运动学关联

器官：大肠。

针灸经络：大肠经。

感受：悲伤。

内侧腘绳肌（半腱肌和半膜肌）

起点

半腱肌

　　坐骨结节。

半膜肌

　　坐骨结节。

止点

半腱肌

　　股骨近端、内侧轴处的鹅足腱。

半膜肌

　　胫骨后部、内侧髁。

运动

　　膝关节（胫股关节）的屈曲。

　　膝关节（胫股关节）屈曲位时的内旋。

　　髋关节的伸展。

神经支配

　　坐骨神经复合体（胫股支）L4、L5、S1、S2。

血液供应

　　臀下动脉和股深动脉。

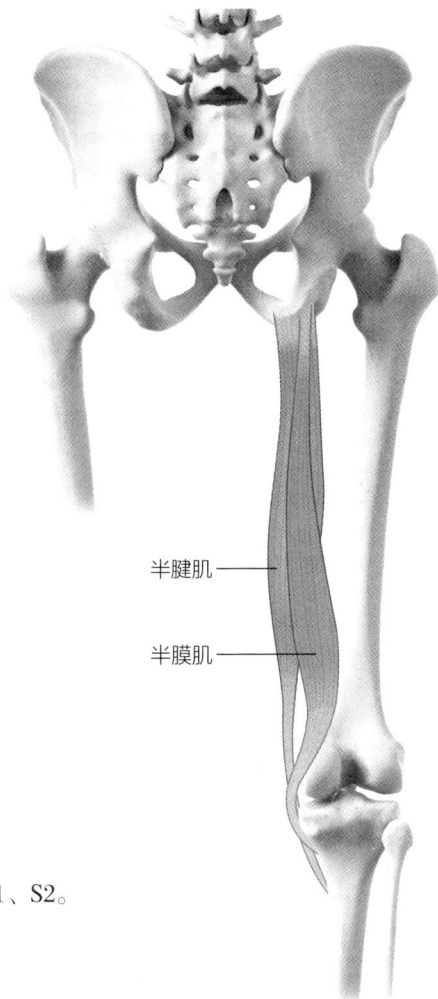

半腱肌

半膜肌

临床特征

半腱肌和半膜肌被统称为内侧腘绳肌；内侧腘绳肌是腘绳肌中最大的肌肉。

半腱肌和半膜肌与股二头肌协同作用，产生膝关节的屈曲和髋关节的伸展。它们与腓肠肌、比目鱼肌和缝匠肌协同作用，帮助膝关节屈曲。

半腱肌的近端纤维可与股二头肌长头的纤维融合在一起。它通常通过肌腹内的斜腱划交叉分为上下两部。半腱肌止于鹅足腱，与缝匠肌、股薄肌共同附着在这里。

半膜肌远端纤维可与腓肠肌近端纤维融合在一起。其远端纤维呈扇状延伸附着于膝关节内侧半月板，作用是将内侧半月板向后拉起，从而防止发生半月板的挤压。

触诊

1. 受试者呈俯卧位。
2. 测试者将触诊手指沿半腱肌和半膜肌肌纤维走行方向放于坐骨结节下方。
3. 指导受试者抗阻屈曲膝关节。
4. 要注意肌肉组织的收缩情况。记住要从肌肉起点向止点的方向进行触诊。

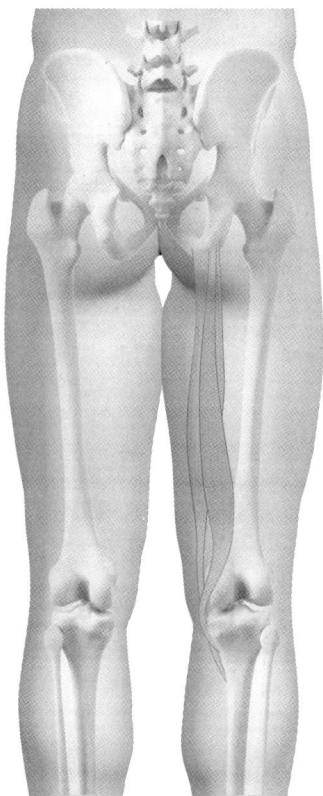

徒手肌力测试

半腱肌和半膜肌在徒手肌力测试中作为内侧腘绳肌进行整体测试。

体位

受试者呈俯卧位，膝关节屈曲85°，略微外展髋关节并内旋膝关节。

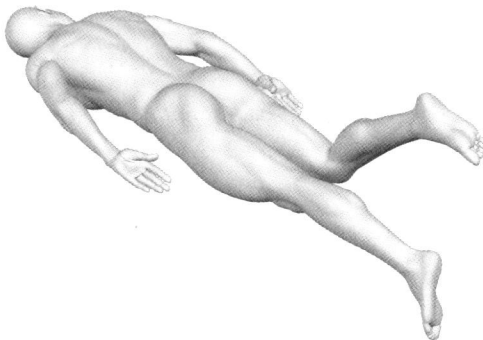

测试方法

测试者沿着受试者膝关节伸展的方向施加一个阻力。

测试者使用合适的评分量表记录检查结果。注意在全关节活动范围内进行检查。

中间范围的测试可用于评估肌肉等长收缩的力量，测试中要求受试者在测试者没有施加阻力的情况下保持体位。

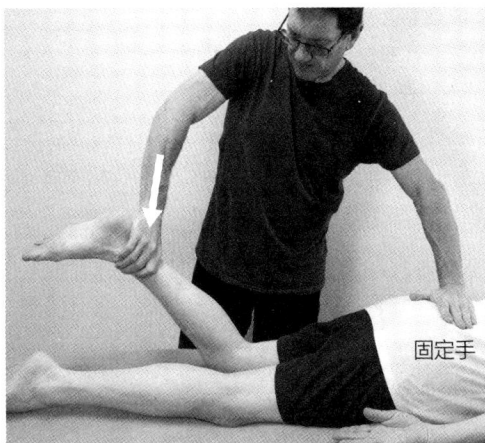

固定手

固定

测试者可以将固定手放于受试者的骶骨上。

内侧腘绳肌（半腱肌和半膜肌）

运动学肌力测试

　　半腱肌和半膜肌在运动学肌力测试中作为内侧腘绳肌进行整体测试。

体位

　　受试者俯卧，膝关节屈曲至70°~80°并略微内旋。观察大腿后部，注意内侧腘绳肌收缩产生的力的方向，股二头肌不发力。保持足和踝关节放松，以防止腓肠肌和比目鱼肌代偿。

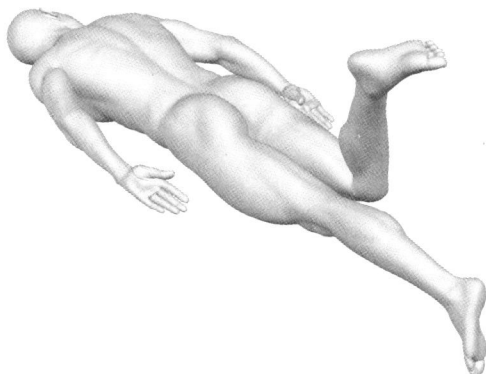

测试方法

　　测试者指导受试者保持该体位。测试者站于受试者的小腿外侧，面朝受试者，并握住其胫骨远端。测试者略微晃动自己的身体并向后摆动，对受试者胫骨远端施加一个轻微的力，就像要让其膝关节伸展一样。

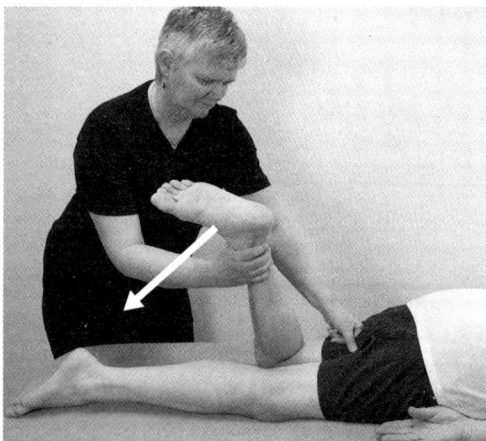

固定

　　测试者固定手握拳在受试者测试侧大腿的腘绳肌上施加适量的压力。这可以预防腘绳肌痉挛，并且便于在测试中感受内侧腘绳肌发力。

运动学关联

　　器官：大肠。

　　针灸经络：大肠经。

　　感受：悲伤。

大收肌

起点

前束

　　耻骨下支的前面和坐骨支。

后束

　　坐骨结节。

止点

前束

　　股骨粗线的内侧唇。

后束

　　股骨内上髁近端的收肌结节。

运动

　　髋关节（股骨）的内收和伸展。

　　大收肌前束协助大腿内旋。

　　在离心收缩时帮助髋关节外展。

　　走路时参与维持骨盆的稳定。

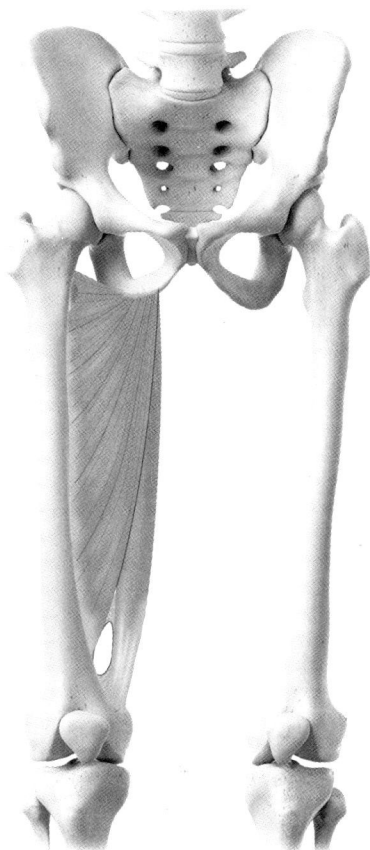

神经支配

前束

　　闭孔神经L2、L3、L4。

后束

　　坐骨神经-胫股支L4、L5、S1。

血液供应

　　股动脉和股深动脉。

大收肌

临床特征

　　大收肌与股二头肌、半膜肌和半腱肌协同作用，使髋关节伸展。它还与短收肌、长收肌、耻骨肌、股薄肌协同作用，使髋关节内收。

　　大收肌分为前束和后束两部分。前束是内收肌的主要组成部分，后束则可以与腘绳肌肌群协同作用。

　　有趣的是，大收肌前束可以进一步分为具有水平纤维的上部，称为"小内收肌"，和具有更多斜纤维的中部。一些临床医生将"小内收肌"单独归为一块肌肉。因为大收肌的后束止点和运动，它也被认为是第四块腘绳肌。

触诊

1. 受试者呈俯卧位或侧卧位。
2. 测试者将触诊手指沿大收肌肌纤维走行方向放于坐骨结节下方。
3. 指导受试者抗阻内收髋关节。
4. 要注意肌肉组织的收缩情况。记住要从肌肉起点向止点的方向进行触诊。
5. 注意大收肌也可在受试者呈仰卧位时通过触诊股薄肌后方进行触诊。

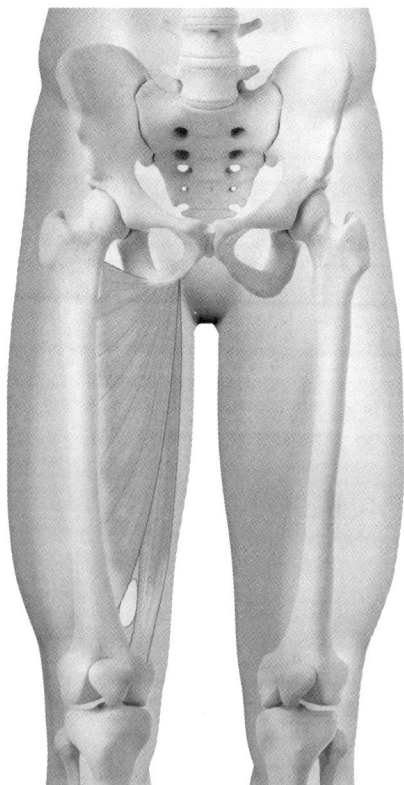

徒手肌力测试

体位

　　受试者呈仰卧位，髋关节屈曲 8°~15° 并内旋。

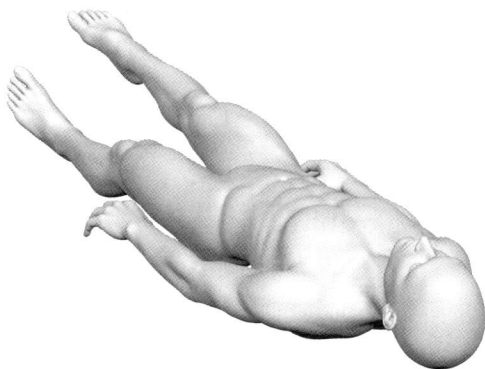

测试方法

　　测试者斜向受试者髋关节外展与屈曲的方向施加一个阻力。

　　测试者使用合适的评分量表记录检查结果。注意在全关节活动范围内进行检查。

　　中间范围的测试可用于评估肌肉等长收缩的力量，测试中要求受试者在测试者没有施加阻力的情况下保持体位。

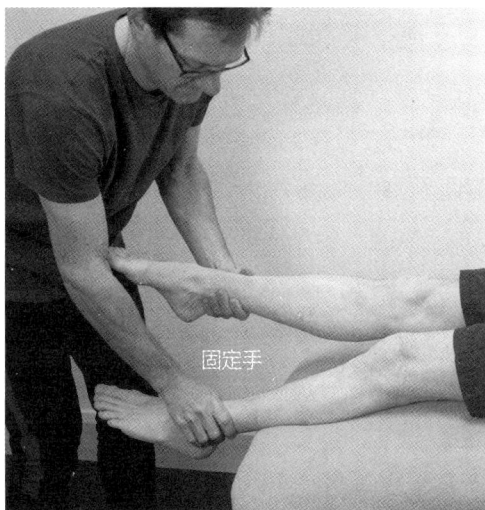

固定手

固定

　　测试者用固定手握住受试者对侧小腿或踝关节。

大收肌

运动学肌力测试

体位

受试者呈仰卧位，下肢并拢并向测试侧轻微内旋。

该测试可能会让受试者对方向感到模糊，不知道测试的是哪条腿。为了防止对侧内收肌的募集，测试者可以在测试前轻压测试侧腿部远端，以便受试者确认哪一侧的肢体应维持测试体位。

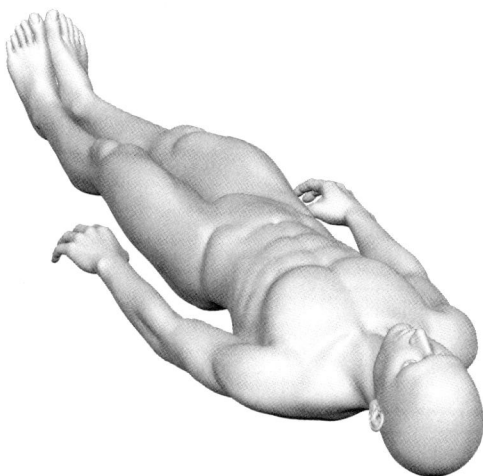

测试方法

测试者指导受试者保持该体位。测试者站在测试腿旁，握住小腿远端，轻轻摇晃自己的身体，对受试者小腿内侧体表施加一个轻微的力，就像要让其下肢外展一样。

固定

握住受试者非测试侧胫骨远端。

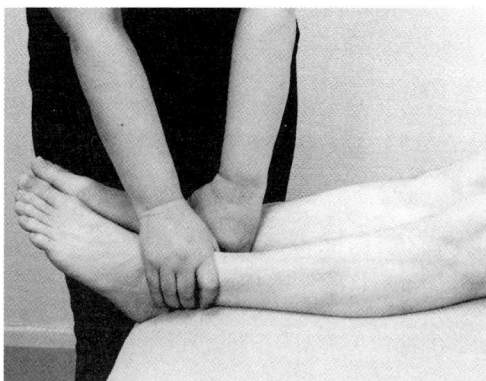

运动学关联

器官：生殖和内分泌器官，包括甲状腺、垂体和肾上腺（特别是在更年期或内分泌功能改变时）。

针灸经络：心包经。

感受：多种情绪，取决于器官。

长收肌和短收肌

起点

长收肌

　　耻骨前部。

短收肌

　　耻骨体和耻骨支。

止点

　　股骨粗线内侧唇（长收肌附着在股骨中部大约三分之一处，短收肌有相同的止点，止于股骨近端三分之一处）和耻骨肌线。

运动

　　髋关节（股骨）的内收和屈曲。

　　大腿的内旋。

　　在离心收缩时，帮助控制髋关节的外展。

　　在行走时，协助维持骨盆的稳定。

神经支配

　　闭孔神经L2、L3、L4。

血液供应

　　股动脉和闭孔动脉。

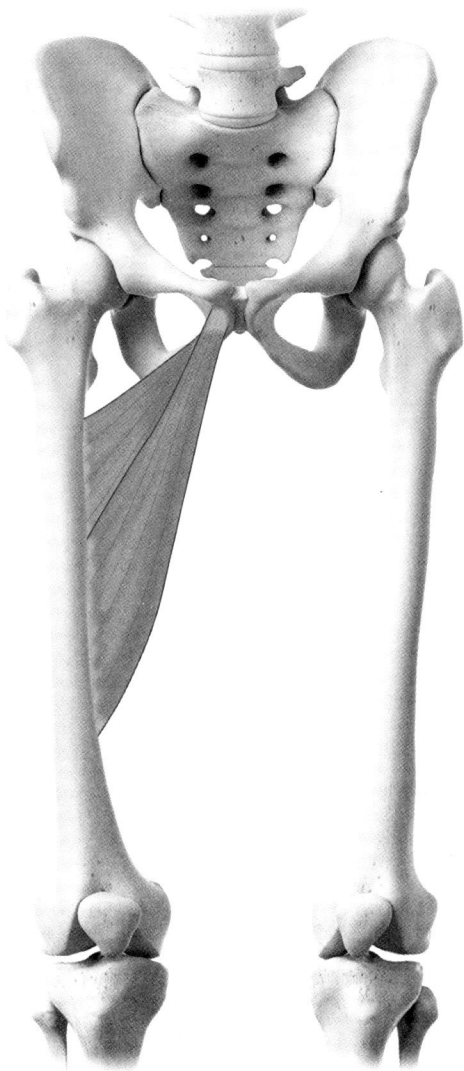

长收肌和短收肌

临床特征

　　长收肌、短收肌与大收肌、耻骨肌和股薄肌协同作用，使髋关节内收和屈曲。

　　长收肌远端纤维经常在股骨粗线附近与股内侧肌远端纤维相连。

　　腹股沟是多块肌肉附着的密集区域，因此往往难以在腹股沟区分离出内收肌的每块肌肉。长收肌肌腱在腹股沟中最突出，可在腹股沟的内侧触及。

　　腹股沟拉伤通常是指长收肌和（或）短收肌的损伤。在体育运动中，吉尔摩腹股沟损伤是内收肌撕裂的同义词。内收肌撕裂通常被称为运动疝气，但没有疝气组织存在。

触诊

1. 受试者呈仰卧位。
2. 测试者将触诊手指沿肌纤维走行方向放于大腿内侧上方。
3. 指导受试者抗阻内收髋关节。
4. 要注意肌肉组织的收缩情况。记住要从肌肉起点向止点的方向进行触诊。
5. 测试者可以触诊长收肌外侧深部，以区分短收肌与长收肌。

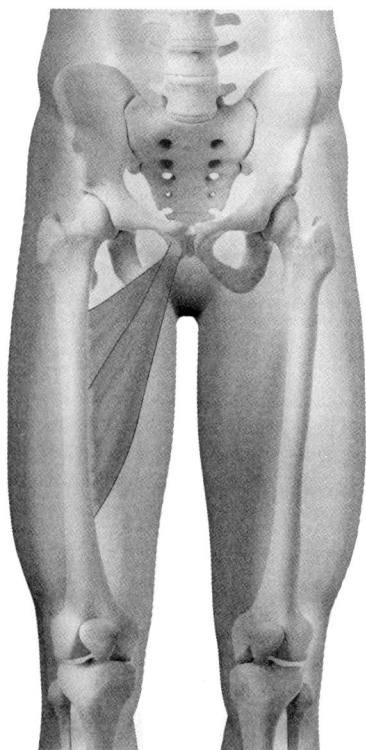

徒手肌力测试

体位

　　受试者呈仰卧位，髋关节屈曲20°~30°并内旋。

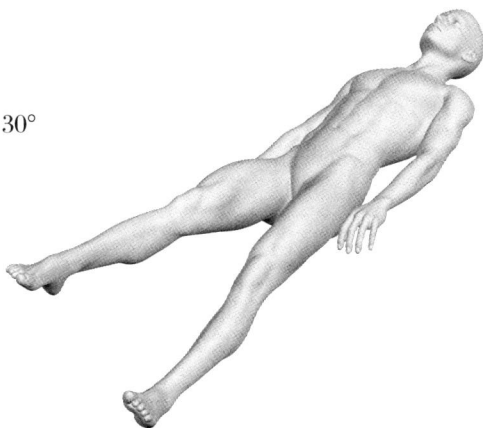

测试方法

　　测试者斜向受试者髋关节外展的方向施加一个阻力。

　　测试者使用合适的评分量表记录检查结果。注意在全关节活动范围内进行检查。

　　中间范围的测试可用于评估肌肉等长收缩的力量，测试中要求受试者在测试者没有施加阻力的情况下保持体位。

固定

　　测试者用固定手握住受试者对侧小腿远端或踝关节。

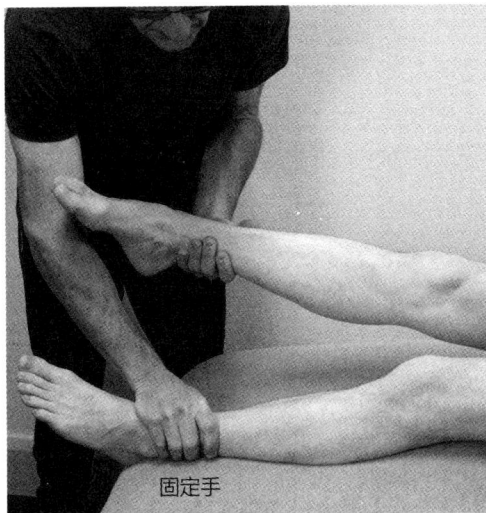

固定手

运动学肌力测试

　　不进行运动学肌力测试。

股薄肌

起点

耻骨下支和耻骨体。

止点

胫骨近端前内侧（鹅足腱）。

运动

髋关节的内收。

屈膝位时使膝关节内旋。

神经支配

闭孔神经L2、L3、L4。

血液供应

股动脉和闭孔动脉。

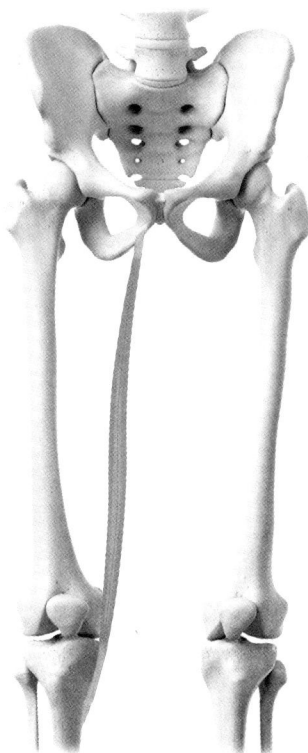

临床特征

股薄肌与大收肌、长收肌、短收肌和耻骨肌协同作用，使髋关节内收。

股薄肌是大腿最内侧的肌肉，也是人体仅次于缝匠肌的第二长肌肉。股薄肌横跨两个关节（髋关节和膝关节）。在外科手术中，股薄肌常应用于上下肢重建手术。

触诊

1. 受试者呈仰卧位，膝关节屈曲，髋关节轻微屈曲并内旋。
2. 测试者将触诊手指沿肌纤维走行方向放于受试者大腿内侧。
3. 指导受试者抗阻内收髋关节。
4. 要注意肌肉组织的收缩情况。记住要从肌肉起点向止点的方向进行触诊。

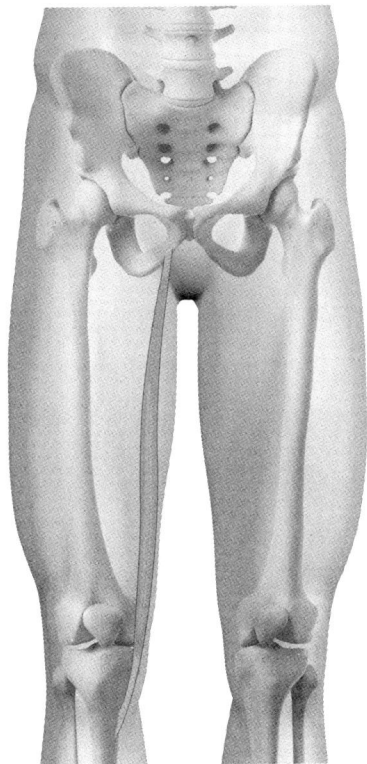

徒手肌力测试

体位

　　受试者呈仰卧位并内旋髋关节。

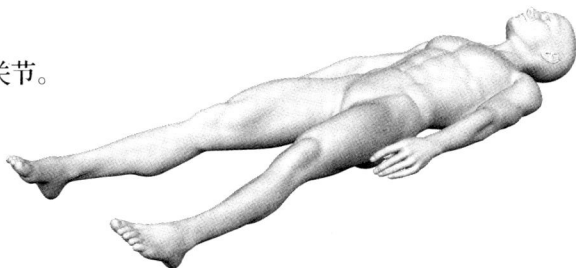

股薄肌

测试方法

测试者沿着受试者髋关节外展的方向施加一个阻力。

测试者使用合适的评分量表记录检查结果。注意在全关节活动范围内进行检查。

中间范围的测试可用于评估肌肉等长收缩的力量，测试中要求受试者在测试者没有施加阻力的情况下保持体位。

固定

测试者用固定手握住受试者对侧小腿远端或踝关节。

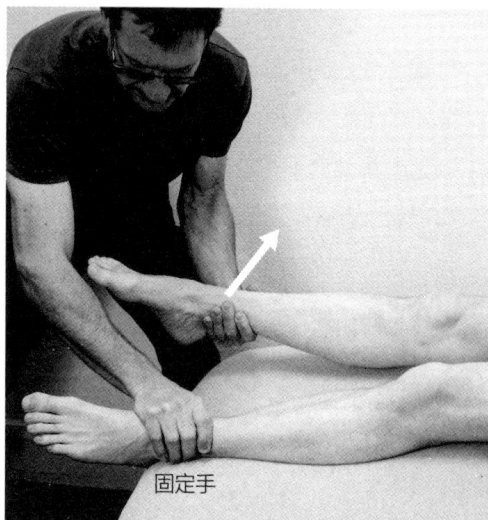

固定手

运动学肌力测试

体位

受试者呈俯卧位，膝关节屈曲至大约45°并内旋膝关节。受试者将膝关节从治疗床上抬起，并伸展髋关节。

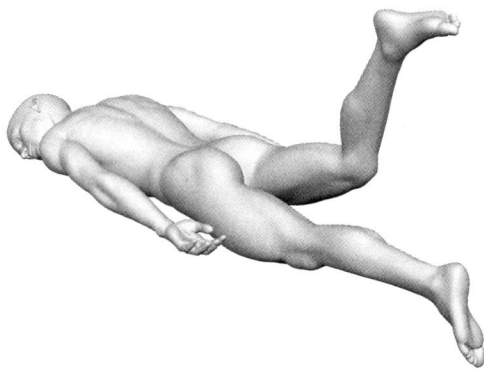

测试方法

　　测试者指导受试者保持该体位，轻轻摇晃自己的身体，在受试者胫骨远端体表施加轻度压力，就像要伸展膝关节并轻微内旋髋关节一样。

固定

　　测试者可以将受试者的腿抬至自己的大腿上或膝盖上以提供支撑。

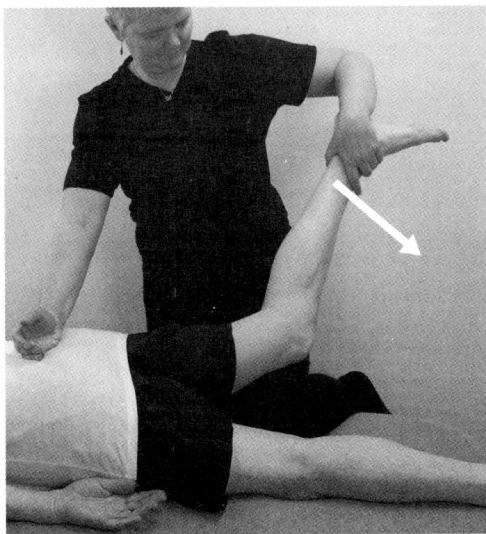

运动学关联

　　器官：肾上腺。

　　针灸经络：心包经和三焦经。

　　感受：压力、焦虑。

股薄肌

腘肌

起点

股骨外侧髁。

止点

胫骨后近端，比目鱼肌线内侧。

运动

使膝关节从伸展位解锁。

使股骨在胫骨上外旋。

使胫骨在股骨上内旋和屈曲膝关节。

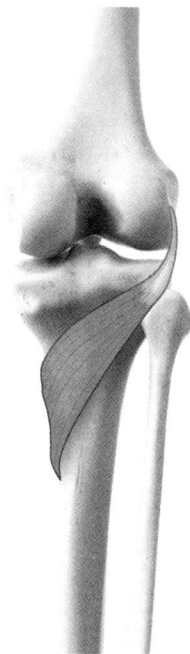

神经支配

胫神经L4、L5、S1。

血液供应

闭孔动脉。

临床特征

腘肌和腓肠肌、半腱肌、半膜肌和股二头肌（腘绳肌肌群）协同作用。腘肌有助于维持膝关节后部的稳定，因为它可以通过侧旋胫骨上的股骨启动膝关节的屈曲，也被称为"解锁膝关节的钥匙"。腘肌是膝关节后部的最深层的肌肉。在屈膝的过程中，它附着在外侧半月板的纤维会将外侧半月板向后拉。这有助于防止挤压半月板。在跑步的过程中，尤其是下坡时，腘肌经常被牵扯造成膝关节后部疼痛。它还可能因以下原因而损伤：跑步时的停顿，滑雪时发生意外和足球或橄榄球运动中的扭伤。腘肌的近端肌腱穿过膝关节外侧囊，可累及后交叉韧带损伤。

触诊

1. 受试者呈坐位或俯卧位，膝关节屈曲
   40°~80°。

2. 测试者将触诊手指沿肌纤维走行方向
   放于膝关节后侧，扪触肌肉的起止点。

3. 指导受试者内旋胫骨。由于腘肌位于
   深层，可能难以触诊其肌腹，但是可
   以在胫骨后部触诊到腘肌的止点。

4. 要注意肌肉组织的收缩情况。记住要
   从肌肉起点向止点的方向，深入至腓
   肠肌深处进行触诊。

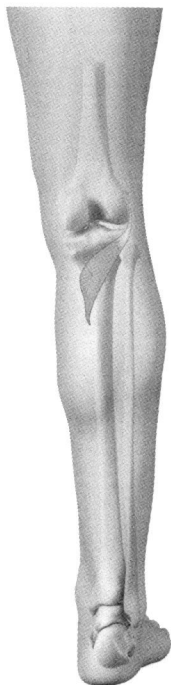

徒手肌力测试

体位

　　受试者呈仰卧位，伸展并内旋髋关
节，膝关节屈曲约20°。

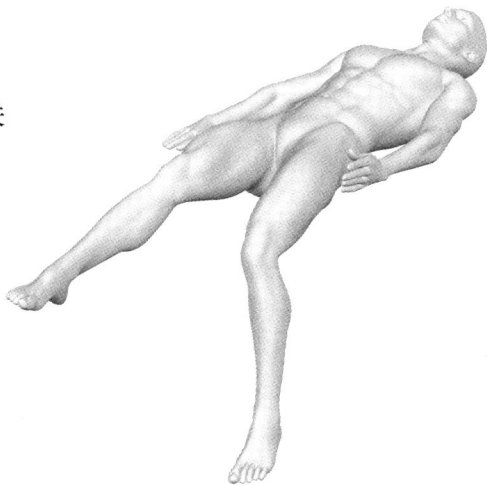

腘肌

测试方法

测试者沿着受试者膝关节外旋的方向施加一个阻力。测试者使用合适的评分量表记录检查结果。

注意在全关节活动范围内进行检查。中间范围的测试可用于评估肌肉等长收缩的力量，测试中要求受试者在测试者没有施加阻力的情况下保持体位。

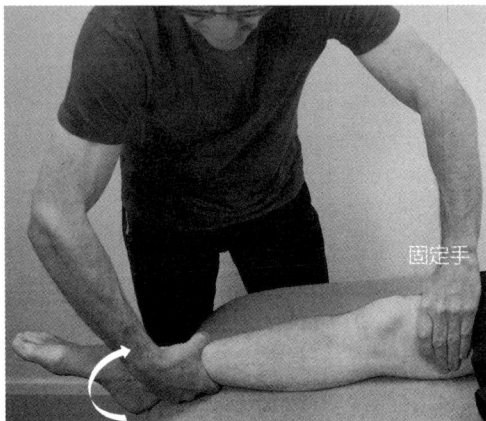

固定手

固定

测试者用固定手握住受试者髌骨近端进行固定。

运动学肌力测试

体位

受试者呈仰卧位，屈曲膝关节并外旋髋关节，使膝关节向外侧下垂，由踝关节提供支撑。

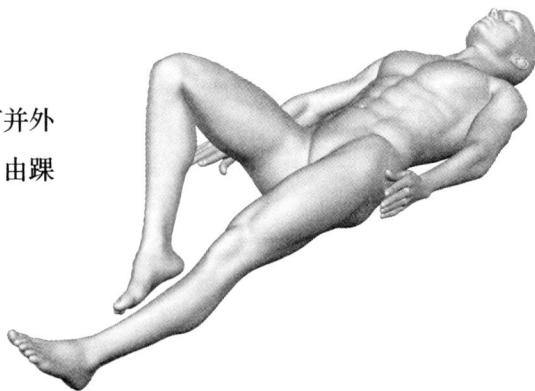

测试方法

　　测试者指导受试者保持该体位，轻轻摇晃自己的身体，在受试者膝关节外侧施加一个轻微的力，同时固定足部使小腿向反方向扭转。如果受试者的腘肌较强，可以在其臀部肌肉处观察感受到扭力。反之，则不会观察到上述扭力，并且受试者的小腿会很容易产生扭转。

固定

　　固定受试者的足部使其小腿向股骨的反方向扭转。

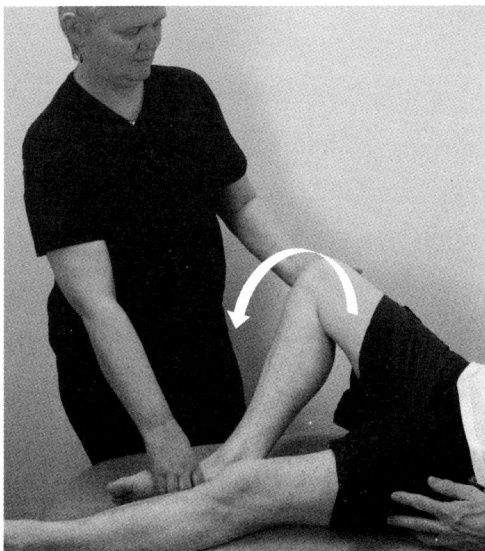

运动学关联

　　器官：胆囊。

　　针灸经络：胆经。

　　感受：易怒、沮丧。

缝匠肌

起点

髂前上棘。

止点

胫骨前内侧近端（鹅足腱）。

运动

髋关节和膝关节的屈曲。

髋关节的外展。

髋关节的外旋和屈膝时膝关节内旋。

协助启动骨盆的前倾。

神经支配

股神经L2、L3、L4。

血液供应

股动脉。

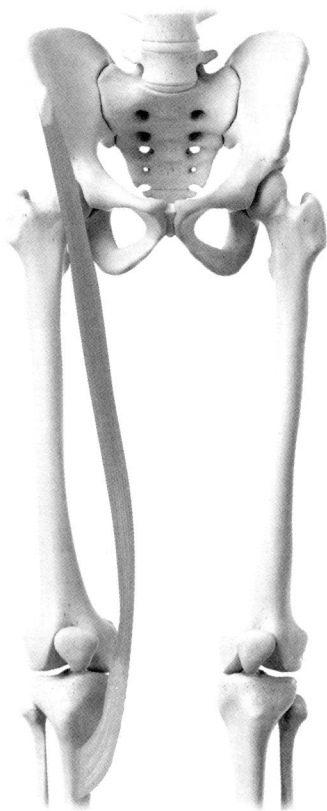

临床特征

缝匠肌与股薄肌、半腱肌、半膜肌和股二头肌协同作用。

缝匠肌是人体最长的肌肉，常被称为裁缝肌肉，因为跷二郎腿时缝匠肌发力，而跷二郎腿是裁缝缝纫时的传统姿势。

触诊

1. 受试者呈仰卧位，将触诊腿放于对侧腿上，形成数字"4"的形状。髋关节屈曲并略微外旋，足放于对侧膝关节远端。

2. 测试者将触诊手指沿肌纤维走行方向放于髂前上棘的内下方。

3. 指导受试者外旋并屈曲髋关节。

4. 要注意缝匠肌肌肉组织的收缩情况。记住要从肌肉起点向止点的方向进行触诊。

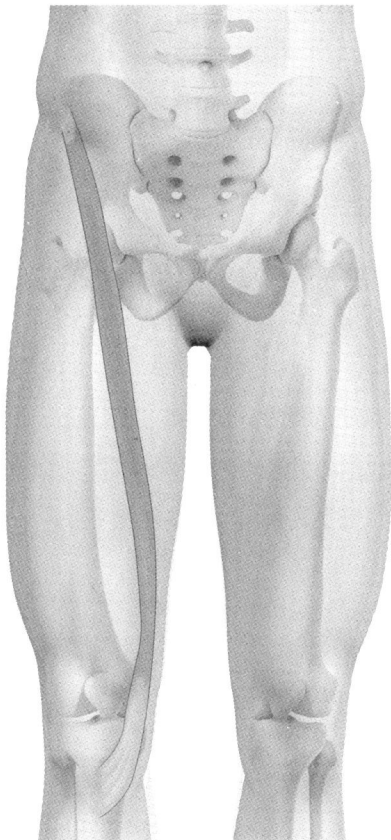

徒手肌力测试

体位

　　受试者呈仰卧位，测试腿髋关节略微屈曲并外旋，略微屈曲膝关节，将足放于对侧髌骨远端，使腿看起来像数字"4"。

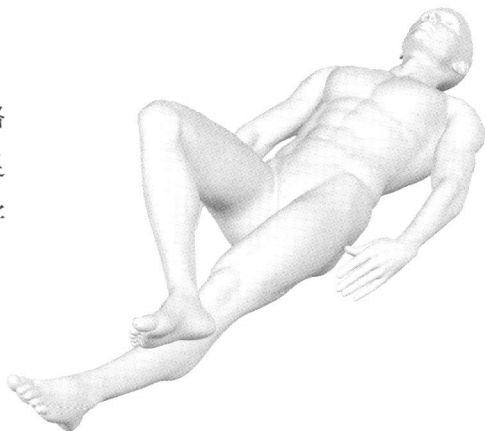

缝匠肌

测试方法

测试者沿着受试者髋关节内旋内收的方向施加一个主要的阻力，沿着受试者髋关节和膝关节伸展的方向施加一个辅助阻力。

测试者使用合适的评分量表记录检查结果。注意在全关节活动范围内进行检查。

中间范围的测试可用于评估肌肉等长收缩的力量，测试中要求受试者在测试者没有施加阻力的情况下保持体位。

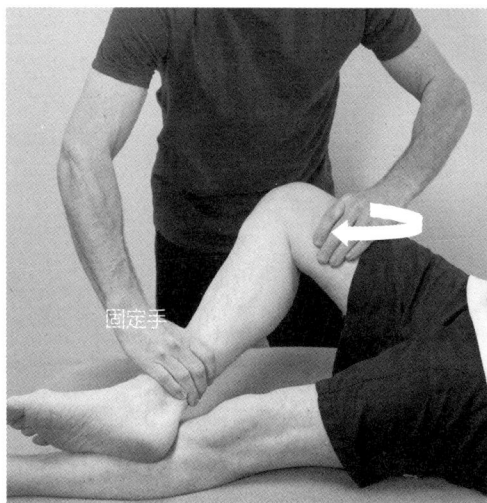

固定手

固定

受试者可以紧握住治疗床边缘以稳定姿势。

运动学肌力测试

体位

受试者呈仰卧位，测试腿髋关节略微屈曲并外旋，略微屈曲膝关节，将足放于对侧髌骨远端，使腿看起来像数字"4"。

测试者站在治疗床的床尾，让受试者的对侧足支撑在测试者的腿上。

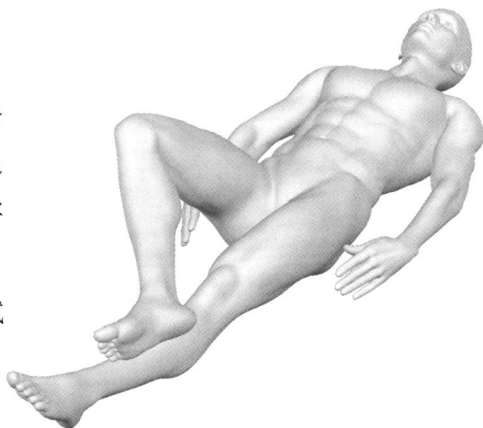

测试方法

　　测试者指导受试者保持该体位，同时握住受试者的足跟。测试者轻轻地晃动自己的身体并施加轻微的阻力，就像要使受试者膝关节伸展一样。

固定

　　测试者用固定手支撑受试者的膝关节，防止其膝关节侧旋。在测试缝匠肌时，测试者可以指导受试者将双手放于枕骨下方，作为"双重定位技术"的一种形式。

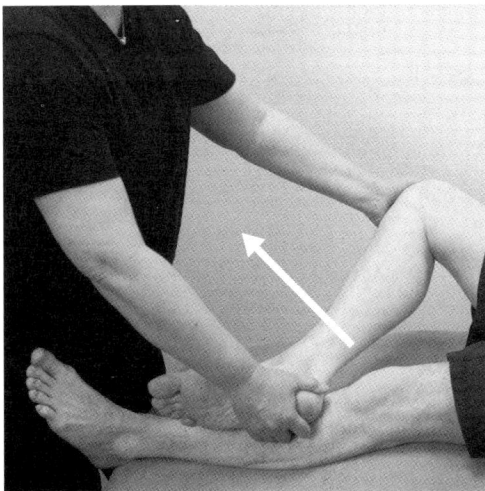

运动学关联

　　器官：肾上腺。

　　针灸经络：三焦经和心包经。

　　感受：压力。

缝匠肌

小腿、踝部和足

腓肠肌

腓肠肌与比目鱼肌和足底肌共同组成了小腿三头肌肌群。

起点

内侧头

股骨内侧髁后侧面上部。

外侧头

股骨外侧髁后侧面上部。

止点

移行为跟腱（阿基里斯腱）止于跟骨。

运动

略微使膝关节（胫股关节）屈曲。

使足在踝关节（距小腿关节）跖屈。

离心收缩时帮助控制足在踝关节处的背屈。

神经支配

胫神经S1、S2。

血液供应

腘动脉的腓肠动脉干。

临床特征

腓肠肌与比目鱼肌、跖肌、胫骨后肌、腓骨长肌、腓骨短肌、姆长屈肌和趾长屈肌协同作用。

腓肠肌近端纤维可与膝关节囊的后部融合在一起。在站立时，其对维持踝关节和膝关节的稳定非常重要。

长时间穿着高跟鞋，可能会导致小腿三头肌的慢性缩短。

超声成像显示腓肠肌外侧头和股骨后髁之间有一块籽骨，称为腓肠豆。

跟腱反射可以测试脊神经S1。

小腿三头肌肌群是重要的骨骼肌泵，帮助静脉血液回流至心脏，促进淋巴回流。

触诊

1. 受试者呈俯卧位，伸展膝关节。
2. 测试者将触诊手指沿腓肠肌肌纤维走行方向放于下肢后部。
3. 指导受试者跖屈踝关节和足。
4. 要注意肌肉组织的收缩情况。记住要从肌肉起点向止点的方向进行触诊。

徒手肌力测试

体位

　　受试者呈仰卧位，髋关节、膝关节屈曲至90°并跖屈踝关节。

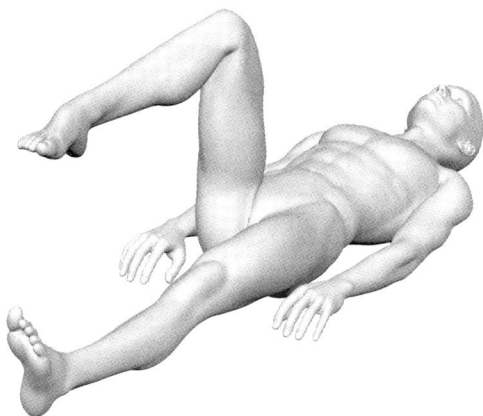

测试方法

　　测试者握住跟骨，沿着跟骨从初始位到背屈位的方向施加阻力。

　　测试者使用合适的评分量表记录检查结果。注意在全关节活动范围内进行检查。

　　中间范围的测试可用于评估肌肉等长收缩的力量，测试中要求受试者在测试者没有施加阻力的情况下保持体位。

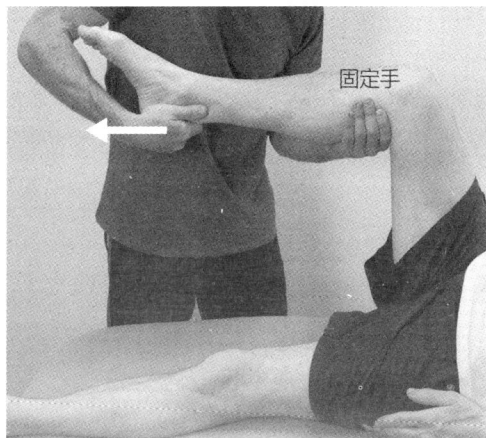

固定手

腓肠肌

固定

测试者将固定手放于受试者膝关节近端后部以维持其动作的稳定。

运动学肌力测试

体位

受试者呈仰卧位，屈曲髋关节和膝关节，足部充分跖屈。

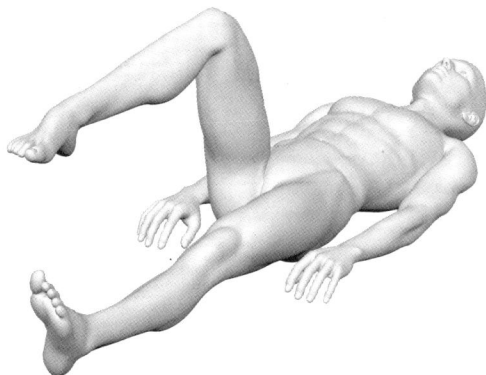

测试方法

可以通过内旋小腿对腓肠肌的外侧与内侧进行测试，外旋小腿可以单独测试腓肠肌外侧。

测试者指导受试者保持该体位，同时握住受试者的踝关节。测试者轻轻地晃动自己的身体并施加轻微的阻力，就像要使受试者的膝关节伸展一样。

固定

测试者用固定手支撑受试者的膝关节，维持其下肢的稳定。

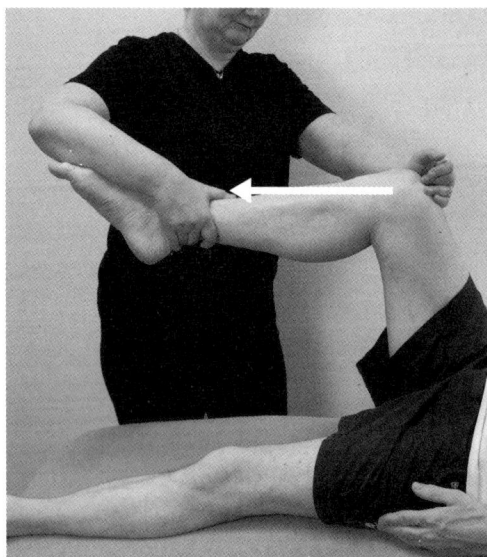

运动学关联

器官：肾上腺。

针灸经络：三焦经和心包经。

感受：压力。

比目鱼肌

起点

胫骨比目鱼线和腓骨近端。

止点

移行为跟腱（阿基里斯腱）止于跟骨。

运动

踝关节（距小腿关节）的跖屈。

使足内翻（作用较小）。

帮助控制踝关节（距小腿关节）的背屈。

神经支配

胫神经L5、S1、S2。

血液供应

腘动脉的腓肠动脉干。

临床特征

比目鱼肌与腓肠肌、跖肌、胫骨后肌、腓骨长肌、腓骨短肌、踇长屈肌和趾长屈肌协同作用。

比目鱼肌是足部主要的跖屈肌，站立时，比目鱼肌对维持踝关节和膝关节的稳定非常重要。

它是一个重要的下肢姿势稳定肌。

超声成像显示比目鱼肌会有一块额外的肌腹部，称为副比目鱼肌。有时超声成像会显示比目鱼肌内侧部分的缺失。

跟腱反射可以测试脊神经S1。

小腿三头肌肌群是重要的骨骼肌泵，帮助静脉血液回流至心脏，促进淋巴回流。

比目鱼肌因它的外形酷似比目鱼而得名。

触诊

1. 受试者呈俯卧位，屈曲膝关节至90°。

2. 测试者将触诊手指沿比目鱼肌肌纤维走行方向放于下肢后部。

3. 指导受试者跖屈踝关节和足。

4. 要注意肌肉组织的收缩情况。记住要从肌肉起点向止点的方向进行触诊，扪触至腓肠肌深层。

徒手肌力测试

体位

受试者呈俯卧位，屈曲膝关节至110°并跖屈踝关节/足部。

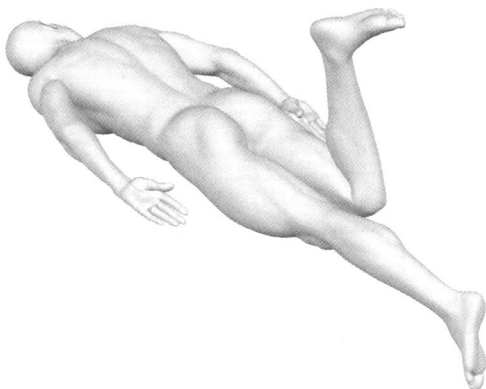

测试方法

测试者上提受试者的跟骨，沿着其背屈的方向施加阻力。

测试者使用合适的评分量表记录检查结果。注意在全关节活动范围内进行检查。

中间范围的测试可用于评估肌肉等长收缩的力量，测试中要求受试者在测试者没有施加阻力的情况下保持体位。

固定手

固定

测试者将固定手放于受试者小腿前部以维持其动作的稳定。

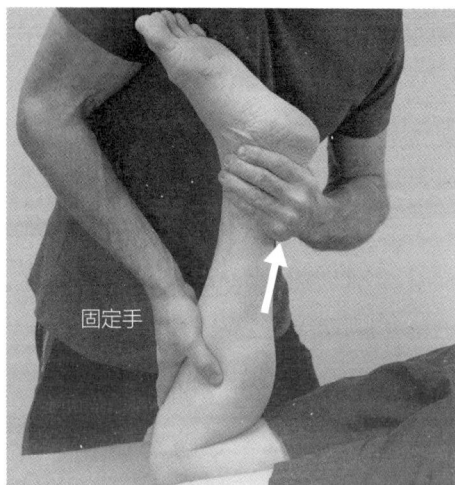

运动学肌力测试

体位

　　受试者呈俯卧位，膝关节屈曲小于90°以避免腓肠肌发力。若膝关节屈曲角度大于90°，则会引起腘绳肌的发力。足部充分跖屈。

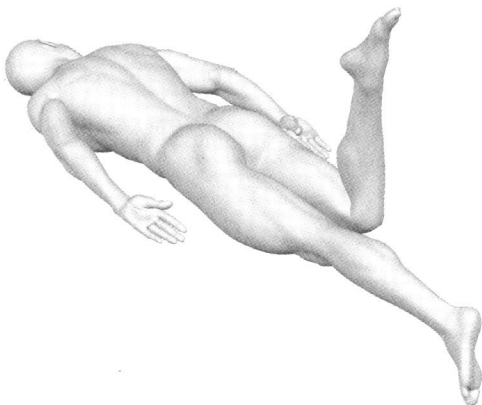

测试方法

　　测试者指导受试者保持该体位，同时握住受试者的跟骨。测试者轻轻地晃动自己的身体并对受试者的跟骨与足底表面施加轻微的阻力，就像要使受试者足背屈一样。

固定

　　测试者将一只手放于受试者足底，引导足背屈。

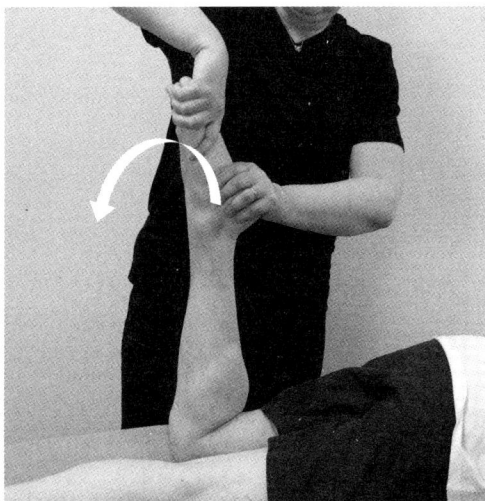

运动学关联

　　器官：肾上腺。

　　针灸经络：心包经和三焦经。

　　感受：压力。

比目鱼肌

胫骨前肌

起点

胫骨近端外侧三分之二处，胫骨外侧髁和骨间膜。

止点

内侧楔骨和第一跖骨底。胫骨前肌肌腱位于胫骨内踝前面。

运动

使足在距下关节内翻。

踝关节（距小腿关节）背屈。

离心收缩时帮助控制足在距下关节处的外翻和踝部在距小腿关节处的跖屈。

神经支配

腓深神经L4、L5、S1。

血液供应

胫前动脉。

临床特征

　　胫骨前肌与踇长伸肌、趾长伸肌协同作用。

　　胫骨前肌参与稳定内侧纵弓，特别是在维持平衡、跑步和走路时，并且在步态的摆动相，胫骨前肌参与抬脚，使足在踮脚后离开地面。

　　胫骨前肌疼痛可由胫骨前肌紧张和（或）损伤引起，并导致夹胫痛。

　　腓深神经深部病变会引起胫骨前肌麻痹，导致足下垂。足下垂会使足跟无法先着地，迫使患者抬高足弓和脚趾以防止脚趾着地，从而患者走路时产生一种独特的啪嗒声或跺脚声。

触诊

1. 受试者呈仰卧位或坐位。
2. 测试者将触诊手指沿胫骨前肌肌纤维走行方向放于胫骨前部外侧。
3. 指导受试者背屈踝关节，屈曲足趾。屈曲足趾，可以防止趾长伸肌发力。
4. 要注意肌肉组织的收缩情况。记住要从肌肉起点向止点的方向进行触诊，扪触至腓肠肌深层。

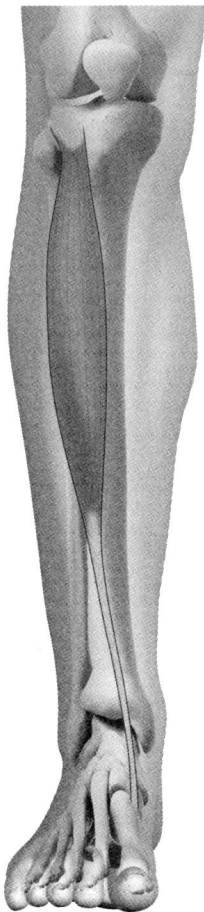

胫骨前肌

徒手肌力测试

体位

受试者通常呈仰卧位，背屈并内翻踝关节。

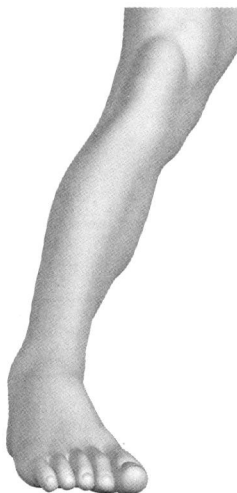

测试方法

测试者斜向从内向外，沿着足跖屈的方向在受试者足部施加阻力。

测试者使用合适的评分量表记录检查结果。注意在全关节活动范围内进行检查。

中间范围的测试可用于评估肌肉等长收缩的力量，测试中要求受试者在测试者没有施加阻力的情况下保持体位。

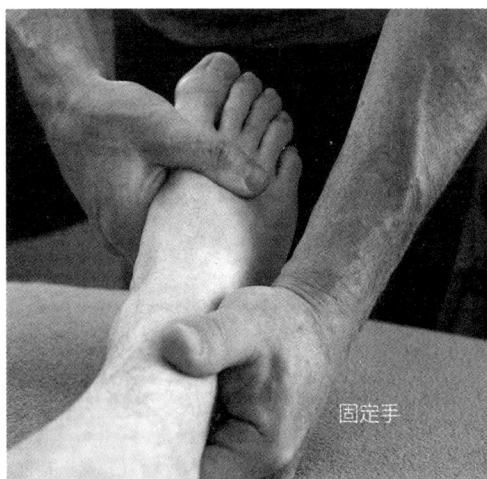

固定手

固定

测试者将固定手放于受试者踝关节外侧以维持其动作的稳定。

运动学肌力测试

体位

受试者呈仰卧位，足背屈并内翻（向上并向内）。

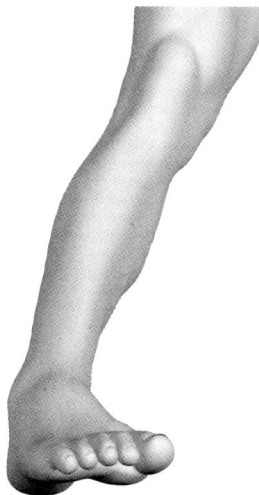

测试方法

测试者指导受试者保持该体位，同时双手握住受试者的足部。测试者轻轻地晃动自己的身体并施加轻微的阻力，就像要使受试者足部回到中立位一样。

固定

测试者双手握住受试者的足部，便于自己移动身体。

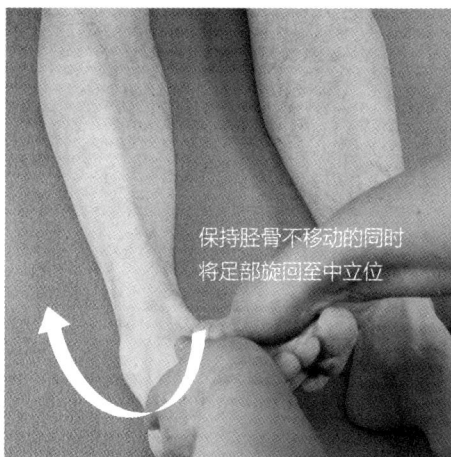

保持胫骨不移动的同时将足部旋回至中立位

运动学关联

器官：膀胱。

针灸经络：膀胱经。

感受：惊恐。

胫骨前肌

胫骨后肌

起点

胫骨近端外侧三分之二处，腓骨和骨间膜。

止点

足底面，包括足舟骨，3块楔骨，第二、第三和第四跖骨，骰骨和跟骨。胫骨后肌肌腱位于胫骨内踝下方。

运动

使足在距下关节内翻。

使足在距小腿关节跖屈。

稳定踝关节的运动。

在离心收缩时帮助控制足在距下关节处的外翻和足在距小腿关节处的背屈。

神经支配

胫神经L4、L5、S1。

血液供应

胫后动脉。

临床特征

　　胫骨后肌与蹞长屈肌、趾长屈肌协同作用。

　　胫骨后肌是踝关节的主要稳定结构，可以防止在步行时踝关节过度内旋。

　　胫骨后肌可以进一步为足的内侧纵弓提供支撑。

　　对于内踝后面的结构，一个很好的记忆法——"汤姆、迪克和哈里"（胫骨后肌、趾长屈肌、胫后动脉、胫神经、蹞长屈肌）。

触诊

1. 受试者呈俯卧位。
2. 测试者将触诊手指沿胫骨后肌肌纤维走行方向放于小腿后部。
3. 指导受试者内翻并跖屈踝关节。
4. 要注意肌肉组织的收缩情况。记住要从肌肉起点向止点的方向进行触诊，扪触至腓肠肌/比目鱼肌深层和内踝后面至足底。

徒手肌力测试

体位

　　受试者呈仰卧位，跖屈并内翻踝关节。

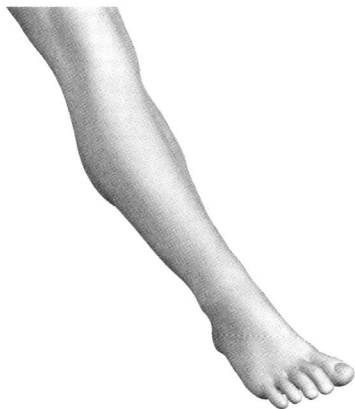

胫骨后肌

测试方法

测试者斜向从内向外，沿着足背屈的方向在受试者足部施加阻力。

测试者使用合适的评分量表记录检查结果。注意在全关节活动范围内进行检查。

中间范围的测试可用于评估肌肉等长收缩的力量，测试中要求受试者在测试者没有施加阻力的情况下保持体位。

固定

测试者将固定手放于受试者踝关节外侧以维持其动作的稳定。

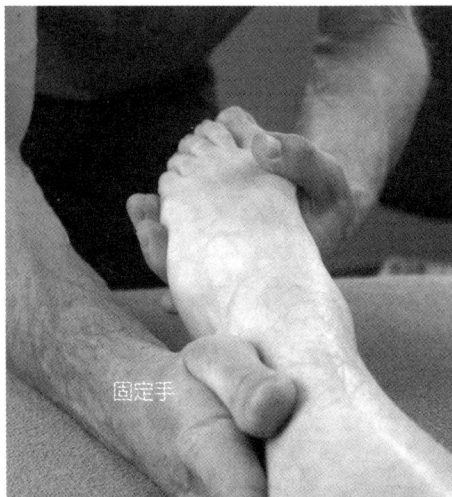

运动学肌力测试

体位

受试者呈仰卧位，充分跖屈并内翻足（向下并向内）。

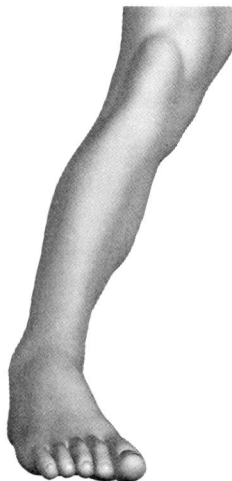

测试方法

测试者指导受试者保持该体位，同时双手握住受试者的足部，测试中的所有动作都只在踝关节处进行。测试者轻轻地晃动自己的身体并施加轻微的阻力，就像要使受试者足部回到中立位一样。

固定

测试者双手握住受试者的足部，使运动只发生在受试者的踝关节处。

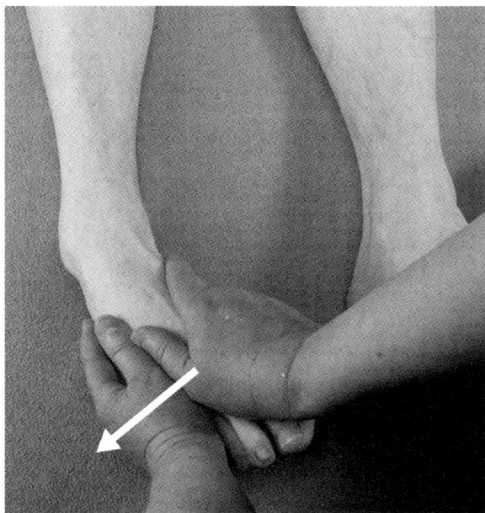

运动学关联

器官：膀胱。

针灸经络：膀胱经。

感受：惊恐。

胫骨后肌

腓骨肌

小腿外侧肌群由于与腓骨的连接有密切关联，通常被称为腓骨肌。

腓骨肌包括以下肌肉：第三腓骨肌、腓骨长肌与腓骨短肌。

起点

第三腓骨肌

腓骨前部远端三分之一处。

腓骨长肌

腓骨头与腓骨近端外侧轴。

腓骨短肌

腓骨外侧远端三分之二处。

止点

第三腓骨肌

第五跖骨底。

腓骨长肌

内侧楔骨与第一跖骨底。

腓骨短肌

第五跖骨粗隆。

运动

第三腓骨肌

使足在距小腿关节处背屈。

使足在距下关节处外翻。

腓骨长肌和腓骨短肌

使足在距下关节处外翻。

使足在距小腿关节处跖屈。

在离心收缩时帮助控制足在距下关节处的内翻和在距小腿关节处的背屈。

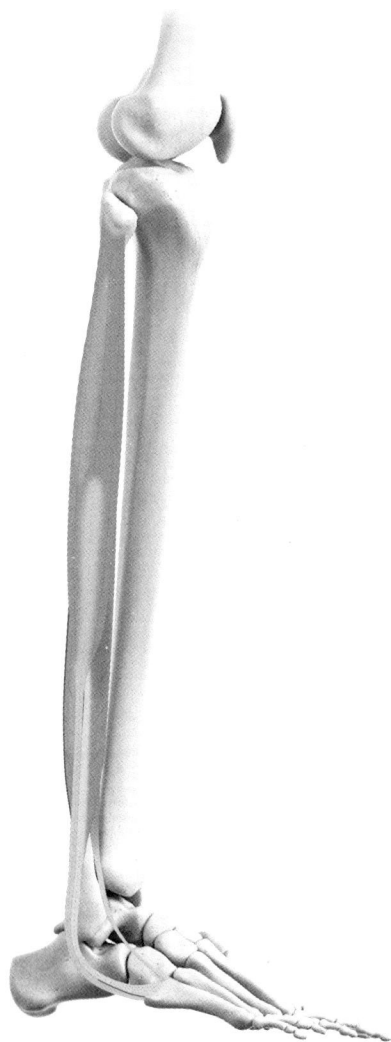

神经支配

腓浅神经L4、L5、S1。

血液供应

腓动脉。

临床特征

腓骨长肌与腓骨短肌协同作用，使足外翻与跖屈，并且在足跖屈时与腓肠肌和比目鱼肌协同作用。

腓骨长肌与腓骨短肌位于外踝后部，而第三腓骨肌位于外踝前部，故第三腓骨肌主要作为跖屈肌。

腓骨肌与胫骨前肌共同组成了一个马镫样结构包绕着足。

腓骨长肌是踝关节的"关键稳定器"，帮助平衡踝关节的内翻力。所以慢性踝关节不稳和踝关节内翻扭伤的患者通常需要进行与腓骨长肌力量相关的康复训练。

触诊

1. 受试者呈仰卧位或坐位。
2. 测试者将触诊手指沿腓骨肌肌纤维走行方向放于外踝前部。
3. 指导受试者外翻踝关节。
4. 要注意肌肉组织的收缩情况。记住要从肌肉起点向止点的方向进行触诊。

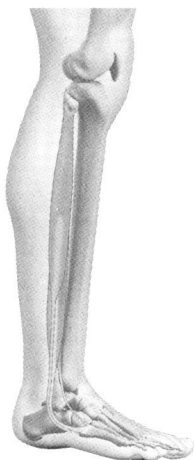

徒手肌力测试

体位

第三腓骨肌

受试者呈仰卧位，背屈并外翻踝关节。

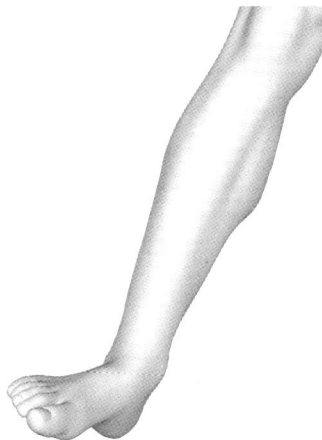

第三腓骨肌

腓骨长肌与腓骨短肌

　　受试者呈仰卧位，跖屈并外翻踝关节。

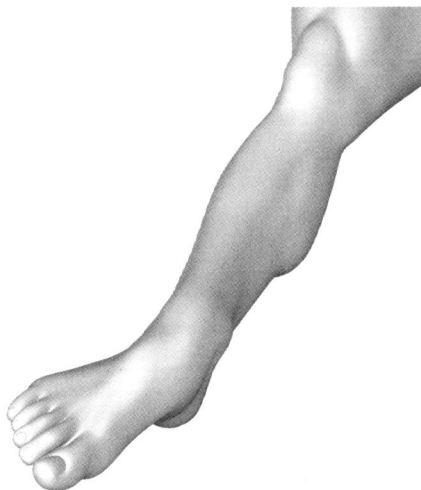

腓骨长肌与腓骨短肌

测试方法

第三腓骨肌

　　测试者斜向从外向内，沿着足跖屈的方向施加阻力。

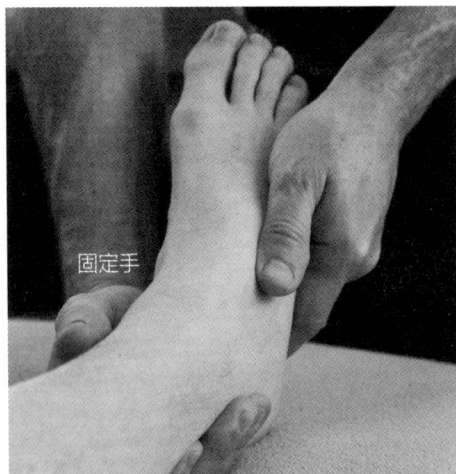

第三腓骨肌

腓骨长肌与腓骨短肌

　　测试者从外向内，沿着足背屈的方向以旋转的方式施加阻力。

　　测试者使用合适的评分量表记录检查结果。注意在全关节活动范围内进行检查。

　　中间范围的测试可用于评估肌肉等长收缩的力量，测试中要求受试者在测试者没有施加阻力的情况下保持体位。

固定

　　测试者用固定手握住受试者小腿以维持其动作的稳定。

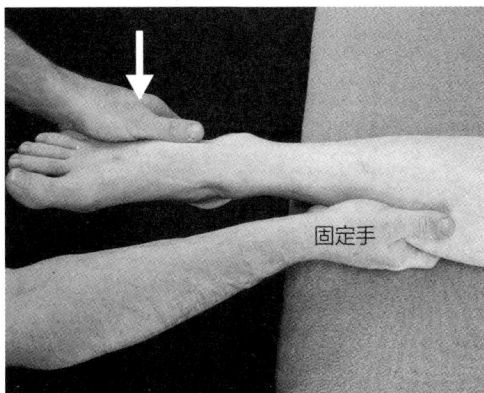

腓骨长肌与腓骨短肌

运动学肌力测试

体位

第三腓骨肌

　　受试者呈仰卧位，足充分背屈并外翻（向上并向外）。

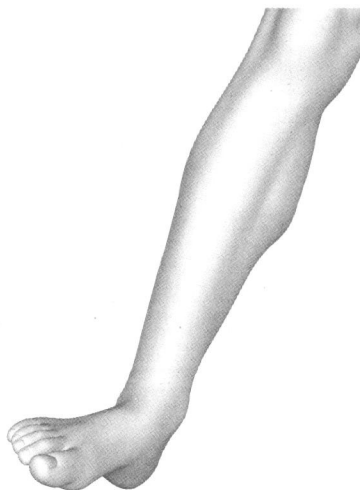

第三腓骨肌

腓骨长肌与腓骨短肌

　　受试者呈仰卧位，足充分跖屈并外翻（向下并向外）。

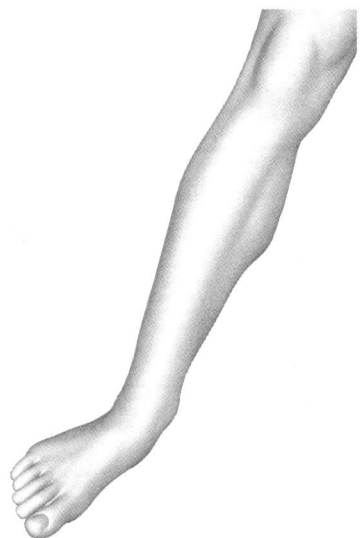

腓骨长肌与腓骨短肌

测试方法

测试者指导受试者保持该体位，同时双手握住受试者的足部，测试中的所有动作都只在踝关节进行。测试者轻轻地晃动自己的身体并施加轻微的阻力，就像要使受试者足部回到中立位一样。

固定

测试者双手握住受试者的足部，使运动只发生在受试者的踝关节处。

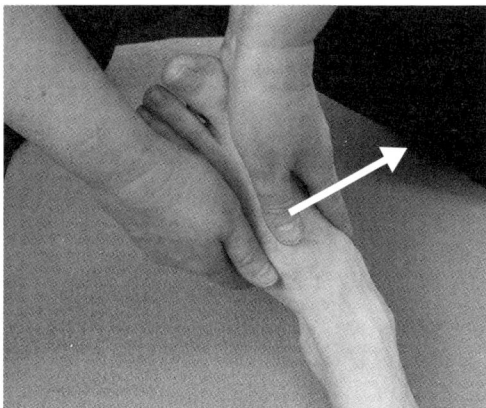

第三腓骨肌

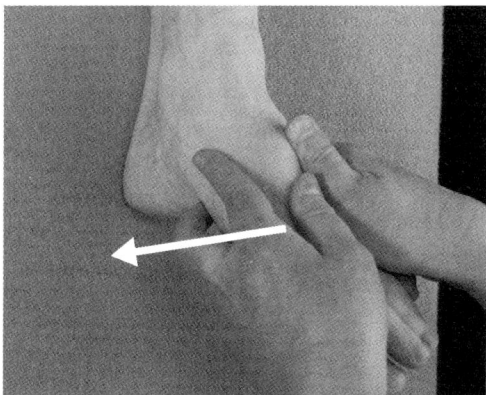

腓骨长肌与腓骨短肌

运动学关联

器官：膀胱。

针灸经络：膀胱经。

感受：惊恐。

腓骨肌

踇长伸肌

起点

腓骨前部近端三分之一处和骨间膜。

止点

踇趾远节趾骨底。

运动

踇趾的伸展。

协助足的背屈和内翻。

在离心收缩时帮助控制踇趾的屈曲。

神经支配

腓深神经L4、L5、S1。

血液供应

胫前动脉。

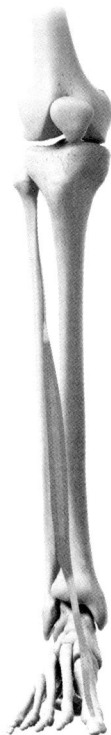

临床特征

踇长伸肌与踇短伸肌、胫骨前肌协同作用。在步态周期中，在足跟落地后，踇长伸肌参与控制前足的减速。

足背动脉位于踝关节前表面，踇长伸肌肌腱和趾长伸肌肌腱之间。

触诊

1. 受试者呈仰卧位或坐位。

2. 测试者将触诊手沿受试者姆长伸肌肌
   纤维走行方向放于胫骨远端外侧。

3. 指导受试者姆趾向胫前方向伸展。

4. 要注意肌肉组织的收缩情况。记住要
   从肌肉起点向止点的方向进行触诊。

徒手肌力测试

体位

受试者呈仰卧位，姆趾充分伸展。

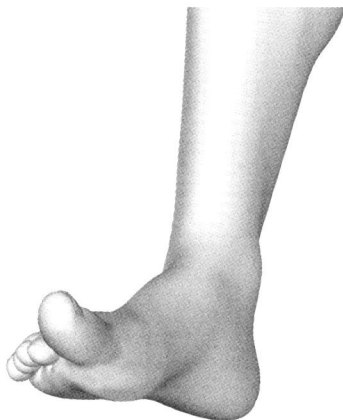

测试方法

　　测试者沿着受试者跨趾屈曲的方向施加阻力。

　　测试者使用合适的评分量表记录检查结果。注意在全关节活动范围内进行检查。

　　中间范围的测试可用于评估肌肉等长收缩的力量，测试中要求受试者在测试者没有施加阻力的情况下保持体位。

固定

　　测试者将固定手放于受试者第二至第五趾骨的背面以维持其动作的稳定。

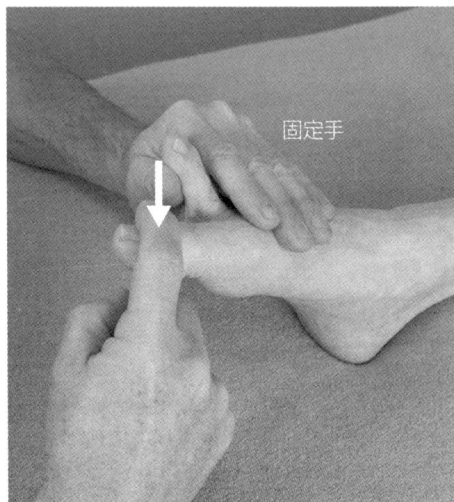

固定手

运动学肌力测试

体位

　　受试者呈仰卧位，踝关节处于中立位。跨趾部分背屈45°。

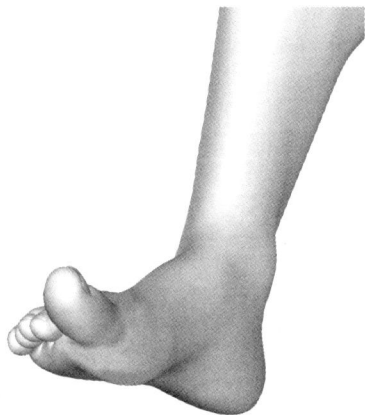

测试方法

　　测试者指导受试者保持该体位，同时轻轻地晃动自己的身体并对踇趾施加轻微的阻力，使受试者的踇趾向屈曲的方向移动。

固定

　　测试者在测试期间站于受试者足侧，用固定手轻轻支撑足以确保足的其他部分与踝关节在测试过程中没有运动。

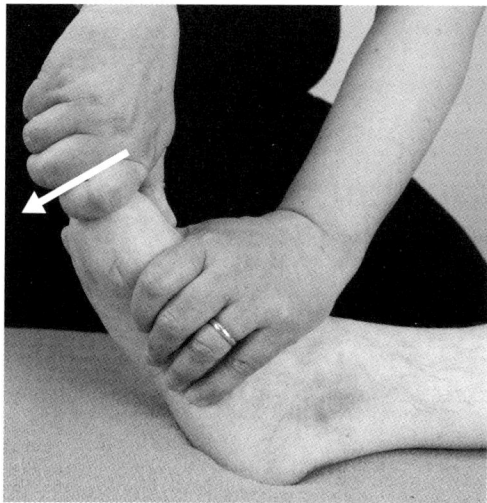

运动学关联

　　未知。

姆长屈肌

起点

腓骨后部远端三分之二处和骨间膜。

止点

姆趾底面远端趾骨底。

运动

姆趾的屈曲。

协助足的背屈与内翻。

在离心收缩时帮助控制姆趾的伸展。

神经支配

胫神经L5、S1、S2。

血液供应

胫后动脉。

临床特征

姆长屈肌与姆短屈肌共同作用。

姆长屈肌相对较大，在步态周期中的蹬离期和足趾离地阶段参与作用产生推力。

当足趾发生异常，如外翻（姆趾的侧向偏移）时，姆长屈肌的作用能力减弱。

姆长屈肌进一步参与维持足内侧纵弓。

触诊

1. 受试者呈俯卧位。

2. 测试者将触诊手指沿受试者姆长屈肌
   肌纤维走行方向放于胫骨远端外侧。

3. 指导受试者屈曲姆趾。

4. 要注意肌肉组织的收缩情况。记住要
   扣触小腿三头肌的深处，从肌肉起点
   向止点方向进行触诊，从内踝后沿着
   一条线止于足底。

徒手肌力测试

体位

受试者呈仰卧位，踝关节处于中立
位，并使姆趾充分屈曲。

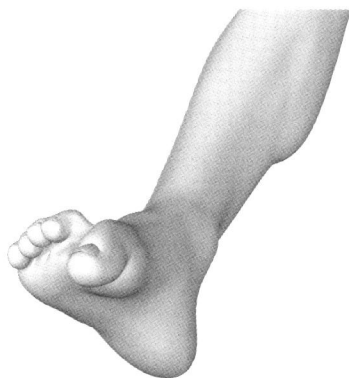

姆长屈肌

测试方法

测试者沿着受试者拇趾伸展的方向施加阻力。

固定

测试者将固定手放于受试者第二至第五趾骨以维持其动作的稳定。

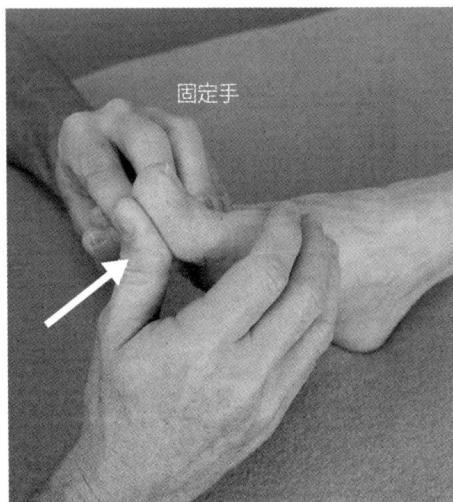

固定手

运动学肌力测试

体位

受试者呈仰卧位，踝关节处于中立位。拇趾部分屈曲至45°（就像拇趾向下弯曲一样）。

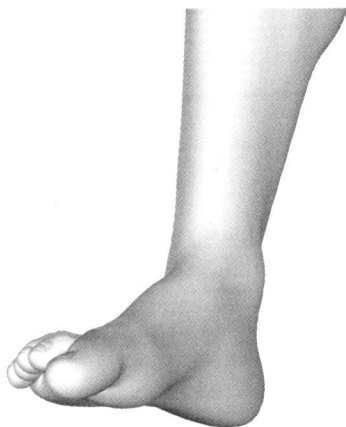

测试方法

　　测试者指导受试者保持该体位，同时轻轻地晃动自己的身体并对姆趾施加轻微的阻力，使受试者姆趾向伸展的方向移动（就像姆趾背屈一样）。

固定

　　测试者在测试期间站于受试者足侧，用固定手轻轻支撑足以确保足的其他部分与踝关节在测试过程中没有运动。

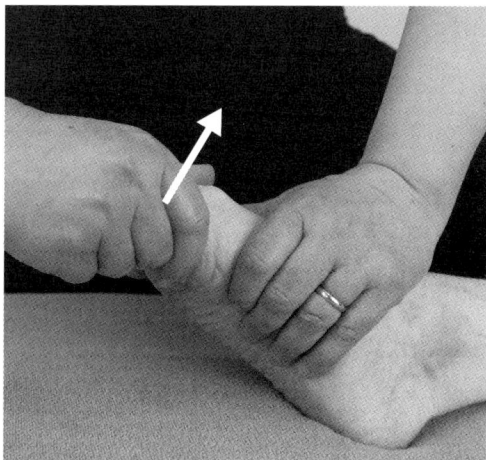

运动学关联

　　器官：生殖器官和内分泌器官。

　　针灸经络：心包经。

　　感受：多种情绪，具体取决于受影响的器官。

姆长屈肌

趾长伸肌

起点

腓骨近端、骨间膜和胫骨外侧髁。

止点

第二至第五趾骨背面——经由趾背腱膜止于中节和远节趾骨。

运动

使第二至第五趾骨在跖趾关节和趾间关节伸展。

足的背屈和外翻。

在离心收缩时，帮助控制第二至第五趾骨的屈曲与足的跖屈和内翻。

神经支配

腓深神经L4、L5、S1。

血液供应

胫前动脉。

临床特征

趾长伸肌与趾短伸肌协同作用。

趾长伸肌通常额外有一个肌腱，起于趾长伸肌的远端肌纤维，止于第五跖骨底，该肌腱被称为第三腓骨肌。

在步态周期中，趾长伸肌参与协助足跟触地后的减速。

触诊

1. 受试者呈仰卧位或坐位。

2. 测试者将触诊手沿受试者趾长伸肌肌纤维走行方向放于足背。

3. 测试者指导受试者伸展足趾，并沿着足趾屈曲的方向施加一个阻力。

4. 记住要从肌肉起点向止点的方向进行触诊。

5. 要注意肌腹的收缩情况。

徒手肌力测试

体位

受试者呈仰卧位或坐位，踝关节处于中立位，并使第二至第五趾充分伸展。

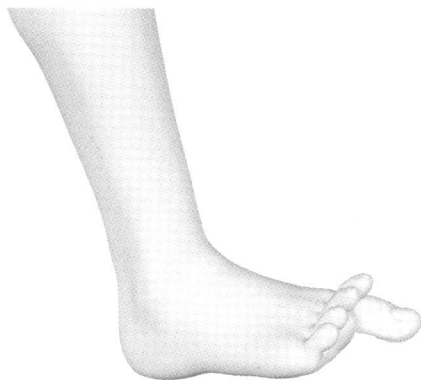

趾长伸肌

测试方法

　　测试者沿着受试者第二至第五趾屈曲的方向对其施加一个35%的阻力。

　　指导受试者通过抗阻保持足趾伸展。

固定

　　固定受试者的蹈趾，防止蹈趾的伸展。

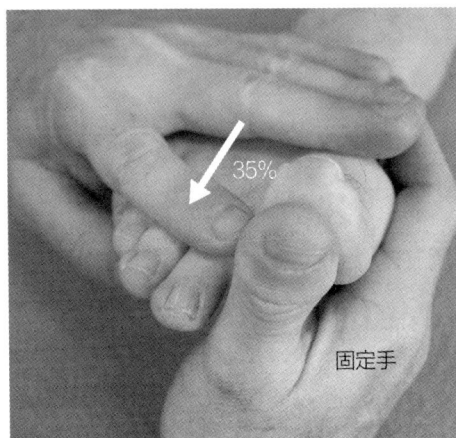

35%

固定手

运动学肌力测试

　　一般不进行此测试。

趾短伸肌

起点

跟骨近端前外侧。

止点

一条止于第一趾的近端趾骨，其余三条经趾长伸肌肌腱止于第二至第四趾的远端趾骨。

运动

第二至第四趾在跖趾关节和趾间关节处的伸展。

在离心收缩时帮助控制第二至第四趾的屈曲。

神经支配

腓深神经L4、L5、S1。

血液供应

足背动脉。

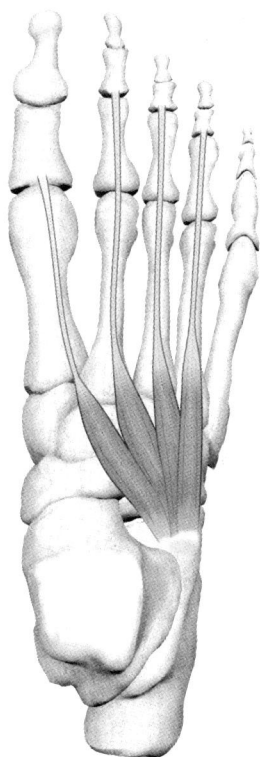

临床特征

趾短伸肌与趾长伸肌协同作用。

趾长伸肌与姆短伸肌是位于足上面（足背面）的两块固有肌肉。它们是踝关节相关损伤后评价关节肿胀程度的重要标志物。

触诊

1. 受试者呈仰卧位或坐位。

2. 测试者将触诊手沿受试者趾短伸肌肌
   纤维走行方向放于外踝前侧。

3. 测试者指导受试者伸展足趾，并沿着
   足趾屈曲的方向施加一个阻力。

4. 从肌肉起点向止点的方向进行触诊。

5. 注意肌腹的收缩情况。

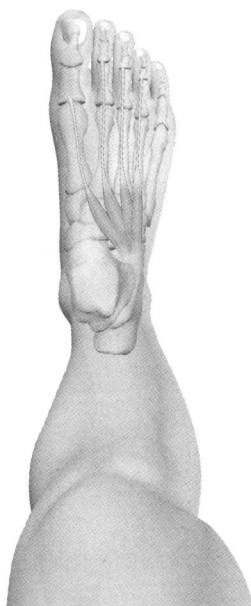

徒手肌力测试

体位

　　受试者呈仰卧位或坐位，踝关节
背屈。

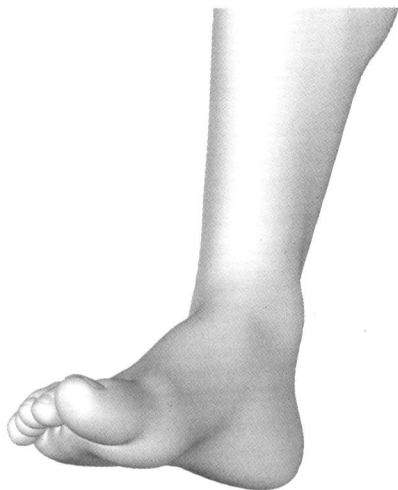

测试方法

　　测试者沿着受试者第二至第四趾屈曲的方向对其施加一个35%的阻力。

　　指导受试者通过抗阻保持足趾伸展。

固定

　　测试者在测试中固定受试者的足背以维持动作的稳定。

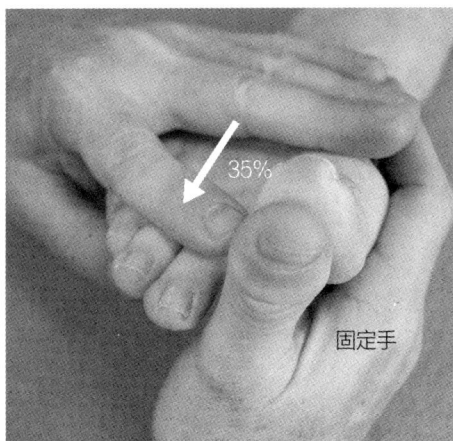

35%

固定手

运动学肌力测试

体位

　　受试者呈仰卧位，足轻微跖屈，并伸展足趾。

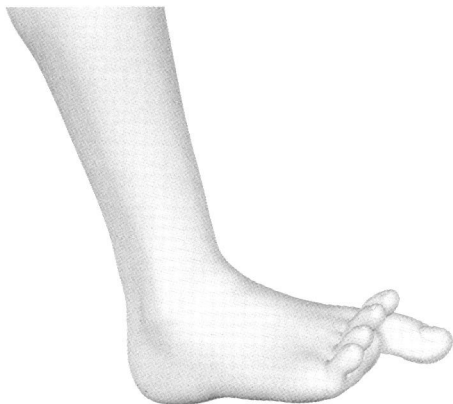

趾短伸肌

测试方法

测试者指导受试者保持该体位，同时轻轻地晃动自己的身体并对第二至第四趾施加轻微的阻力，就像使足趾屈曲一样。注意不要用力过大。

固定

固定受试者的足部。

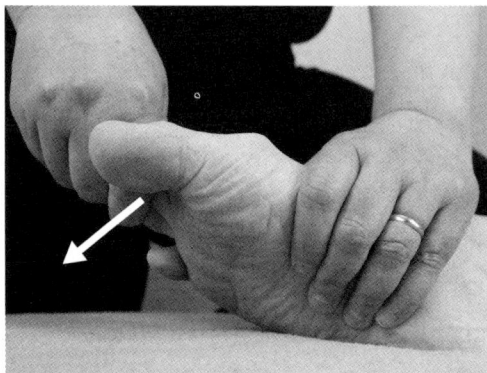

运动学关联

未知。

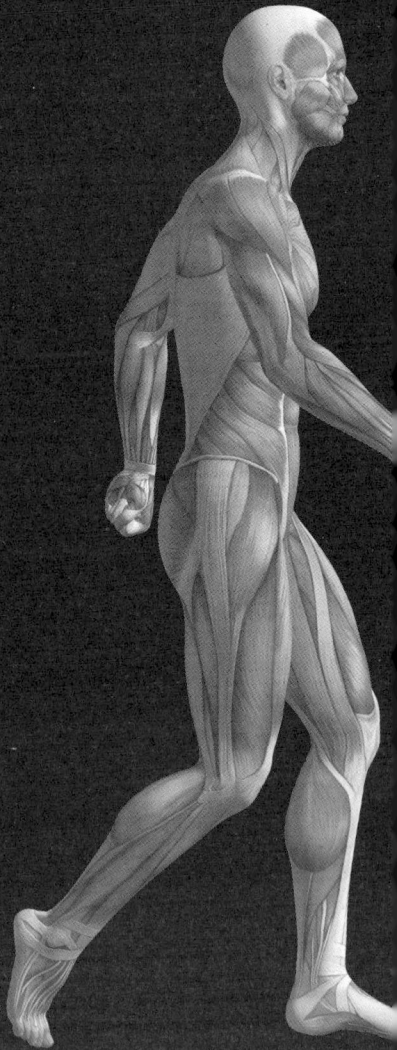

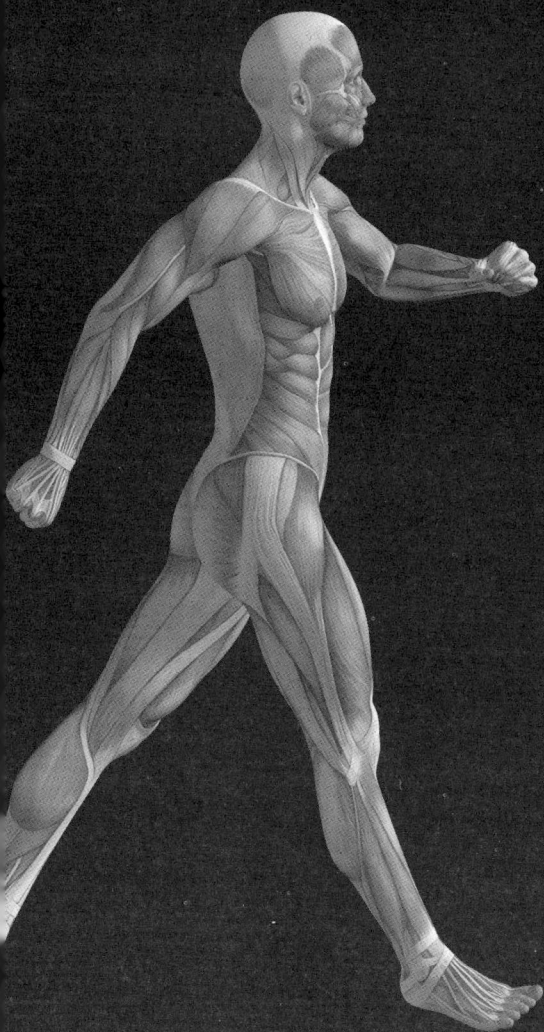

第 **3** 章

步态测试

步态测试的简介

步态和运动是在身体移动、平衡和呼吸时利用了肌肉的激活、抑制、等长收缩以及离心收缩的综合的复杂活动。所有的随意肌都在大脑、运动神经、感觉神经和本体感受器的控制下参与步态和运动。筋膜和软组织会根据受到的压力和拉力产生形变，这产生了一种类似弹簧的效果；身体反冲并推动自身进入由韧带塑造且由肌肉运动调整的形状。

所有肌肉控制的动作中，一些肌肉是发起和完成一个动作的主动作肌，而其他肌肉是启动动作的次动作肌。当在爬行、行走或跑步时，主动作肌倾向于对侧性的工作。因此在行走时，上肢以及对侧的下肢向前。向后的上肢则与向后的下肢互为对侧。例如，当髋关节弯曲使腿向前时，对侧的肩关节也向前弯曲。同样的，后侧的腿以及对侧的手臂分别在髋部以及肩部伸展。

有许多疗法，包括应用运动机能学以及Amatsu软组织治疗都使用了同时进行的肌力测试的组合来确认步态机制的功能障碍区域。这就可以证实是哪个肌肉组合无法进行正常的工作。肌力测试不能取代对受试者行走的观察，但是为测试者提供了一个在治疗前后进行并且可以快速记录疗效的测试方法。许多治疗师可能会指导受试者进行对应的活动来改善步态功能，也有治疗师可能会通过按摩、软组织技术或针灸/指压进行治疗。

虽然列出的测试都是对侧步态测试，但根据受试者的病史的提示，所有的测试也可以在同侧进行。所列出的步态测试都测试在启动行走时上下半身使用的主要肌肉。它们也可以用来模仿那些患者表示有难度的动作，如后退或侧身行走。相关从业者还可以创造性地将步态测试与肌力测试结合起来，而不局限于列出的测试方法。

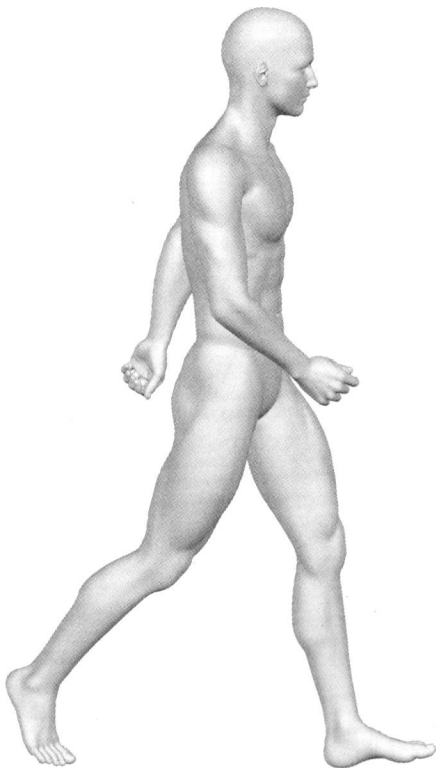

肩部与对侧髋部屈肌的步态测试

该测试是肩屈肌群和对侧髋屈肌群的联合肌肉运动。测试开始前，应当单独对肩屈肌群和对侧髋屈肌群进行测试，以确保它们可以参与步态测试。如果对侧髋屈肌群在单独测试时表现良好，而在联合测试时表现为无力，则该步态测试是一项弱测试。

体位

受试者呈仰卧位，双侧肘关节与膝关节充分伸展。受试者肩关节屈曲至60°，肱骨充分内旋；测试者将受试者对侧下肢抬起，屈曲其髋关节至60°，同时将其大腿外展并外旋至与肩同宽的位置。

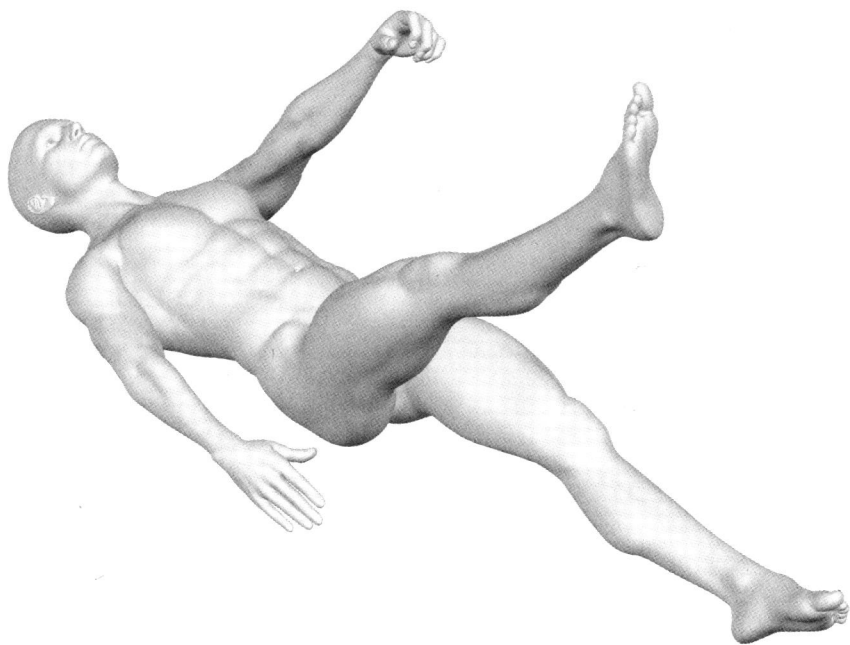

测试方法

　　测试者指导受试者保持上述体位，并且轻微晃动自己的身体，同时对受试者前臂与对侧足部施加大小相同的轻微阻力，就像要使受试者上肢与下肢回到治疗床上一样。上肢测试的方向为肩关节轻微的伸展和外展，下肢测试的方向为髋关节轻微的伸展与外展。当受试者的上肢、下肢单独或同时无法抵抗阻力，或者不能保持原来的位置时，则提示测试为弱测试。步态测试中，多数表现为下肢较弱。

固定

　　测试者应当站在治疗床边缘（以下相同），使受试者的小腿和前臂都在可触范围内。注意观察受试者是否屏气。

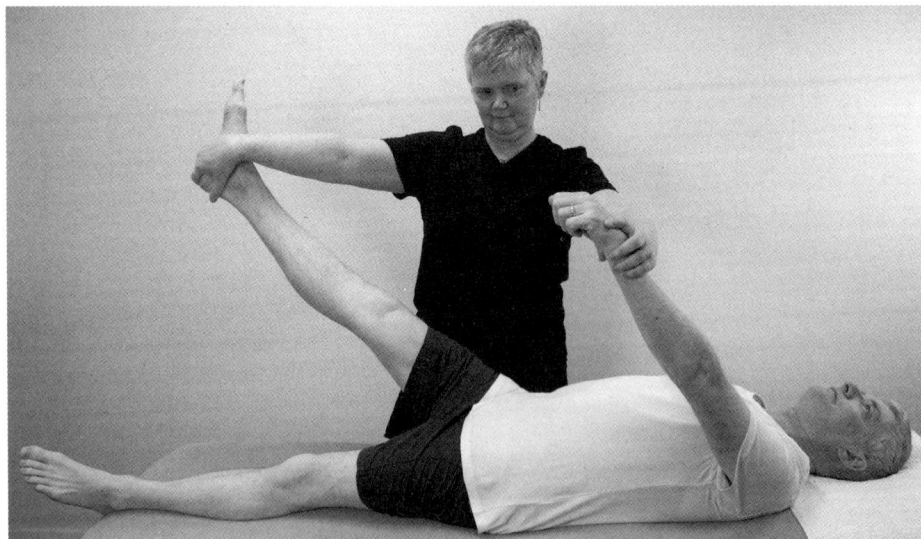

肩部与对侧髋部伸肌的步态测试

该测试是肩伸肌群和对侧髋伸肌群的联合肌肉运动。测试开始前，应当单独对肩伸肌群和对侧髋伸肌群进行测试，以确保它们可以参与步态测试。如果对侧髋伸肌群在单独测试时表现良好，而在联合测试时表现为无力，则该步态测试是一项弱测试。

体位

受试者呈俯卧位，双侧肘关节与膝关节充分伸展。受试者肩关节屈曲至其正常步行时手臂后摆的位置，髋关节伸展。

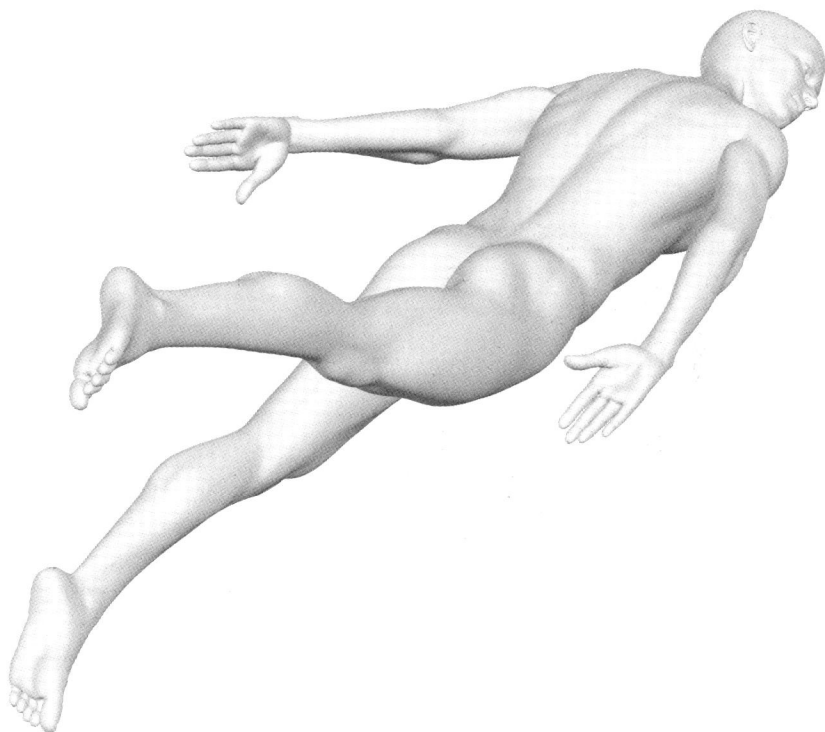

肩部与对侧髋部伸肌的步态测试

测试方法

　　测试者指导受试者保持上述体位，并且轻微晃动自己的身体，同时对受试者前臂与对侧小腿远端施加大小相同的轻微阻力，就像要使受试者上肢与下肢回到治疗床上一样。当受试者的上肢、下肢单独或同时无法抵抗阻力，或者不能保持原来的位置时，则提示测试为弱测试。步态测试中，多数表现为下肢较弱。

固定

　　测试者应当站在治疗床边缘，使受试者的小腿和前臂都在可触范围内。注意观察受试者是否屏气。

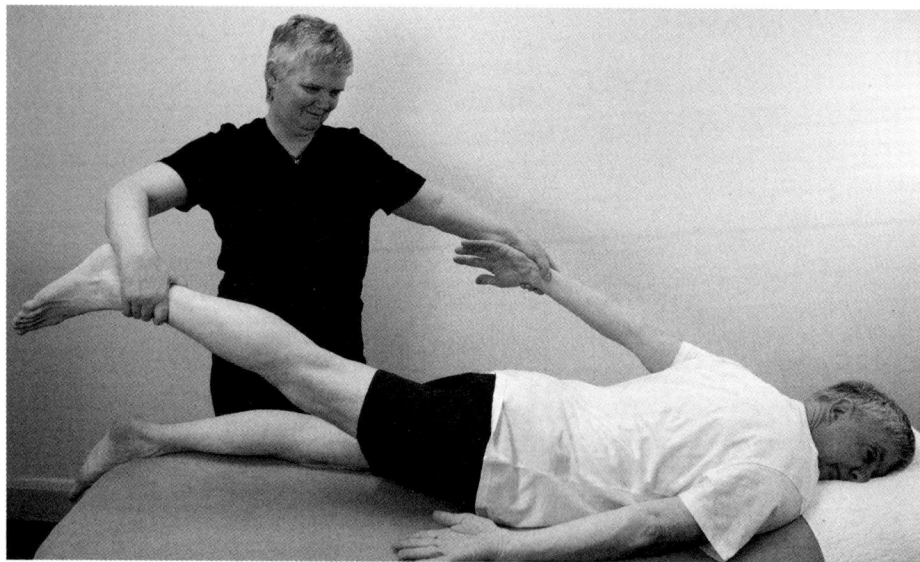

肩部与对侧髋部外展肌的步态测试

该测试是肩外展肌群（三角肌中部纤维）和对侧髋外展肌群（主要是臀中肌）的联合肌肉运动。测试开始前，应当单独对肩外展肌群和对侧髋外展肌群进行测试，以确保它们可以参与步态测试。如果对侧髋外展肌群在单独测试时表现良好，而在联合测试时表现为无力，则该步态测试是一项弱测试。

体位

受试者呈仰卧位，一侧肘关节屈曲，膝关节充分伸展。肘关节屈曲有利于测试者触及受试者四肢。受试者肩关节外展约30°，对侧髋关节外展约30°。

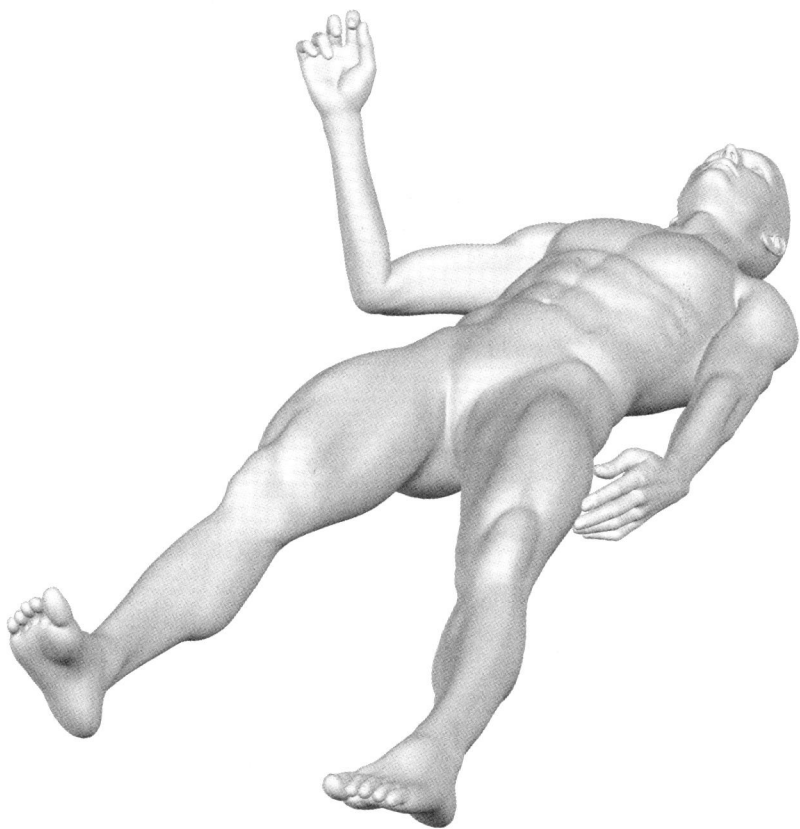

测试方法

测试者指导受试者保持上述体位，并且轻微晃动自己的身体，同时对受试者前臂与对侧小腿远端施加大小相同的轻微阻力，就像要使受试者上肢与下肢内收至躯干一样。当受试者的上肢、下肢单独或同时无法抵抗阻力，或者不能保持原来的位置时，则提示测试为弱测试。步态测试中，多数表现为下肢较弱。

固定

测试者应当站在治疗床边缘，使受试者的小腿和前臂都在可触范围内。注意观察受试者是否屏气。

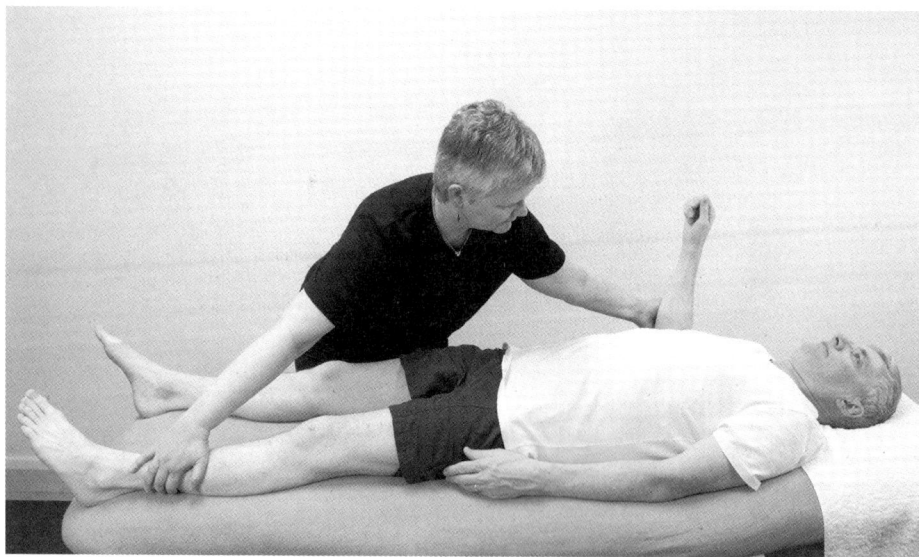

肩部与对侧髋部内收肌的步态测试

该测试是肩内收肌群和对侧髋内收肌群的联合肌肉运动。测试开始前，应当单独对肩内收肌群和对侧髋内收肌群进行测试，以确保它们可以参与步态测试。如果对侧髋内收肌群在单独测试时表现良好，而在联合测试时表现为无力，则该步态测试是一项弱测试。

体位

受试者呈仰卧位，双侧肘关节与膝关节充分伸展。肩关节内收，像背阔肌肌力测试一样；髋关节内收。

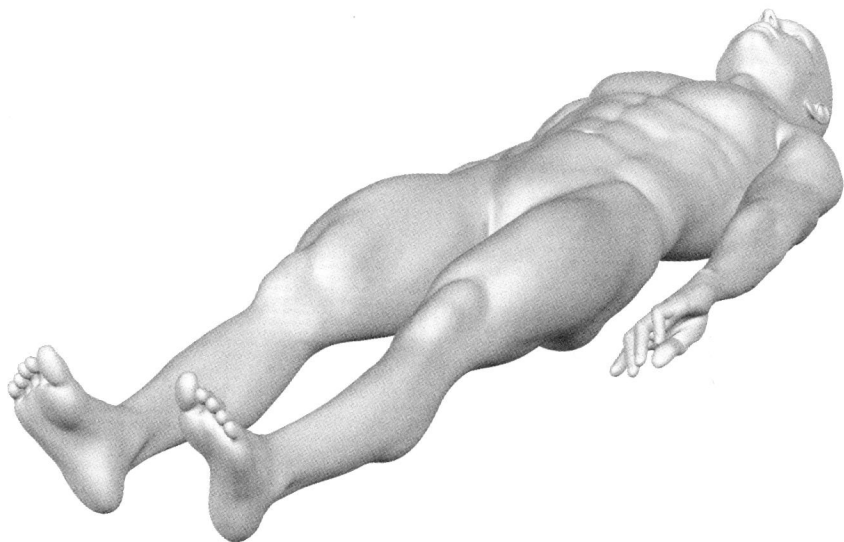

测试方法

测试者指导受试者保持上述体位，并且轻微晃动自己的身体，同时对受试者前臂与对侧小腿远端施加大小相同的轻微阻力，就像要使受试者上肢与下肢从躯干中线外展一样。当受试者的上肢、下肢单独或同时无法抵抗阻力，或者不能保持原来的位置时，则提示测试为弱测试。步态测试中，多数表现为下肢较弱。

固定

测试者应当站在治疗床边缘，使受试者的小腿和前臂都在可触范围内。注意观察受试者是否屏气。

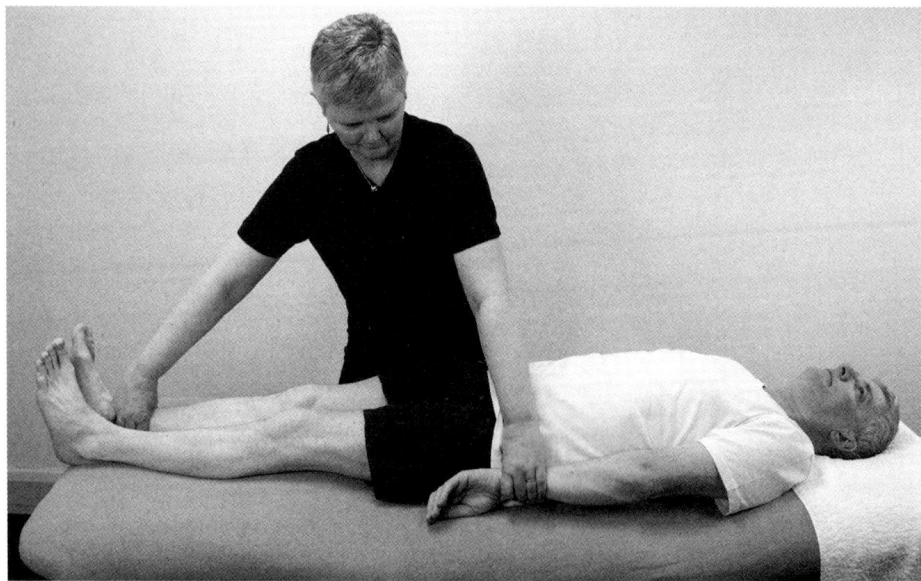

胸大肌与对侧腰大肌的步态测试

该测试是胸大肌和对侧腰大肌的联合肌肉运动。测试开始前，应当单独对胸大肌和对侧腰大肌进行测试，以确保它们可以参与步态测试。如果对侧腰大肌在单独测试时表现良好，而在联合测试时表现为无力，则该步态测试是一项弱测试。

体位

受试者呈仰卧位，双侧肘关节与膝关节充分伸展。受试者肩关节屈曲至60°~90°，手臂充分内旋；测试者将受试者对侧下肢抬起，屈曲其髋关节至60°，同时将其大腿外展并外旋至与肩同宽的位置。

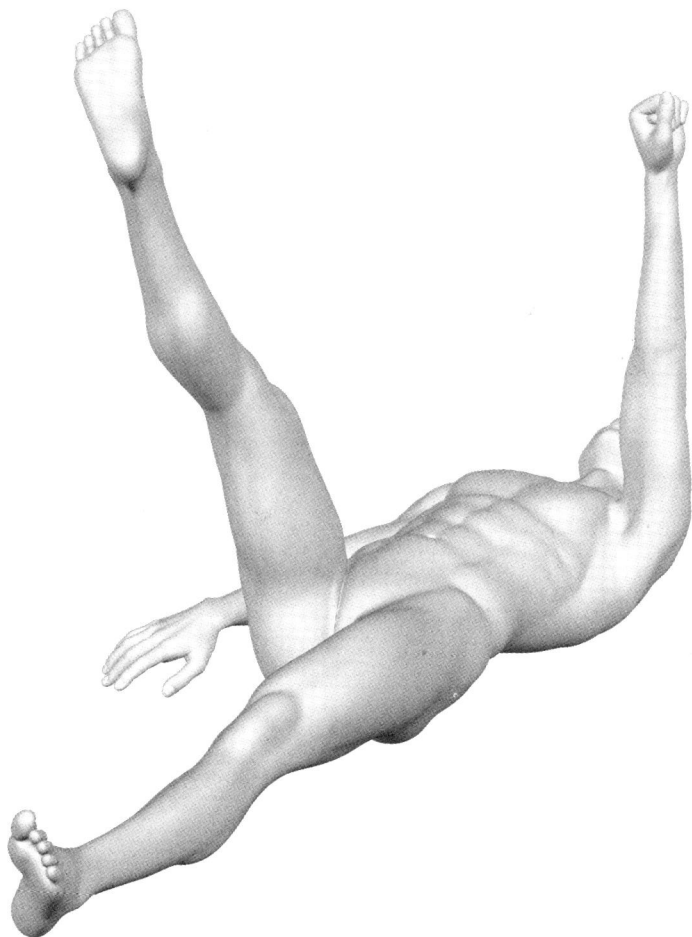

胸大肌与对侧腰大肌的步态测试

测试方法

　　测试者指导受试者保持上述体位，并且轻微晃动自己的身体，同时对受试者前臂与对侧小腿远端施加大小相同的轻微阻力，就像要使受试者上肢与下肢回到治疗床一样。上肢测试的方向为肩关节外展，同时保证肩关节的充分内旋；下肢测试的方向为髋关节轻微的伸展与轻微的外展。当受试者的上肢、下肢单独或同时无法抵抗阻力，或者不能保持原来的位置时，则提示测试为弱测试。步态测试中，多数表现为下肢较弱。

固定

　　测试者应当站在治疗床边缘，使受试者的小腿和前臂都在可触范围内。注意观察受试者是否屏气。

腹部肌肉与对侧臀中肌的步态测试

该测试是腹部肌肉与对侧臀中肌的联合肌肉运动。测试开始前，应当单独对腹部肌肉与对侧臀中肌进行测试，以确保它们可以参与步态测试。如果对侧臀中肌在单独测试时表现良好，而在联合测试时表现为无力，则该步态测试是一项弱测试。腹部肌肉与臀中肌在走路和站立时参与维持骨盆的稳定。

体位

受试者呈仰卧位，前臂交叉放于胸前。测试者将受试者对侧膝关节抬起并将大腿外展至与肩同宽。受试者可以屈曲膝关节，这有利于测试者触及受试者四肢。一开始可以指导受试者做仰卧起坐或卷腹，使其头部和对侧肩部从治疗床上抬起，从而激活腹部肌肉。

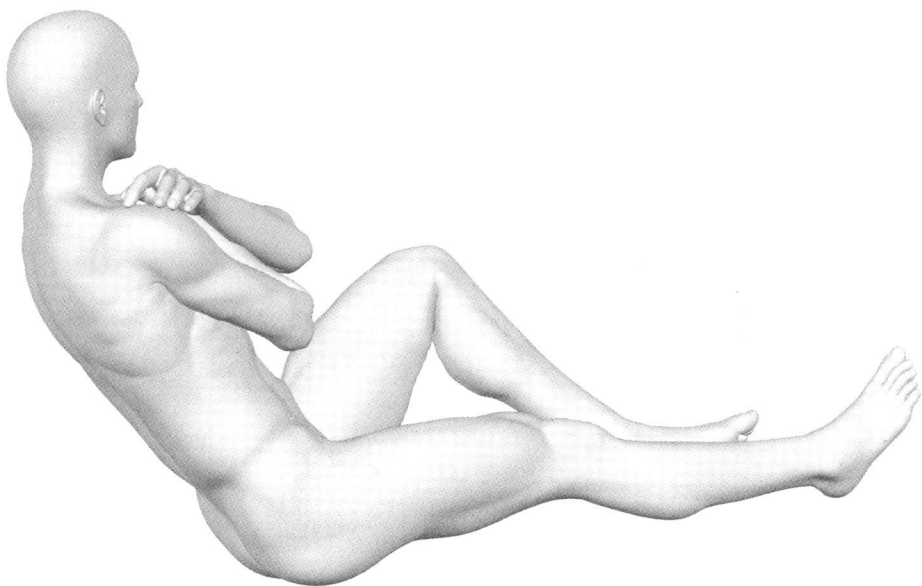

腹部肌肉与对侧臀中肌的步态测试

测试方法

测试者指导受试者保持上述体位，并且轻微晃动自己的身体，同时在受试者对侧股骨远端的内收方向上施加轻微阻力，就像要使受试者上肢与下肢回到治疗床一样。当受试者的躯干、下肢单独或同时无法抵抗阻力，或者不能保持原来的位置时，则提示测试为弱测试。步态测试中，多数表现为下肢较弱。测试进行的时机非常重要，腹部肌肉与臀中肌的测试必须同时进行。

固定

测试者应当站在治疗床边缘，使受试者的小腿和前臂都在可触范围内。注意观察受试者是否屏气。

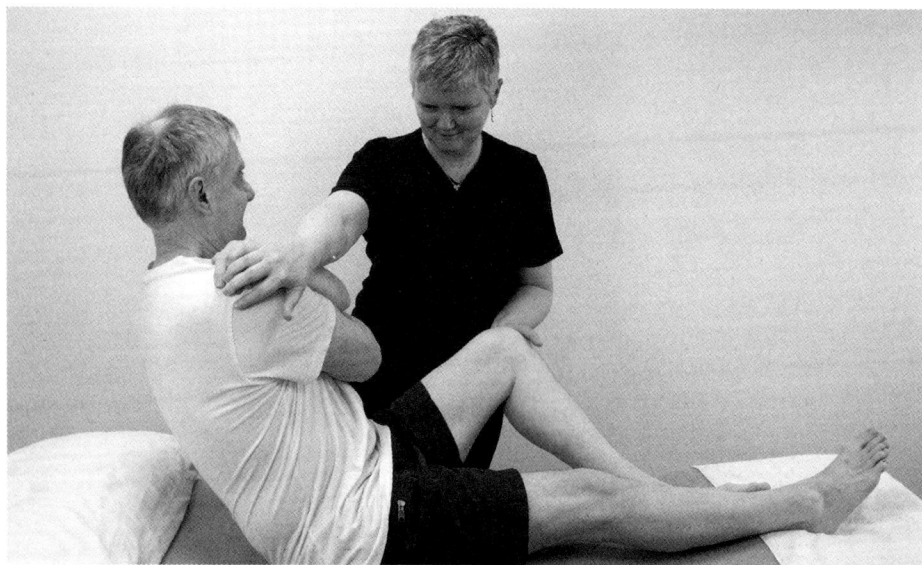